Konrad Lorenz · Hier bin ich – wo bist du?

Konrad Lorenz vor seinem Institut in Grünau

Konrad Lorenz
Hier bin ich – wo bist du?

Ethologie der Graugans

Unter Mitarbeit von Michael Martys
und Angelika Tipler

Mit 8 Zeichnungen des Autors
40 Farb- und 102 Schwarzweißabbildungen

Piper
München Zürich

Redaktion und Gestaltung des Textes: Jutta Köppl
Koordination: Monika Kickert
Bild-Beratung: Hermann Kacher

ISBN 3-492-03246-X
© R. Piper GmbH & Co. KG, München 1988
Gesetzt aus der Baskerville Antiqua
Gesamtherstellung: Kösel, Kempten
Printed in Germany

Dem Andenken Oskar Heinroths gewidmet

Inhaltsverzeichnis

Vorwort 11

Danksagung 13

Einleitung 15
Warum die Graugans 15
Aufgabenstellung und Methodik 22
   Analyse und Darstellung von Systemen 22
   Organische Systeme als Forschungsobjekt 24
Aufbau des Buches und Anleitung an den Leser 27

Martina 29
Martinas Kindheit 29
Zufallsbeobachtungen an Martina 33

Der Begriff des sogenannten »Normalen« 43

Lebensraum und Lebensrhythmus unserer Gänse 47
Die Übersiedlung von Seewiesen nach Grünau 47
Tages- und jahreszeitlich bedingte Ortsveränderungen . 50
Tagesaktivität 51
Der Lebenslauf der Graugänse 54

Lebensgeschichten 61
Mercedes und Florian 61
   Vorgeschichte Mercedes 61
   Vorgeschichte Florian 62
   Geschichte der Beziehung zwischen Mercedes und Florian 63
Sinda und Blasius 66
   Vorgeschichte 67
   Geschichte der Beziehung zwischen Sinda und Blasius 68
Die Geschichte von Ada 73
Das sogenannte »Quartett« 90

Theoretisches 99
Die Instinktbewegung 100
   Merkmale der Instinktbewegung 102
   Die rezeptorische Seite 105

Ethogramm und Ökologie	106
Das Aufnehmen eines Ethogramms	107
Fehlerquellen	107
Lernvorgänge	107
Die seltenen einfach motivierten Bewegungsweisen	109
Die Motivationsanalyse nach Tinbergen	110
Die Ritualisation	113
Die Prägung	116
Ethogramm 1	121
Der Schlüpfvorgang	122
Fortbewegung	127
Laufen und Gehen	127
Schwimmen	132
Fliegen	137
Abwärtsfliegen	146
Punktlanden	148
Das Fluchtverhalten	150
Fluchtauslösende Situationen	153
Putz- und Streckbewegungen	156
Putzbewegungen	156
Badebewegungen	162
Flügeltrocknen, Flügelrichten und Sich-Flügeln	166
Sich-Schütteln	167
Sich-Strecken	170
Sich-Kratzen	172
Verhaltensweisen der Nahrungsaufnahme	173
Das Picken	173
Das Rupfen	175
Abstreifen und Abschneiden	175
Das Schaufeln	176
Das Knabbern	177
Das Gründeln	179
Das Seihen	180
Ausdrucksbewegungen und -laute	182
Der Weinlaut	182
Der Einschlaflaut oder das Trillern	185
Der Gut-Schmeck-Laut	185
Der Jammerlaut	186
Das Quängeln und der Fortgehlaut	187
Der Distanzlaut	190
Der Hauchlaut	192
Die Warnlaute	193
»Gog« und »Gig-gog«	193

Das Hassen 194
Der leise oder »ernste« Warnlaut 196
Der Adlerwarnlaut 198
Das Zischen 198
Die Verhaltensweisen der Fortpflanzung 199
   Die Nestsuche 200
   Das Zurücklegen 201
   Die Ausmuldebewegung 202
   Die Eirollbewegung 203
   Auspolstern und Bedecken des Geleges und Eiwenden 205
   Das Nestgeschrei 206
   Das Brüten 207
   Die Hemmung, schnell zu gehen 209
   Das Hudern 210
   Kogge, Bogenhals und Halseintauchen 211
   Begattung und Begattungsnachspiel 214

Ethogramm 2 217
Stimmfühlungslaut und Bindung 217
Die Rolle der Persönlichkeit 218
Aggressivität 220
   Bewegungsweisen der Rivalen-Aggression 221
   Das Demutsverhalten 228
Rangordnung 230
   Die Rangordnung zwischen den Familien 231
   Die Rangordnung innerhalb der Familie 235
Verschiedene Formen des Stimmfühlungslautes 238
   Das Grüßen 239
   Flüssiges Schnattern und gepreßtes Schnattern 241
   Das Rollen mit Schnattern 243
   Das Triumphgeschrei und seine bindende Wirkung 245
   Das Rollschnattern oder Gruppenrollen 248
   Rollen ohne Schnattern 252
Ganter oder Gans? 254
Das Sich-Erkennen der Geschlechter 255
Die Paarbildung 259
   Das Imponiergehaben 260
      Die Kogge 260
      Das Imponiersichern 261
   Die Werbung in Duckmäuserhaltung 263
   Der Winkelhals 265
   Die häufigste Form der Paarbildung 267
   Die Bindung zwischen Gantern 268

Unterschiede zwischen Ganterbindungen und heterosexuellen
Bindungen 270
Störungen der Paarbildung durch Bindungsschwäche 273
Die Eifersucht 274
Die Eifersucht des Männchens 274
Die Eifersucht des Weibchens 277
Rivalität um Nistplätze 277
Eifersucht zwischen Kükenscharen 278
Die Trauer 279
Der Haß 282

Analogien 287
Das menschliche Ansprechen auf Analogien 287
Emotion und Naturwissenschaft 288
Analogien als Wissens- und als Fehlerqellen 292

Literaturverzeichnis 297
Bildnachweis 302
Register 303

Vorwort

Meine Arbeit an dem vorliegenden Buch erstreckt sich über viele Jahre, ja, über den größten Teil meines Lebens. Trotz dieser langen Dauer führt sie keineswegs zu endgültigen Ergebnissen; wissenschaftliche Forschung tut das nämlich nie: Jedes Problem, das zu lösen einem vergönnt ist, gebiert schon im Augenblick seiner Lösung neue Probleme. Ich darf zwar ohne Überheblichkeit sagen, daß dieses Buch vorläufig die vollständigste Bearbeitung der Ethologie eines höheren sozialen Tieres ist; das besagt jedoch keineswegs, daß wir mit unserer Analyse dieses lebenden Systems am Ende angekommen sind. Im Gegenteil, das bisher Erreichte ist nur von Wert, wenn es uns als Werkzeug zu fernerer Forschung dient. Die deskriptive Erforschung einer Tierart bewegt sich stets nur auf der Ebene des Individuums, des Phänotypus des Einzeltieres. Eine genaue Kenntnis dessen, »was eine Gans alles kann«, bildet nur eine Voraussetzung dafür, daß wir die Wechselwirkungen der Individuen im übergeordneten System der Schar verstehen lernen. Wann können wir überhaupt von einer »Schar« als einem sozialen Gefüge sprechen? Es gibt eine untere Grenze, unterhalb deren keine Schar, sondern nur ein »Haufen« von Gänsen existiert.

Die Frage nach dem Arterhaltungswert einzelner Verhaltenssysteme drängt sich auf. Es wird uns Ethologen manchmal – besonders von seiten der Soziobiologen – vorgeworfen, daß wir von jedem Verhaltenssystem, das eine deutliche Funktion entfaltet, wie etwa die Verhaltensweisen der Eifersucht oder des Rangordnungsstrebens, in allzu unbedenklicher Weise annehmen, es habe eine wesentliche *arterhaltende* Funktion. Dieser Vorwurf ist nur teilweise berechtigt. Die Ethologie weiß seit sehr langer Zeit, was auch schon Darwin voll bewußt war, nämlich daß es Strukturen und Verhaltensweisen gibt, die nur die Fortpflanzungsquote des Individuums vermehren, ohne der Art als Ganzem zu nützen. Die Erscheinung der sogenannten intraspezifischen Selektion, die der Art keinerlei Verbesserung der Anpassung bringt, ist uns seit langem als Problem bekannt. Heinroth pflegte nach Art von Sokrates' weisen Aussprüchen zu sagen: »Nächst den Armschwingen des männlichen Argusfasans ist das Arbeitstempo der zivilisierten Menschheit das dümmste Produkt intraspezifischer Selektion.«

Mehr als irgendein anderes soziales Wesen ist der Mensch von den schädlichen Wirkungen intraspezifischer Selektion bedroht. Es ist daher keineswegs abwegig, die innerartliche Auslese an einem Objekt zu studieren, bei dem sie offenbar ähnlich wie bei uns am Werke ist. Die longitudinale Erforschung von Graugänsen arbeitet somit an Problemen, die auch den Menschen betreffen.

Wenn ich meine Grünauer Mitarbeiter, Angelika Schlager (verehel. Tipler) und Michael Martys, als meine wichtigsten nenne, so geschieht dies deshalb, weil gerade sie hauptberuflich mit der Lösung dieser Fragen beschäftigt sind.

Danksagung

Großer Dank gebührt der Max-Planck-Gesellschaft zur Förderung der Wissenschaften, weil sie tiefe Einsicht in die Tatsache bekundete, daß die longitudinale Erforschung einer Gänsesozietät nur bei langer Dauer Früchte bringen könne. Aus diesem Grunde hat sie nach meiner Emeritierung als Direktor des Max-Planck-Institutes für Verhaltensphysiologie in Seewiesen im Jahre 1973 für mehrere Jahre die weitere Finanzierung dieser Untersuchungen übernommen. Dies wurde in dankenswerter Weise von österreichischer Seite fortgesetzt, durch die Unterstützung des Bundesministeriums für Wissenschaft und Forschung und der Österreichischen Akademie der Wissenschaften. Eine unschätzbare Hilfe haben uns S.K.H. der Herzog von Cumberland und die Cumberland-Stiftung unter dem Vorsitz von Herrn Oberforstmeister Dipl. Ing. Karl Hüthmayr gewährt. Ihnen allen gebührt mein innigster Dank.

Mehr als andere Bücher ist das vorliegende ein Ergebnis von Gemeinschaftsarbeit. Das Sammeln von Erfahrungen, die ihm zugrunde liegen, reicht sehr weit zurück, ebenso die Reihe der Mitarbeiter, die mir dabei geholfen haben. Den Anfang machte meine Kinderfrau Resi Führinger, die mir im Vorschulalter beibrachte, wie man Hausenten und andere Nestflüchter aufzieht, und mir dabei eine Fülle von Kenntnissen vermittelte, die Entenvögel schlechthin, also auch Graugänse, betreffen.

Eine lange Reihe studentischer Hilfskräfte hat Elternstelle bei je einer Schar junger Graugänse vertreten, eine Tätigkeit, die ich jungen Leuten zu raten pflege, die sich dem Studium der Ethologie widmen wollen. Viele dieser »Gösselpfleger« sind heute anerkannte Ethologen, manche Ordinarien. Von jedem von ihnen habe ich etwas gelernt, wiewohl ich nicht alle namentlich anzuführen vermag. Besonders haben mir jene wissenschaftlich wichtige Daten mitgeteilt, die ihre Ergebnisse auch veröffentlicht haben und im Literaturverzeichnis erwähnt sind.

Unter den ersten Beobachtern, die mir bei der Erforschung von Gänsen geholfen haben, ist Helga Fischer (verehel. Mamblona) zu nennen. Sie erarbeitete eine Analyse der Motivation des Triumphgeschreis, die heute noch größtenteils Gültigkeit hat. Sybille Schäfer (verehel. Kalas) hat die Rangordnung innerhalb der Familie entdeckt, deren Existenz Oskar Heinroth mir gegenüber expressis verbis geleugnet hatte. Von Brigitte Kirchmayer (verehel. Dittami) lernte ich, wie notwendig es ist, beim Aufziehen von Gösseln Streß-Situationen zu vermeiden. Sie untersuchte die Folgen einer scheinbar harmlosen Maßnahme, die darin bestand, einem bestimmten Gössel den Gruß zu verweigern. Die dramatischen Folgen des Versuchs ließen diesen so grausam erscheinen, daß ich keinen Mitarbeiter dazu bringen konnte, ihn zu wiederholen.

Großen Dank schulde ich aber auch jenen technischen Assistenten und Assistentinnen, die mit der genauen Protokollierung des Verhaltens unserer Gänse beschäftigt waren. Unter ihnen seien Heidi Buhrow und Gudrun Bracht (verehel. Lamprecht) besonders erwähnt.

Einleitung

Warum die Graugans

Oft werde ich gefragt, weshalb ich gerade den Graugänsen einen so großen Teil meiner Forschungsarbeit gewidmet habe. Ich kann dafür sehr solide Gründe angeben, die in den Kapiteln über Methodik und Analogieschlüsse weiter ausgeführt werden sollen. Es ist ein nicht nur unterhaltsames, sondern auch außerordentlich lehrreiches Unternehmen, die tieferen Wurzeln zu untersuchen, aus denen das Lebensinteresse eines Forschers seine Kräfte bezieht. Besonders aufschlußreich ist es, die Gründe für die Wahl seines Forschungsobjektes herauszufinden. Auch die Lebensgeschichte des Menschen spielt dabei eine wichtige Rolle, und ich würde die Unwahrheit sagen, wollte ich behaupten, vernünftige Überlegungen allein hätten das Thema meiner wahrscheinlich wichtigsten Forschungsarbeit bestimmt.

Als kleines Kind wollte ich eine Eule werden, weil Eulen abends nicht ins Bett müssen. Und gerade zu der Zeit hatte ich ein unvergeßliches Erlebnis: Mir wurde Selma Lagerlöfs »Wunderbare Reise des kleinen Nils Holgersson mit den Wildgänsen« als Gute-Nacht-Geschichte vorgelesen. Da erkannte ich, daß es Eulen an einer wesentlichen Fähigkeit mangelt: Sie können nicht schwimmen und tauchen, ich selbst aber hatte beides vor einiger Zeit gelernt. Also beschloß ich, ein Wasservogel zu werden, und als mir später klar wurde, daß ich keiner *werden* konnte, wollte ich wenigstens einen *haben*. Unter dem Einfluß der großen schwedischen Dichterin wünschte ich mir Gänse. Meine Mutter jedoch, die mit Recht für die Blumen ihres Gartens fürchtete, wollte Gänse durchaus nicht dulden. Bald aber fand ich eine andere Lösung, denn unser Nachbar hatte eine Brut Hausenten, die von einer Glucke geführt wurden. Ich bettelte so lange, bis mir meine Mutter eines der Küken kaufte, und zwar gegen den Widerspruch meines Vaters. Er hielt es für Tierquälerei, einem Sechsjährigen ein neugeborenes Entlein anzuvertrauen, und sagte diesem kein langes Leben voraus. Mit dieser Prognose irrte der große Arzt, denn meiner »Pipsa« war eine Lebensdauer beschieden, wie sie Hausenten nur selten vergönnt ist. Sie wurde mindestens 15 Jahre alt.

Da meine spätere Frau und ich schon damals gemeinsame Interessen hatten, bekam sie am nächsten Tag ebenfalls eine kleine Ente aus derselben Brut. Wenn ich rückblickend erwäge, was wir von diesen beiden Enten an Wesentlichem gelernt haben, so erscheinen sie mir beinahe als die wichtigsten meiner Lehrer. Von Anfang an hielten wir es für selbstverständlich, daß die Entlein uns gegenüber Verhaltensweisen zeigten, die sich normalerweise auf die Mutter beziehen. Es wunderte uns nicht, daß sie uns auf Schritt und Tritt nachliefen.

Ich erinnere mich, als ob es gestern gewesen wäre, wie ich unmittelbar nach Erhalt des ersten Kükens auf dem Fliesenboden unserer großen Altenberger Küche saß, während das Entchen hoch aufgereckt vor mir stand und laut »weinte«, d. h. das einsilbige »Pfeifen des Verlassenseins« ausstieß (Abbildung 1). Mit einem deutlichen Gefühl schlechten Gewissens war ich bemüht, die kleine Ente, die durch meine Schuld mutterlos geworden war, zu trösten, indem ich das Locken einer führenden Entenmutter nachahmte. Ich weiß noch, wie mein Entenkind sein einsilbiges Weinen zum erstenmal unterbrach und den zweisilbigen Kontaktlaut – Oskar Heinroth nannte ihn den »Unterhaltungslaut« – äußerte. Daraufhin kroch ich, immer eifriger quakend, rückwärts von ihm weg, und es kam mir nachgelaufen. Bei mir angekommen, sagte es den Kontaktlaut immer schneller hintereinander, und ich antwortete dementsprechend. Bei erwachsenen Enten – die Ausdrucksbewegungen und -laute der Hausente unterscheiden sich durch nichts von denen der Stockente – ist dieses sogenannte »Räbräb-Palaver« die typische Form der »Begrüßung«, funktionell analog und wahrscheinlich auch stammesgeschichtlich homolog

Abb. 1: *Weinendes Entchen.*

der Begrüßungszeremonie und dem Kontaktlaut der Graugans. Darüber, was homolog und was analog bedeutet, wird im letzten Kapitel ausführlich berichtet.

Mit dem Erwerb der zwei Enten an zwei aufeinanderfolgenden Tagen durch zwei verschieden alte Kinder wurde unwissentlich ein Experiment über die sogenannte Prägung, die Fixierung eines angeborenen Triebes auf ein bestimmtes Objekt, angestellt. Der Vorgang der Prägung auf Nachlaufen ist bei Stockenten auf wenige Stunden beschränkt. Eben diese Beschränkung auf eine bestimmte Entwicklungsphase und ihre Unwiderruflichkeit unterscheiden die Prägung von anderen Formen des Lernens.

Mein Entlein war gerade erst aus dem Nest gekommen, es war eindeutig stärker an mich gebunden und lief gehorsamer nach als das meiner späteren Frau – was diese lebenslang zu leugnen geneigt war. Eine andere Tatsache aber entging uns: Ich, der damals erst sechs war, wurde in meinen wesentlichsten Lebensinteressen auf Entenvögel geprägt, während meine

Frau mit ihren neun Jahren dieser leichten Verrücktheit nicht anheimfiel. Die Liebe zu den Anatiden, die damals von mir Besitz ergriffen hat und die mich heute noch erfüllt, ist vielleicht eine gute Illustration dafür, daß auch beim Menschen irreversible Prägungen vorkommen können.

Obwohl wir uns in jenem Sommer des Jahres 1909 bereits darüber erhaben fühlten, »Ente« zu spielen, übernahmen wir doch unsere Rollen als »Entenmütter« voll Hingabe und Leidenschaft. Wir wateten an flachen Ufern passender Altwässer der Donau entlang, bevorzugten Teiche, die reich an Insektenleben waren, und sahen mit Genuß zu, wie unsere Enten dieses natürliche Futter verschlangen. Wir verstanden es richtig, wenn einer unserer Pfleglinge das »Pfeifen des Verlassenseins« ausstieß, und reagierten entsprechend, wenn eines der Kinder fror oder hungrig war. Bald konnten wir den »Gut-Schmeck-Laut«, den die Entchen dann hören ließen, wenn sie wohlschmeckende Insekten, vor allem Zuckmückenlarven (Chironomidenlarven), im Schlamm gefunden hatten, selbst wenn diese Futtertiere für uns unsichtbar blieben. Wenn wir das »Trillern« hörten, das junge Entenvögel und auch Hühnerartige äußern, wenn sie gewärmt werden und schlafengehen wollen, machten wir sofort warme Falten und Taschen in unsere Kleider und wärmten die Küken an unseren Körpern. So beschäftigten wir uns den ganzen Sommer mit unseren Adoptivkindern.

Meine Liebe zur Stockente breitete sich bald auf andere Entenartige aus, und ich wußte als Gymnasiast bereits ziemlich viel über die verschiedenen Verhaltensweisen der einzelnen Arten und Gattungen. Als ich 1922 an der Wiener Universität Medizin zu studieren begann, war ich schon stark an der Evolution der Lebewesen interessiert, glaubte aber, daß die Paläontologie den besten Zugang zu deren Geschichte auf unserer Erde bilde. Ich hatte das Glück, in Ferdinand Hochstetter (Abbildung 2) einem Lehrer zu begegnen, der nicht nur vergleichender Anatom, sondern auch vergleichender Embryologe war. Mir wurde sehr schnell die Tatsache klar, daß das

Abb. 2: *Ferdinand Hochstetter* (1861–1954).

Abb. 3: *Oskar Heinroth* (1871–1945).

Studium der Ähnlichkeiten und Unähnlichkeiten von heute lebenden Organismen einen ebenso guten, ja, besseren Zugang zur Rekonstruktion des Lebensstammbaumes bietet als das Studium von Fossilien. Außerdem lernte ich von Hochstetter, daß die individuelle Entwicklung von Lebewesen – ihre Ontogenese – wichtige Einblicke in die Entwicklung ihrer Art gewährt. Eben deshalb sind die Studien von Oskar Heinroth, der, wo immer möglich, Jungvögel vom Ei aufgezogen und nahezu alle Vogelarten Mitteleuropas fotografiert hat, von besonderer Bedeutung. Hochstetter lehrte mich die Methoden der vergleichenden Anatomie und Embryologie gründlich und solide, und ich kam zu einer Erkenntnis, die meine Lebensarbeit bestimmen sollte: Die Methoden der vergleichenden Anatomie und Morphologie können ohne jede Abänderung auf das Studium tierischen Verhaltens angewendet werden.

Wenig später traf ich mit Oskar Heinroth (Abbildung 3) zusammen, der eben dieses schon lange wußte. Er hatte nicht nur entdeckt, daß Verhaltensweisen ebenso verläßliche Merkmale für Arten, Gattungen und Ordnungen sein können wie morphologische Merkmale (etwa Zahnformeln, Knochen oder Körpermaße), sondern auch herausgefunden, daß die Ontogenese oft wesentliche Anhaltspunkte für die Stammesgeschichte der betreffenden Art bietet. Außerdem hatte er alle diese grundlegenden Entdeckungen an derselben Vogelgruppe gemacht wie ich, nämlich an den Entenvögeln. Erst viel später, als Heinroth und ich längst nahe Freunde geworden waren, erfuhren wir, daß der wirkliche Pionier auf dem Felde der vergleichenden Verhaltensforschung, nämlich Charles Otis Whitman (Abbildung 4), dieselben Beobachtungen bereits früher als Heinroth, viel früher als ich und auf genau die gleiche Weise gemacht hatte. Obwohl sein Objekt Taubenvögel *(Columbidae)*, also eine andere Vogelgruppe, gewesen waren, war er zu denselben Schlußfolgerungen gelangt.

Abb. 4: *Charles Otis Whitman (1842–1910).*

Whitman blieb der Schulpsychologie nahezu unbekannt. Als ich Psychologie hörte, hatte mein hochverehrter Lehrer Karl Bühler viele amerikanische Psychologen zu Gast. Ich machte es mir zur Aufgabe, jeden von ihnen zu fragen, ob er von C. O. Whitman gehört habe: Keiner kannte ihn. Wiederum Jahre später lernte ich durch Zufall seinen Sohn, Charles I. Whitman, kennen, einen erfolgreichen Geschäftsmann. Auch er hatte keine Ahnung von der Bedeutung seines Vaters. Alles, was er mir über dessen Arbeit erzählen konnte, war: »He was crazy about pigeons« (er war verrückt nach Tauben).

Es ist hier am Platze, ein paar Worte über die Tierliebhaberei zu sagen. Die Worte Amateur oder Dilettant haben im Munde des Wissenschaftlers meist eine abschätzige Bedeutung. »Amateur« kommt vom lateinischen »amare« – lieben, »Dilettant« vom italienischen »dilettarsi« – sich an etwas ergötzen. Heute ist es modern, das Experiment mehr als die voraussetzungslose Beobachtung zu schätzen, die Quantifikation für eine wichtigere Erkenntnisquelle zu halten als die Beschreibung. Es wird vergessen, daß die Grundlage aller Wissenschaft die Beschreibung ist, die ihrerseits auf einfacher voraussetzungsloser Beobachtung beruht. Nicht, daß ich das Experiment verachtete oder es für unnötig hielte, aber die voraussetzungslose Beobachtung muß ihm vorangehen und die Fragestellung bestimmen, auf die das Experiment abzielt. Blindes, quantitativ orientiertes Experimentieren ohne vorangegangene Beobachtungen hat die irrige Annahme zur Voraussetzung, der Naturwissenschaftler kenne alle Fragen, die an die Natur zu stellen sind. Theoretisches Interesse und Geduld allein genügen nicht, um Gesetzlichkeiten wahrzunehmen, die den sozialen Verhaltensweisen höherer Tiere zugrunde liegen. Das kann nur ein Mensch, dessen Blick von jener Freude am Objekt seiner Beobachtung festgehalten wird, die wir Amateure und Dilettanten bei unserer Arbeit empfinden.

Aufgabenstellung und Methodik

Analyse und Darstellung von Systemen

Ein System ist eine Einheit, die aus verschiedenen miteinander in Wechselwirkung stehenden Teilen zusammengesetzt ist, von denen keiner fehlen darf, wenn der Charakter des Systems nicht zerstört werden soll. In Lehre und Forschung stehen dem Verständnis jedes Systems die gleichen Schwierigkeiten entgegen, die ich an einem allgemeinen Beispiel illustrieren will. Wenn man einem Ahnungslosen die Wirkungsweise des gewöhnlichen Benzinmotors erklären soll, kann man anfangen, wo man will. Man kann z. B. sagen: »Der niedergehende Kolben saugt aus dem Vergaser explosives Gemisch«, obwohl man sich darüber im klaren ist, daß der Empfänger dieser Erklärung sich unter den Worten nichts vorstellen kann. Man hofft, daß er sich für jedes von ihnen einen leeren Raum freihält, der durch einen später zu bildenden Begriff ausgefüllt werden soll. Dasselbe Prinzip wird im Entwerfen eines sogenannten Fließdiagramms angewendet, das in jedem seiner leeren Kästchen Platz für Funktionen läßt, die vorläufig ungeklärt bleiben. Diese vorläufige Skizzierung des *ganzen* Systems ist deshalb nötig, weil der Lernende, wie auch der Forscher, sich gewissermaßen Raum für Funktionen freihalten muß, deren jede selbst wieder ein System, ein »Unterganzes« ist, das man erst verstehen wird, wenn man alle übrigen begriffen hat. Woher der Kolben die Energie hat, die ihn befähigt, eine Saugwirkung zu entfalten, kann ja der Lernende erst begreifen, wenn er alle Teilfunktionen erfaßt hat, die dem Schwungrad die nötige Energie mitteilen. Man kann die Funktion eines Systems, wenn auch etwas unscharf, danach definieren, daß seine Unterganzen nur gleichzeitig miteinander oder gar nicht verstanden werden können. Diese Definition ist keineswegs exakt, denn wir können die Unterganzen auch eines so einfachen Systems wie des Benzinmotors nie vollständig erfassen, und dennoch wäre es unsinnig, auf die Systemanalyse des Ganzen in der hier angedeuteten Weise zu verzichten.

Wenn wir eine Gestalt wahrnehmen, deren Wesen ebenfalls von einer Wechselwirkung mehrerer Untersysteme bestimmt wird, stehen wir vor derselben Schwierigkeit. Im zweiten Teil des »Faust« läßt Goethe die Helena sagen: »Doch red' ich in die Lüfte; denn das Wort bemüht sich nur umsonst, Gestalten schöpferisch aufzubaun.« Die lineare Aufeinanderfolge von Worten ist grundsätzlich unfähig, ein System befriedigend wiederzugeben. Unter einem System verstehen wir eine Vielheit von Strukturen und Funktionen, die fast alle miteinander in Wechselwirkung stehen, als Ganzes aber gegen Vorgänge der Umgebung genügend abgegrenzt sind, um eine gemeinsame Funktion erkennen zu lassen. Nur so ist Paul Weiss' witziger Aphorismus zu verstehen: »A system is everything unitary enough to deserve a name«, denn selbstverständlich ist nicht alles, was einen Namen verdient, ein System; schon das Wort besagt, daß es sich um eine aus mehreren Teilen zusammengesetzte Einheit handelt, wobei die Teile sehr häufig wiederum Systemcharakter besitzen.

Beim Aufstellen eines Fließdiagramms wie bei der Analyse eines Systems schreitet unser Verständnis stets von der Ganzheit zum Teil und nicht vom Teil zur Ganzheit fort. Bevor wir die einzelnen Funktionen der Teile eines Benzinmotors verstehen können, müssen wir Einsicht in die Funktion des Ganzen, des Motors als Kraftquelle, erlangt haben. Die Forschungsrichtung vom Ganzen zum Teil ist auch dann vorgeschrieben, wenn wir ein organisches Ganzes, dessen Struktur wir verstehen wollen, vor Augen haben. Die Kunst der Analyse ist es dann, die Teile herauszugliedern, ohne das Ganze und seine Funktion aus den Augen zu verlieren.

Auch ein nur annäherndes Verstehen der einzelnen in einem System zusammenarbeitenden Teilfunktionen bringt die Forschung um einen wesentlichen Schritt weiter, nämlich jenem Stadium näher, in dem es sinnvoll wird, experimentell Fragen zu stellen und Messungen vorzunehmen. Ruprecht Matthaei hat in seinem Buch »Das Gestaltproblem« das Vorgehen eines Forschers angesichts einer Systemganzheit mit dem eines Malers verglichen: »Eine flüchtig hingeworfene Skizze des Ganzen wird mehr und mehr ausgearbeitet, wobei der Maler möglichst immer alle Teile gleichzeitig fördert; das Bild sieht auf jeder Stufe seines Werdens fertig aus – bis das Gemälde sich in seiner ganzen anschaubaren Selbstverständlichkeit darbietet.« Otto Koehler hat diese Methode des Vorgehens »Analyse in weiter Front« genannt. Das Vorgehen von Forschung und Lehre in der Richtung *von* der Ganzheit des untersuchten Systems *zu* seinen Teilen ist in der Biologie *obligat*.

Organische Systeme als Forschungsobjekt

Wenn wir als Forscher an einem lebenden System ein Experiment vornehmen, müssen wir uns bewußt bleiben, wie leicht unser neugieriger Eingriff den natürlichen Verlauf stören kann. Auf diese grundsätzliche Schwierigkeit hat Fritz Knoll schon im Jahre 1926 gebührend hingewiesen. Später hat Eckhard Hess in seiner Abhandlung über das »Non-disruptive experiment« dieselben methodologischen Forderungen erhoben. Ein System ist gegen unsere Eingriffe um so empfindlicher, je komplexer, je differenzierter es ist. Höhere Tiere sind außerordentlich komplexe Systeme, aber die Sozietäten, in denen sie zusammenleben, sind noch komplexer. Das soziale Leben des Menschen ist das komplexeste System, das wir überhaupt kennen. Wir wissen, daß der Mensch in vielen Tieren einfachere Parallelen hat, die, wie wir hoffen, leichter begreiflich gemacht werden können. Die leichte Störbarkeit von Tiersozietäten ist ein Forschungshindernis, das zwar nicht prinzipiell unüberwindlich ist, aber nicht unterschätzt werden darf.

Die exakteste, aber auch aufwendigste Methode der Erforschung des sozialen Verhaltens von höheren Tieren ist zweifellos die Beobachtung in freier Wildbahn. Sie bedingt eine langdauernde mühevolle Gewöhnung der Tiere an den beobachtenden Menschen. Jane Goodall ist es im Gombe River Reservat gelungen, sich mit einer Horde Schimpansen anzufreunden. Sie hat nahezu ein Jahr gebraucht, bis die Fluchtdistanz der Schimpansen so weit abgenommen hatte, daß sie ihre Beobachtungen beginnen konnte. Das Ausmaß ihrer Erkenntnisse hat den Aufwand an Zeit und Mühe reich gelohnt. Hans Kummer bediente sich ähnlicher Beobachtungsmethoden bei Pavianen, Diane Fossey bei Berggorillas und Anne Rasa bei der Erforschung von Zwergmungos.

Ein anderer, weniger aufwendiger Weg besteht darin, zahme, vom Menschen aufgezogene Tiere an das wilde Leben zu gewöhnen, wo man sie bequemer aus der Nähe beobachten kann. Das geht aber nur bei Tieren, in deren sozialem Verhalten Traditionen keine ausschlaggebende Rolle spielen. Als Katharina Heinroth versuchte, menschenaufgezogene junge Paviane in die lang bestehende Paviansozietät des Berliner Zoologischen Gartens einzugliedern, mißlang dieser Versuch völlig. Die menschenaufgezogenen Individuen benahmen sich offensichtlich nicht ganz der Tradition der Horde entsprechend und wurden immer wieder aus ihr ausgestoßen.

Bei Vögeln, bei denen die Verschiedenheit der Tradition einzelner Sozietäten keine große Rolle spielt, weil die meisten Verhaltensweisen phylogenetisch vorprogrammiert sind, gelingt es dagegen sehr wohl, aus menschengewöhnten Exemplaren Sozietäten aufzubauen, die sich einigermaßen normal verhalten. Das tun sie nach unseren Erfahrungen erst, nachdem die Sozietäten längere Zeit selbständig existiert haben. Die nun seit 35 Jahren sorgfältig aufgezeichneten Lebensgeschichten unserer Gänse zeigen das klar. Der oft gehörte Vorwurf, daß das Verhalten der Gänse durch ihre Beziehungen zu Menschen verzerrt erscheinen könnte, ist nicht berechtigt; im Gegenteil, die kleinen Verzerrungen, die manchmal auftreten, sind wichtige Ansatzpunkte der Analyse.

Die Annahme, daß sich eine Kolonie von Graugänsen in

einer einigermaßen natürlichen Umgebung annähernd normal verhalten würde, erweist sich dadurch als richtig, daß wilde Graugänse, die nie mit Menschen in Berührung gekommen sind, sich im Rahmen unserer Grauganskolonie nicht anders als deren langjährige Mitglieder verhalten.

Die Aufgabe, die inneren Zusammenhänge eines sehr komplexen sozialen Systems aufzuklären, erfordert begreiflicherweise lange Zeiträume. Ich kenne gegenwärtig nur drei longitudinale Untersuchungen von sozialen Systemen höherer undomestizierter Wirbeltiere von ausreichendem quantitativem und zeitlichem Umfang: die Schimpansenuntersuchungen von Jane Goodall in der Gombe River Reservation in Tanzania, die Untersuchungen an Rotgesichtsmakaken *(Macaca fuscata)* auf der japanischen Insel Koshima durch Masao Kawai und S. Kawamura und schließlich die an unseren Gänsen. Meine erste kleine Grauganskolonie existierte nur von 1936 bis 1940; dennoch sind einige individuelle Beobachtungen wichtig genug, um sie in diesem Buche mitzuteilen.

Die gegenwärtig in Grünau bestehende Kolonie wurde 1949 auf den Teichen von Schloß Buldern angesiedelt, im Jahre 1955 in das neugegründete Institut in Seewiesen bei Starnberg übersiedelt und nach meiner Emeritierung bei der Max-Planck-Gesellschaft mit Erfolg nach Grünau im Almtal in Oberösterreich verpflanzt. Im Augenblick umfaßt sie etwa 150 Individuen; die Zahl wechselt, da einige Paare anderswo brüten und nur den Winter mit ihrer Brut im Almtal verbringen.

Aufbau des Buches und Anleitung an den Leser

Didaktisch wäre es ideal, den Schüler oder Leser denselben Weg entlangzuführen, auf dem die Forschung zu ihren gegenwärtigen Ergebnissen gelangt ist. Praktisch ist dieser Weg ungangbar, da die Wiederholung der Forschung in der Lehre allzu viel Zeit beanspruchen würde. Deshalb wird auch in den allermeisten Lehrbüchern der umgekehrte Weg eingeschlagen. Fast immer ist der erste Teil der »allgemeine« und der zweite der »spezielle«, obwohl doch der Forscher bei seinem induktiven Vorgehen zuerst Spezielles erkannt und daraus das Allgemeingültige abstrahiert hat. Das übliche Vorgehen der Lehrbücher gewöhnt somit dem Lernenden ein Verfahren an, das in der biologischen Untersuchung einen Verstoß gegen den Geist der induktiven Forschung bedeutet. Er besteht darin, daß zuerst eine Hypothese aufgestellt wird und dann erst in der beobachteten Wirklichkeit Beispiele zu ihrer Bestätigung gesucht werden. Die Welt des Organischen ist so formenreich, daß sich, wenn man nur fleißig genug sucht, auch für völlig abstruse Theorien Beispiele von trügerischer Überzeugungskraft finden lassen. Das vorliegende Buch hat das Ziel, ein außerordentlich kompliziertes organisches System, nämlich das Verhalten einer sozialen Tierart, verständlich zu machen, wobei auch die Zusammenhänge mit der Ökologie der Art dargestellt werden müssen.

Ich will in der Anordnung dieses Buches einen Kompromiß versuchen, indem ich dem Leser zuerst anschauliche Beschreibungen von Graugänsen liefere, über die wir besonders viel wissen. Darauf will ich den theoretischen Teil folgen lassen, in dem ich die Instinktbewegungen mit ihren Gesetzmäßigkeiten darstelle: was zum Verhalten der Graugans gehört, einschließlich ihrer Ausdrucksbewegungen und -laute, die gewissermaßen das Stützgerüst der sozialen Struktur bilden.

Dieser Plan entspricht ziemlich genau dem Vorgehen, das der Wissenschaftstheoretiker Wilhelm Windelband als kennzeichnend für alle Wissenschaft hingestellt hat. Das erste, ideographische, d. h. bildbeschreibende Stadium beschränkt sich darauf, alles Vorhandene festzuhalten und zu beschreiben. Darauf folgt das Stadium, das eine Systematik, eine Ordnung in die Listen des Beschriebenen zu bringen versucht, und schließlich das nomothetische Stadium, in dem die aus der Systematik abstrahierbaren Gesetzlichkeiten untersucht werden. Aber wenn man sich auch der Aufeinanderfolge dieser Stadien – die im übrigen dem von R. Matthaei beschriebenen Verfahren (S. 24) entsprechen – bewußt bleibt, kann man sich doch kaum enthalten, Vorgriffe auf etwas, was man eigentlich noch nicht wissen kann, zu machen. Dies passiert mir natürlich auch dann, wenn ich versuche, ohne die verschiedenen Deutungen zu arbeiten, die ich in den vergangenen 75 Jahren gefunden habe. Schon in die rein beschreibende Darstellung des Verhaltens meiner Tiere schleicht sich unvermeidlich ein Teil der systematischen Ordnung ein, aus der allgemeine Gesetzlichkeiten vorwegnehmend abstrahierbar sind. Bei der Beschreibung des Verhaltens meiner Gänse werde ich auch gar nicht versuchen, Begriffe zu vermeiden, die dem Leser zunächst nicht oder höchstens intuitiv verständlich sind. Ich bitte ihn, solche Begriffe so zu behandeln, wie es beim Fließdiagramm (Beispiel des Benzinmotors, S. 23) erörtert wurde. Der Leser mag also die nächsten Abschnitte so unbesorgt lesen wie die bisherigen. Wer hiezu zu gewissenhaft ist, möge das Sachverzeichnis zu Rate ziehen.

Martina

Meine dauerhafte Prägung auf Enten verhinderte nicht, daß mein großer Wunsch nach Graugänsen wachblieb. Indem ich mit der Lebensgeschichte meiner ersten Gans beginne, tue ich mein Bestes, die Entwicklung meines eigenen Wissens über Graugänse aufzuzeigen. Aufgrund unseres heutigen Wissensstandes entspricht ihre Lebensgeschichte ganz und gar nicht der einer »normalen« Graugans, da sie von Anfang an nicht artgerecht und unter vielfachem Streß aufgezogen wurde. Dennoch zeigte sie in ihrer Entwicklung viele Verhaltensweisen, die an einer unter natürlichen Bedingungen ungestört aufgewachsenen Graugans zu beobachten sind.

Martinas Kindheit

Zwar liegen die nun zu beschreibenden Ereignisse fast genau ein halbes Jahrhundert zurück, doch sind die Aufzeichnungen verläßlich und meine Erinnerungen so lebhaft, daß ich ein anschauliches Bild vom Leben einer Graugans zu zeichnen glaube, wenn ich die Lebensgeschichte meiner Gans erzähle, die keineswegs nach dem Heiligen Martin, sondern nach unserer Freundin Martina benannt worden war. Nachdem zwei Schreiben, in denen ich den Fürsten Esterhazy um Graugansei er gebeten hatte, unbeantwortet geblieben waren, wandte ich mich an eine illegale Quelle. Mein Freund Prof. Dr. Otto H. Antonius, der Direktor des Schönbrunner Zoologischen Gartens, hatte keine Bedenken, aus derselben Quelle lebende Tiere zu beziehen, und so zögerte ich nicht, dies auch zu tun. Um ganz sicher Graugansei er zu erhalten, wandte ich mich an zwei verschiedene Männer mit der Bitte um solche. Unerwarteterweise entsprachen beide meinem Wunsche.

Von den 20 Grauganseiern, die ich nun zur Verfügung hatte, legte ich 10 unter eine verläßlich brütende Hausgans, die anderen unter eine Pute. Ich beabsichtigte, alle zwanzig Gössel von der Hausgans führen zu lassen, was wohl angegangen wäre. Es kam aber anders, man muß sagen, zum Glück! Als das erste Gänsekind geschlüpft und trocken war, konnte ich der Versuchung nicht widerstehen, das reizende Wesen unter der Amme hervorzuholen und näher zu betrachten. Währenddessen schaute es mich an und stieß nach einiger Zeit das laute einsilbige »Pfeifen des Verlassenseins« aus, das ich nach meiner Vorbildung durch Hausenten ganz richtig als Weinen zu deuten wußte (Farbtafel I). Daher antwortete ich mit einigen beruhigenden Tönen. Daraufhin wandte sich das Gänschen mir ganz zu, streckte den Hals vor und sagte ein mehrsilbiges »Wiwiwiwi«. Auch den Übergang vom einsilbigen Pfeifen zum mehrsilbigen »Wi«-Laut verstand ich als Übergang vom Weinen zum freudigen Kontakt und interpretierte das Halsvorstrecken richtig als Gebärde der Begrüßung.

Wer hätte den Übergang vom verzweifelten Weinen zum freudigen Grüßen nicht *nochmals* beobachten wollen? So wartete ich stumm und unbeweglich, bis das Gänsekind aufs neue zu weinen begann, um es wieder durch freundliche Laute zu trösten. Schließlich aber hatte ich genug vom Baby-sitting, steckte das Gänschen zurück unter den Flügel der brütenden Hausgans und wollte weggehen. Ich hätte es besser wissen müssen:

Kaum hatte ich mich wenige Schritte entfernt, ertönte unter der Weißen heraus ein fragendes leises Wispern, auf das die Hausgans programmgemäß mit dem Stimmfühlungslaut »Gang gang gang« antwortete. Doch anstatt sich daraufhin zu beruhigen, wie dies jedes Gänsekind getan hätte, das nicht den Erfahrungen meiner kleinen Gans ausgesetzt gewesen war, kam diese entschlossen unter dem Bauch ihrer Amme hervorgekrochen, sah mit schiefgestelltem Kopf mit einem Auge zu ihr empor und lief laut weinend von ihr weg. Der einsilbige Laut, der vielen nestflüchtenden Vögeln zu eigen ist, klingt ungemein kläglich und auch für den Menschen unmittelbar mitleiderregend. Mit emporgerecktem Hals und ununterbrochen laut pfeifend stand das arme Kind auf halbem Wege zwischen der Hausgans und mir selbst. Da machte ich eine kleine Bewegung – schon verstummte das Weinen, und das Gänschen lief mit vorgestrecktem Hals, »Wiwiwiwi« grüßend, auf mich zu. Die charakteristische Unwiderruflichkeit des Prägungsvorganges bei Gänsen war mir damals noch nicht bewußt. So packte ich das Gössel und steckte es zum zweitenmal unter den Bauch der weißen Gans, aber es lief mir sofort wieder nach! Richtig auf den Füßen stehen konnte es noch nicht, nur auf den Fersen sitzen. Auch bei langsamem Gehen war es noch recht unsicher und wackelte heftig. Aber in seiner hohen ängstlichen Erregung beherrschte es doch schon die Bewegungsweisen des sehr raschen, schußartigen Laufens. Viele Nestflüchter, vor allem Hühnervögel, können viel früher laufen als langsam gehen oder gar stillstehen.

Abb. 5: *Gänseküken im Daunenkleid.*

Begreiflicherweise rührte es mich in höchstem Maße, wie das arme Kind laut weinend hinter mir herkam, zwar noch stolpernd und sich manchmal überkugelnd, aber mit erstaunlicher Geschwindigkeit und einer Entschlossenheit, deren Bedeutung nicht mißzuverstehen war: Mich, nicht die weiße Hausgans, betrachtete es als seine Mutter.

Da es nicht mehr, sondern sogar weniger Arbeit macht, zehn junge Gänse aufzuziehen statt einer, nahm ich alle unter der Hausgans geschlüpften Gössel an mich und überließ ihr die zehn von der Pute erbrüteten. Nur Martina versuchte ich zunächst von den übrigen getrennt aufzuziehen, in der Annahme, sie dadurch besonders fest an meine Person zu binden. Ebenso meinte ich, daß junge Wildgänse, die von einer Hausgans und ausschließlich im engen Bereich unseres Gartens großgezogen wurden, weniger zum Wegfliegen, vor allem nach dem nahen Donaustrome, neigen würden.

Beides war völlig falsch. Wie sich bald herausstellte, lief mir das abgesonderte Gössel viel weniger gut nach als die Geschwisterschar in ihrer Gesamtheit. Allein war Martina ständig etwas »nervös«, d. h. fluchtbereit. Sie neigte zum Pfeifen des Verlassenseins und schien im ganzen weniger aktiv als die Gössel in der Schar. Der Rückstrom (feedback) sozialer Reize ist eben bei einem gesellschaftlich so hoch organisierten Lebewesen wie einer Graugans für die Aufrechterhaltung eines normalen Zustandes der Allgemeinerregung (general arousal) unentbehrlich.

Immerhin gewöhnte sich Martina allmählich daran, mir auch ohne die Begleitung ihrer neun Ziehgeschwister nachzufolgen, was ich zu erzwingen genötigt war, da ich nur eine Gans auf längere Faltbootfahrten mitnehmen konnte. Sie lernte schnell, »einzusteigen«, wenn sie nach längerem Schwimmen naß zu werden begann, was im Anfang häufig eintrat. Später, als mit dem Sprossen der Pelzdunen die Gans richtig wasserfest wurde, fuhr sie nur gelegentlich auf dem Boote mit.

Zu jener Zeit, also lange, ehe ich von richtigen Grauganseltern lernte, was und wieviel man der geführten Kükenschar zumuten kann, beging ich, vor allem Martina gegenüber, manche Fehler, deren Rauhheit und Grausamkeit ich erst viel später einsah: Auf dem Wege von unserem Hause zur Donau muß man durch die Hauptstraße des Dorfes Altenberg, die von neugierigen Menschen, Hunden und lärmenden Fahrzeugen belebt ist. Anschließend führt der Weg durch eine Bahnunterführung. Auch die folgsamste Gans wäre der Aufgabe, diesen Weg zu durchlaufen, nicht gewachsen. Ich pflegte Martina kurzerhand unter den Arm zu klemmen und über die kritische Strecke zu tragen. Sie wurde durch dieses Verfahren nicht handscheu, kam mir vertrauensvoll grüßend entgegen und ließ sich greifen. Doch glaube ich jetzt zu wissen, daß Martina sich durch den Streß aufgrund dieser Behandlung einerseits schlechter entwickelte als ihre Ziehgeschwister, andererseits aber früher geschlechtsreif wurde.

Auch meine Meinung, daß die mit der Hausgans verbliebenen Gössel sich als ortsbeständiger erweisen würden als jene, die ich in der Gegend weit umherführte, erwies sich als völlig irrig. Von der Schar, die mit mir kilometerweite Ausflüge an die Donau machte, verflogen sich nur wenige, wogegen von den zu Hause verbliebenen Gösseln sich im Herbst, vor allem bei Nebelwetter, sehr viele verirrten.

Zufallsbeobachtungen an Martina

Das nahe Zusammenleben mit Martina, mit der ich über ein Jahr lang mein Schlafzimmer teilte, ermöglichte eine Reihe von Zufallsbeobachtungen, die erwähnenswert sind, obwohl sie nicht zum Kontext dieses Buches gehören. Schon Oskar Heinroth hat auf die bemerkenswerten Leistungen hingewiesen, die Anatiden im *Transponieren* von Kenntnissen räumlicher Strukturen zuwege bringen, wenn sie solche nur fliegend von oben zu sehen bekommen und sich anschließend, auf demselben Wege zu Fuß gehend, zurechtfinden müssen, und umgekehrt ihre richtige Orientierung beim Durchfliegen von Räumen, die sie bisher nur gehend oder schwimmend durchmessen haben. Die Unkenntnis dieser erstaunlichen Fähigkeit verursachte mir einige Stunden ernster Besorgnis und angestrengten Suchens: Von dem Ort, an dem ich, von Donaufahrten zurückkehrend, zu landen pflegte, führte der Heimweg zunächst über eine etwa 1000 Quadratmeter große Wiese und anschließend durch einen dichten mittelhohen Weidenwald. Die Wiese hatte ich schon wiederholt zu »Flugübungen« genützt, indem ich mich hinhockte und dann, aufspringend und Flugrufe ausstoßend, so rasant wie möglich gegen den Wind lief. Das Hinhocken hatte ich von meiner Dohle Tschock gelernt. Daß es bei Gänsen unnötig ist, wußte ich noch nicht. Als Martina, noch kurzflüglig, gerade eben fliegen konnte, gedachte ich einmal, unseren Heimweg dadurch zu verkürzen, daß ich sie über diese Wiese fliegen ließ. Nach unserer Landung gewährte ich ihr eine angemessene Pause zum Putzen – daß eine putzbedürftige Gans durch keinerlei Überredung zum Mitkommen zu veranlassen ist, wußte ich schon. Nach dieser Pause gab ich sämtliche mir bekannten Flugsignale und rannte davon. Martina flog plangemäß auf und hinter mir her, überholte mich natürlich schnell und geriet nun höher in die Luft, als wir beide beabsichtigt hatten. Sie überquerte die Wiese, sah den Waldrand vor sich, setzte zum Bremsen an, erkannte, daß es zu spät war und daß sie in die Bäume hineinkrachen würde, und startete durch. Sie setzte mit einem spechtartigen Sprung knapp über die Oberkante des Waldrandes hinweg – und war verschwunden! Unser Garten liegt am Westrande des Wienerwaldes, an seinem letzten Abhang. Von der Ebene des Tullnerfeldes ist er durch eine etwa 4 Meter hohe Mauer getrennt, an die eine Landstraße anschließt, von der wiederum eine steile, etwa ebenso hohe Böschung zur Ebene des Donau-Schwemmlandes hinabführt. Zusätzlich steht am unteren Rand des Gartens noch eine Reihe hoher Föhren. Ich hielt es für unmöglich, daß die kaum flugfähige Gans es fertigbringen würde, die durch diese aufeinandergebauten Hindernisse bedingten Höhenunterschiede zu überwinden. (Von Nachtreihern, die ja ebenfalls Vögel des flachen Landes sind, wußte ich, daß sie anfänglich Schwierigkeiten haben, über Hänge aufwärts zu fliegen. Sie irren dann seitlich ab und können nur mühsam, von Baum zu Baum fliegend, den angestrebten Heimatort erreichen.) Ich suchte Martina also zunächst gar nicht daheim, sondern am Rande der Ebene stromauf- und -abwärts, sogar bis ins nächste Dorf. Erst in tiefer Dämmerung gab ich verzweifelt auf und ging heim. Da stand Martina auf der Abstreifmatte vor unserer Haustür und begrüßte mich in höchster Erregung. Das Ausbleiben eines Kumpans an gewohnter Stelle und zu gewohnter Zeit bedeutet für wilde Tiere so gut wie immer eine Katastrophe, und es ist kein Anthropomorphismus, wenn ich sage, daß Martina schon höchst besorgt um mich gewesen sein muß.

Das Bemerkenswerte an der Leistung der jungen Gans ist das orientierte Auffinden eines Zielpunktes auf einem Wege, den sie als solchen nie durchmessen hatte. Sie muß sich aus ihren Erfahrungen beim Durchschreiten der Dorfstraße – wobei sie oft getragen worden war – und beim Durchqueren des Waldes und der Wiese ein Gesamtbild der Lokalität eingeprägt haben, das sie von hoch oben wiedererkennen und so den gewünschten Ort auf dieser »Landkarte« finden konnte. Beachtlich ist ferner die Lösung des Umwegproblems: Um über die Föhren hinwegzukommen, muß Martina mindestens zwei bis vier Kreis- oder besser Schraubengänge eingeschaltet haben, denn die Steigfähigkeit des Gänsefluges ist beschränkt, und Martina hatte ihre volle Flugfähigkeit, wie gesagt, noch keineswegs erreicht.

Eine ebenso eindrucksvolle Transpositionsleistung – in umgekehrter Richtung – vollbrachte mehrere Jahre später der Ganter Viktor, der als Gössel von der erwähnten Hausgans geführt worden war. An einem sehr nebeligen Winternachmittag stellte ich fest, daß dieser Ganter fehlte. Wenn ein Jungvogel fehlt, so besteht die Hoffnung, daß er sich verirrt hat und doch noch nach Hause kommen wird. Das Ausbleiben eines erwachsenen Ganters aber, noch dazu kurz vor Einbruch der Dunkelheit, läßt auf Schlimmes schließen. Da die Gänse gerade bei Nebel manchmal auf der Landstraße einfallen, deren helle Farbe sich gegen das Grün der Umgebung abhebt, beschloß ich in letzter Hoffnung, noch einen Blick auf die Gasse hinauszuwerfen, die rechtwinkelig zur Landstraße und zur Donau an unserem Garten vorbei bergab führt. Ich kam eben zurecht, um zu sehen, wie der Ganter, in eiligem Marschtempo von der Landstraße herkommend, in die Gasse einbog, diese ohne Zögern heraufkam und eilig an mir vorbei in unseren Hof strebte. Durch das Hoftor und entlang der Dorfstraße war er früher mit seinen Geschwistern wiederholt gegangen, die Landstraße aber und ihr geographisches Verhältnis zu unserer Gasse hatte er bisher nur aus der Luft gesehen. Man muß wissen, wie zögernd und ängstlich sich Wildgänse in unbekanntem Gelände bewegen, um die Bedeutung der Zielsicherheit richtig einzuschätzen, mit der der Ganter diesen Weg durchmaß. Viktor hatte offensichtlich Schwierigkeiten gehabt, bei dem starken Nebel und der hereinbrechenden Dunkelheit in unseren Garten einzufallen, der ja praktisch ein Wald ist, und hatte es vorgezogen, auf der breiten hellen Landstraße zu landen. Er wußte aber genau, wo, und setzte seinen Weg zu Fuß fort, anstatt wieder aufzufliegen und eine neue Landung zu riskieren.

Für einen Vogel, der unter natürlichen Umständen weiträumige Örtlichkeiten und flachrandige Gewässer bewohnt, ist dieser Umgang mit komplexen räumlichen Gegebenheiten eine besondere Leistung und bedeutet für ihn sicher einen erheblichen Streß. Beides, einsichtige Leistungen und nervliche Beanspruchung, kam auch bei Martina zum Ausdruck, besonders beim Meistern der räumlichen Probleme innerhalb unseres Hauses. Anfangs trug ich sie einfach treppauf, später ließ ich sie die breite Holztreppe in den ersten Stock und anschließend die enge Wendeltreppe hinauf in die Mansarde zu Fuß gehen. Das strengte die kleine Gans zwar sehr an, beanspruchte ihr Nervensystem aber doch weniger als das Gepackt- und Getragenwerden. Mit dem Treppabsteigen gab es größere Schwierigkeiten, die indes verschwanden, als Martina fliegen konnte. Ich setzte sie dann auf das Fensterbrett meines Schlafzimmers, bis sie gelernt hatte, ohne Anstoßen durch das Fenster zu fliegen. Das war nicht so einfach, weil das Fenster schmaler war als ihre Spannweite. Sie flog rüttelnd bis nahe an die Decke und ließ sich mit halbgeschlossenen Schwingen durch das Fenster fallen, ohne beiderseits anzustreifen. Da die Graugans ja ein Bewohner weiter Flächen ist, hat mich dieses Flugkunststück immer wieder beeindruckt.

Tiere sind »Gewohnheitsmenschen«. Da ihre Abstraktionsfähigkeit geringer ist als unsere und die Fähigkeit des kausalen Denkens ihnen abgeht, muß die Selbstdressur für beides eintreten. Wie fest Wegdressuren bei Graugänsen haften, zeigt folgende Beobachtung: Als ich Martina als kleines Gössel erstmalig dazu brachte, durch Haustor, Entree und Vorzimmer in die große Mittelhalle unseres Hauses zu kommen, lief sie, von der neuen Umgebung geängstigt, zunächst zu dem großen Fenster, das dem Eingang gegenüberliegt. (Geängstigte Vögel streben immer dem Lichte zu.) Nun beginnt die Treppe, über die mir das Gössel weiter hinauf in mein Zimmer folgen sollte, mit einem konvex vorspringenden Absatz nahe dem Eingang und gut drei Viertel der Raumlänge von diesem Fenster entfernt. Ich mußte die Gans also vom Fenster weg zur Treppe locken, wo sie schließlich die unterste Stufe nahe deren linkem Ende bestieg. Am nächsten Tag lief Martina nach dem Betreten der Halle zunächst wieder zum Fenster, ließ sich aber sogleich zum Umkehren und zum Ersteigen der untersten Stufe bewegen. Noch viele weitere Tage bestand sie auf einem spitzwinkeligen Umweg zum Fenster hin, aber die Spitze des Umweges wurde allmählich stumpfer, bis ihr Weg schließlich nur noch in einem rechten Winkel verlief, der in der Mitte der untersten Stufe lag.

Zu dieser Zeit geschah es, daß ich eines Abends vergessen hatte, Martina hereinzuholen. Als ich die Tür öffnete, stand sie schon etwas beunruhigt auf der Abstreifmatte und drängte sich zwischen meinen Beinen hindurch ins Haus. Dann bestieg sie die unterste Stufe an ihrem rechten Ende und lief auf dem kürzesten Weg treppauf. Als sie auf der fünften Stufe angelangt war, geschah etwas Merkwürdiges: Sie erstarrte in der Haltung extremen Sicherns und stieß den Warnlaut aus. Dann kehrte sie um, stieg die fünf Stufen wieder hinunter und vollzog eiligen Schrittes, wie jemand, der einer lästigen Formalität genügt, den Umweg zum Fenster hin. Darauf erstieg sie wiederum die Treppe bis zur fünften Stufe, blieb stehen und entspannte sich. Dann schüttelte sie sich, grüßte und setzte beruhigt ihren Weg treppauf fort. Für ein Lebewesen, das der Fähigkeit der Abstraktion und des kausalen Denkens völlig entbehrt, muß es eine gute allgemeine Verhaltensstrategie sein, sklavisch an einem Verfahren festzuhalten, das sich einmal oder öfters als erfolgreich und ungefährlich erwiesen hat.

Ich hatte Martina von Anfang an daran gewöhnt, mir auch dann nachzufolgen, wenn keine andere Gans dabei war; ich hatte gehofft, auch einige andere Mitglieder der von mir geführten Schar darauf dressieren zu können, allein mit mir mitzugehen. Diese Hoffnung erfüllte sich nicht. Der Zusammenhalt von Geschwistern ist so stark, daß sie auf das Fehlen von auch nur wenigen mit größter Beunruhigung reagieren und zum Weinen, zum Sichern und zu Fluchtreaktionen neigen, unter solchen Umständen also gar nicht bereit sind, dem menschlichen Führer zu folgen. Deshalb ging ich dazu über, die Gänse zur Donau hinunterzuführen, wobei die Umgehung des Dorfes, die wegen dessen vielfacher Schrecknisse notwendig war, viel Zeit kostete. Weniger Schwierigkeiten bereitete es dagegen, die Gänse daran zu gewöhnen, einem Kajak nachzuschwimmen, wobei sie an den Bootsrumpf viel dichter aufschlossen als an die Fersen eines gehenden Menschen. Damals wurde mir klar, daß kleine Graugänse die Entfernung, die sie zum elternstellvertretenden Objekt einhalten, nach dem Winkel bemessen, in dem die oberen Konturen gegen den Horizont erscheinen.

Das Wiedererkennen eines Menschen war von dessen Kleidung völlig unabhängig, plötzlicher Wechsel zwischen Nacktheit und voller Bekleidung machte Martina nichts aus. Hingegen scheute sie einen Augenblick lang vor mir, als ich ins Wasser ging und sie nur noch meinen Kopf zu sehen bekam: Sie zeigte die Reaktion der Verlegenheit, Hinwenden und wieder

Abwenden. Danach setzte ein sogenannter Erkenntnisruck ein, und sie begrüßte mein Gesicht, nahe heranschwimmend, mit intensiven »Wi«-Lauten und vorgestrecktem Hals. Schwerer zu verarbeiten war für sie die Situation, als meine Frau das Faltboot bestieg und ich es schwimmend begleitete. Martina nahm zunächst in aller Ruhe ihre gewohnte Position nahe am Rumpf ein, dicht unter dem linken Paddel, aber als sie dann emporblickte und statt meines Oberkörpers den meiner Frau sah, erschrak sie zutiefst, tauchte weg und kam in größerer Entfernung vom Boot wieder an die Oberfläche. Nach öfterem Wechsel des jeweils Rudernden hatte sie auch diese Schwierigkeit gemeistert.

Zu den Problemen des persönlichen Erkennens machte ich an Martina noch eine weitere höchst interessante Beobachtung. Nach einer längeren Tagestour auf der Donau war ich an unserem üblichen Landeplatz aus dem Boot gestiegen und im Begriffe, mich anzuziehen, während Martina, sich putzend, nahe bei mir am Ufer stand. Plötzlich machte sie einen langen Hals und äußerte den Distanzruf. Wohin ein Vogel schaut, lernt man mit der Zeit sehr wohl aus Kopf- und Augenstellung zu entnehmen. Als ich ihrem Blick folgte, sah ich am anderen Donauufer einen weißen Kajak entlangtreiben, in dem ein Mann mit Bart saß, der mir aus dieser Entfernung ausgesprochen ähnelte. Ich erkannte intuitiv, daß Martina diesen für mich hielt und in diesem Irrtum nicht dadurch korrigiert wurde, daß ich nur wenige Schritte von ihr stand. Obwohl ich sie durch Bewegungen und Rufe auf mich aufmerksam zu machen suchte, flog sie ab und quer über den Strom auf jenes Boot zu. Sie setzte zur Landung an und war nur wenige Meter von dem Fremden entfernt, als sie ihren Irrtum erkannte, in größtem Schrecken warnte und in steilen Steigflug überging. Sie kam auch nicht wieder zu mir herab, sondern flog geradewegs nach Hause in unseren Garten.

Meine anderen jungen Graugänse und auch Martina zeigten großen Widerwillen, an einer unbekannten Stelle zu landen – ein Verhalten, das ich auch später in Buldern, Seewiesen und

Grünau immer wieder beobachten konnte. Auf Ausflügen, auf denen man die Gänse weiter als gewöhnlich von ihrem »Heimathafen« fortführte, hatte jeder größere Schrecken, der sie zum Auffliegen brachte, zur Folge, daß sie den menschlichen Führer verließen und nach Hause zurückkehrten. Da ich mit Martina oft Ausflüge von mehreren Kilometern unternahm, bedeutete ein derartiges Schrecknis stets den unerwünschten Abschluß unserer Exkursion. Sie kehrte aber meistens nicht unmittelbar heim. Vielmehr flog sie bis über unseren Garten, kam dann zu mir zurück, um mehrere Male mit deutlicher Intention, bei mir zu landen, über mir zu kreisen und anschließend doch im Altenberger Garten einzufallen. Da sie bei einem solch langen Flug ziemlich hoch in die Luft geriet, konnte ich auch aus großer Entfernung genau sehen, daß sie tatsächlich bis über unseren Garten flog. Ich hatte den Eindruck, daß sie die Möglichkeit, zu mir zurückzukehren, erst dann aufgab, wenn sie den Landeplatz daheim ganz sicher geortet hatte.

Im Vorfrühling des nächsten Jahres verpaarte sich Martina mit einem Ganter, der aus der von der weißen Hausgans geführten Schar stammte. Dies war besonders früh; gewöhnlich findet die feste Verpaarung erst im zweiten Lebensfrühling der Graugänse statt. Da ich aber aus späteren Beobachtungen weiß, daß die Vorgänge dieser Paarbildung vollkommen »normal« gewesen sind und ich mich an ihre Details aufgrund meiner nahen Beziehung zu Martina besonders gut erinnere, seien sie hier als Beispiel beschrieben.

Das erste, was mir auffiel, war die »Kogge« des Ganters, der, hoch auf dem Wasser schwimmend, die Flügel etwas anhebt und den hinteren Teil des Körpers emporreckt, während der Hals eine elegante »Bogenstellung« zeigt. Diese Haltung erinnert ein wenig an die des imponierenden Höckerschwans; ob sie mit ihr homolog ist, weiß ich nicht. Der Ganter kehrt der umworbenen Gans die Breitseite zu, wendet unter Umständen am Platze, wenn er auf dem Fleck schwimmt und die Gans an ihm vorüberzieht. Dies fiel mir deshalb auf, weil Martina damals häufig noch mit mir ging, die Balzbewegung des Ganters also in unsere Richtung wies. Weniger plötzlich, und daher wohl anfänglich übersehen, begann das merkwürdige »Parallelgehen«. Der Ganter geht Schritt für Schritt neben der Gans her, sieht ihr buchstäblich die kleinste Bewegung ab, bleibt mit einem Fuß in der Luft stehen, wenn sie plötzlich anhält, und folgt ihr auch an Örtlichkeiten, an denen er sonst nachweislich große Angst hat. Man hat oft den Eindruck, der Ganter sei in diesem Zustand »nicht ganz bei sich«. Er greift wahllos alles an, was ihm in den Weg kommt: nicht nur andere Gänse und überhaupt Lebewesen, vor denen er für gewöhnlich Angst hat, sondern auch »Scheingegner«, wie z. B. eine im Wege stehende Gießkanne. Martin, wie wir den Ganter nannten, schreckte selbst vor unserem bösen alten Pfauhahn und meiner Person nicht zurück. In dieser exaltierten Stimmung folgte er Martina auch durch das Haustor und treppauf, eine für eine Graugans geradezu unerhörte Leistung. Seine Erregung sah man daran, wie stark sein Hals zitterte und wie weit seine Augen aus den Höhlen traten. Ich sehe ihn noch heute mitten im Mansardenzimmer, das Gefieder übermäßig glatt angelegt, mit ganz dünn erscheinendem Halse, vor Angst zitternd und immer wieder laut zischend. Plötzlich fiel im Nebenzimmer eine Tür zu, und das war selbst für einen werbenden Grauganter zuviel. Martin flog blindlings auf und in einen Glasluster hinein, der einige Anhänger einbüßte, und den Ganter kostete es eine Schwungfeder.

Leider verschwanden Martina und Martin kurze Zeit darauf. Entweder hatten sie in unserem allzu stark bevölkerten Garten keinen geeigneten Nistplatz gefunden, oder, was mir heute wahrscheinlicher erscheint, sie entzogen sich durch Flucht dem Streß, dem sie ständig ausgesetzt waren.

Der Begriff des sogenannten »Normalen«

Vor fast zwei Jahrhunderten war Johann Wolfgang von Goethe fest davon überzeugt, daß seine »Urpflanze«, der er alle die heutige Pflanze kennzeichnenden Organe zuschrieb, wirklich existiere und irgendwo zu finden sei. Der große Dichter übersah, daß der Typus eine Abstraktion, eine unentbehrliche Denkhilfe ist, aber nirgends als solcher Wirklichkeit besitzt. »Die Pflanze«, wie Goethe sie suchte, gibt es nicht und hat es nie gegeben. Wohl aber gibt es sehr verschiedene Pflanzen, aus deren Strukturen sich ein Typus abstrahieren läßt.

»Die Graugans«, von der so viele Autoren und auch ich selbst gesprochen haben, gibt es nicht. Es gibt sehr viele wirkliche Gänse, die eindeutig als Graugänse zu bezeichnen sind. Sie alle verbindet eine Reihe von Merkmalen, die von der Erbmasse bestimmt werden. An allen Individuen zu beobachten ist die Ausstattung mit erblich programmierten Bewegungsweisen, den sogenannten Instinktbewegungen. Diese sind im *Genotypus* verankert, sie sind die Summe aller genetisch gegebenen Möglichkeiten des Verhaltens, deren Erforschung unser Thema ist.

Der Begriff des »Genotypus« ist uns ebenso unentbehrlich, wie es für den Arzt der Begriff des »wirklich gesunden Menschen« ist. Einen solchen gibt es ja auch nicht! Nur der Arzt braucht diesen Begriff und kann sich auch einige Vorstellungen von seinem Inhalt machen. Für den Verhaltensforscher führt der einzige Weg zur Erforschung eines »Genotypus des Verhaltens« über das Studium des Einflusses, den nichterbliche Modifikationen und auch gewisse nicht ererbte Wechselwirkungen zwischen Instinktbewegungen auf das Verhalten des Individuums ausüben. Mit einem Worte, die Erforschung des Genotypus ist nur auf dem Wege der Untersuchung des *Phänotypus* zu erreichen. Unter Phänotypus verstehen wir das Erscheinungsbild, welches der Genotypus unter allen diesen Einwirkungen bietet.

Was wir als *Ethogramm* zu bezeichnen pflegen, ist ein Inventar oder »Repertoire« von Verhaltenssystemen, deren jedes genau programmiert ist. Jedoch ist jedes Verhaltenssystem in bestimmtem Maße durch äußere Umstände unabhängig modifizierbar, und seine Modifikation kann weitgehende Wirkungen auf alle anderen entfalten. Obwohl jedes instinktiv programmierte Verhalten seine eigene Spontaneität besitzt, obwohl es »Sitz und Stimme im großen Parlament der Instinkte« hat, ist keineswegs genetisch festgelegt, welche Rolle es im Einzelleben des Individuums spielen wird. Wir kennen Fälle, in denen bestimmte Instinkthandlungen im Laufe eines Lebens überhaupt nicht zum Durchbruch kommen; andere können sehr viel früher als »normal« heranreifen. Ein perfekter Idealfall aller wohlabgewogenen Eigenschaften erblichen Verhaltens läßt sich zwar definieren, wird sich aber niemals in einem realen Individuum verwirklicht finden.

Nach Heinroths stark abstrahierender Darstellung des Lebens von Graugänsen verliefen deren Lebensgeschichten etwa so, daß sich Ganter und Gans nach Ende des ersten Lebensjahres von ihrer elterlichen Familie lösen, sich dann im zweiten Jahre, etwa im Vorfrühling, verlieben, die »Zeremonie des Triumphgeschreis« ausbilden und hinfort in Dauerehe miteinander leben. Wenn man in unseren Protokollen, die auf genauesten Beobachtungen beruhen, nach einem solchen perfekten Idealfall sucht, findet man *keinen!* In jeder Einzelbiographie tauchen »Schönheitsfehler« auf. Als ich vor langen Jahren Helga Mamblona-Fischer darum bat, aus unseren Hunderten von Gänseprotokollen diejenigen herauszusuchen, in denen Paarbildung und Paarzusammenhalt wenigstens einigermaßen dem von Heinroth aufgestellten »Typus« entsprechen, zeigte ich mich über deren außerordentlich geringe Anzahl offensichtlich enttäuscht, was Helga zu dem klassischen Ausspruch veranlaßte: »Gänse sind schließlich auch nur Menschen.«

Die Protokolle über möglichst »normale« Grauganspaare

stammen aus guten Gründen aus der jüngeren Vergangenheit unserer Kolonie. Während der ersten Zeit war das Verhalten unserer Gänse, schon wegen ihrer geringen Zahl, vor allem wegen der Beschränkung in der Gattenwahl viel größeren Störungen ausgesetzt als später. Daß ich bei der Paarbildung von Martina und Martin Beobachtungen machen konnte, die der Norm nahekamen, beruht auf dem Glücksfall, daß die von mir und die von der Hausgans geführten Graugänse einander nicht als Geschwister ansahen und daß sich daher das Inzest-Tabu nicht auswirkte.

Aus den Verhaltenssystemen, die *allen* Graugänsen eigen sind, lassen sich begreiflicherweise sehr viele und sehr verschiedene Sequenzen zusammenfügen, und es ist keine leichte Aufgabe, aus den unzähligen Gänsebiographien, die in unseren Protokollen vorliegen, diejenigen auszuwählen, die dem Leser ein Maximum an Information über die angeborenen Verhaltensstrukturen der Graugans oder, besser gesagt, eines Graugansespaares vermitteln. Was dem unmittelbar beobachteten Verhalten eines Organismus zugrunde liegt, ist stets nur *phänotypisch,* d. h. es entspricht jener Erscheinungsform, in der die angeborene Anlage, der *Genotypus* des Verhaltens, unter den obwaltenden Umständen der Umwelt, des *Milieus,* zutage tritt. Tröstlich für den Forscher ist der Umstand, daß das Inventar aller Verhaltensweisen der Graugans ziemlich genau bekannt ist. Neue Verhaltensweisen werden nicht erfunden, wie das bei höheren Säugern und vor allem bei Primaten der Fall ist. Es ist also gewissermaßen ein Rahmen erblich abgesteckt, innerhalb dessen sich das Verhalten entwickeln kann.

Lebensraum und Lebensrhythmus unserer Gänse

Die Übersiedlung von Seewiesen nach Grünau im Almtal

Als ich im Jahre 1973 von meiner Stellung als Direktor am Max-Planck-Institut für Verhaltensphysiologie am Ess-See bei Starnberg in Oberbayern emeritierte, hatte ich eine dynamisch-longitudinale Untersuchung an Graugänsen vor, zu deren Zweck wir eine Schar dieser Vögel angesiedelt hatten. Die Methode der Langzeituntersuchung der sozialen Struktur an zahmen, aber in völliger Freiheit lebenden Vögeln hatte sich damals schon als fruchtbar und vielversprechend erwiesen. Vor allem aber war sicher, daß der Wert einer solchen Arbeit mit ihrer Kontinuität gewaltig ansteigt.

Es war mir daher hoch willkommen, als die Max-Planck-Gesellschaft das großzügige Angebot machte, die Übersiedlung einer Graugänskolonie nach Österreich zu finanzieren und übergangsweise für ihre Erhaltung und Fortführung zu sorgen. In Österreich empfing uns sowohl das Bundesministerium für Wissenschaft und Forschung als auch die Österreichische Akademie der Wissenschaften auf das herzlichste.

Das Haus Cumberland stiftete uns zu einem rein nominellen Mietpreis den »Auingerhof«, ein schönes altes zweistöckiges Mühlengebäude samt Mobiliar, das als Institutszentrum dient (Farbtafel II). Unter dem Vorsitz von Herrn Oberforstmeister Dipl. Ing. Karl Hüthmayr errichtete die Cumberland-Stiftung an der Alm, stromaufwärts vom Wildpark, eine Teichanlage (»Oberganslbach«, Farbtafel II) mit drei kleinen beheizbaren Holzhütten für die Betreuer handaufgezogener Gänse.

Um in Vorbereitung auf den Umzug ihre Bindung an Menschen zu stärken, waren die achtzehn im Jahre 1971 aufgezogenen Gänse noch bis spät in den Herbst hinein von einer ihrer Ziehmütter (Sybille Kalas-Schäfer) betreut worden. 1972 wurden dann drei Scharen von durchschnittlich fünf Gänsen mit dem Ziel, die Rangordnung zwischen den Geschwistern zu untersuchen, handaufgezogen. Auch bei diesen Gänsen wurde im Hinblick auf die Bedingungen der Übersiedlung die Menschenbindung besonders gepflegt. Im Frühling 1973 waren die in den Vorjahren aufgezogenen Gänse noch deutlich anhänglich an den Menschen. Sie bildeten zusammen mit weiteren vier Scharen, die erst im Almtal aufgezogen und flügge wurden, den Grundstock der im Almtal angesiedelten Gänsekolonie. Darüberhinaus wollten wir noch möglichst viele nicht von Menschen aufgezogene Gänse, vor allem führende Eltern mit Jungen, mitnehmen.

Als Termin für die Übersiedlung wählten wir den Frühsommer 1973, da zur Zeit der Schwingenmauser die Gänse sowieso flugunfähig sind; so konnten wir ein Stutzen der Schwungfedern vermeiden, was einen zusätzlichen Streß für die Gänse bedeutet hätte. Jene handaufgezogenen Gänse, die als bereits flugfähige Vögel übersiedelt worden waren, schlossen sich in der fremden Umgebung problemlos an ihre früheren Zieheltern bzw. überhaupt an Menschen an.

Zum Zeitpunkt des Umzuges waren die Wohnhütten in Oberganslbach noch nicht fertiggestellt, die drei gänseführenden Mitarbeiter mußten mit ihren Schützlingen in einem der Wildfütterung dienenden Schuppen im Wildpark biwakieren. Dieser an das Südende der Oberganslbacher Anlage grenzende Bereich bildete gewissermaßen das Ausbreitungszentrum der Graugänskolonie im Almtal. Die adulten Gänse wurden zunächst in einer Voliere beim Auingerhof untergebracht. Kurz darauf setzten wir sie in eine Voliere im Wildpark um, weil diese Vegetation aufwies und auch über Schattenplätze verfügte. Als wir die Gänse freiließen, zeigten sie keine nähere Beziehung zu dieser Örtlichkeit; daß überhaupt welche in der Grünauer

Anlage heimisch wurden, ist fast ausschließlich den Bemühungen von Sybille Kalas-Schäfer zu danken, die sie hier betreute.

Für die vom Seewiesener Biotop übersiedelten Gänse ergaben sich gewisse Schwierigkeiten, die einerseits durch das andersartige Weideangebot, anderseits durch das völlig ungewohnte Gelände verursacht wurden. Die Gänse brauchten einige Zeit, um sich an die härteren Gräser und Kräuter des Gebirgstales zu gewöhnen. Die jungen handaufgezogenen Tiere liefen in den ersten Tagen mit Weinlauten und deutlichem Suchverhalten über die Wiesen, ohne etwas zu fressen.

Von Seewiesen waren die Gänse stehende offene Wasserflächen und übersichtliches, leicht welliges Hügelland gewohnt. Im Tal der Alm, eines reißenden Gebirgsflusses mit teilweise steilen steinigen Ufern, bereitete ihnen das Gehen zunächst Schwierigkeiten; viele Gänse hatten große Blasen an den Fußsohlen. Die starke Strömung des Flusses meisterten sie jedoch von Anfang an recht gut. Die umgebenden Auwälder begannen sie erst nach und nach gezielt als Deckung und zum Weiden aufzusuchen.

Anfang Juli übersiedelten alle gänseführenden Mitarbeiter in die inzwischen bezugsfertigen Wohnhütten in Oberganslbach, und von da an entwickelte sich dieser Ort mehr und mehr zum Mittelpunkt unserer Gänsekolonie. Allerdings blieb der Kasbachteich im Wildpark, die größte den Gänsen zunächst bekannte Wasserfläche, das Nachtquartier der Gänse, bis sie später den Almsee »entdeckten«. Unsere Wanderungen, auf denen wir den Gänsen das Almtal vertraut machen wollten, dehnten wir nach und nach flußaufwärts aus. Am 12.7.1973 erreichten wir erstmals zu Fuß den Almsee (Farbtafel II). Auf der großen Wasserfläche zeigten sich die Gänse alsbald heimisch und vertraut. Bald darauf bemerkten wir, daß viele der Gänse, die inzwischen nach der Mauser wieder flugfähig waren, selbständig zum Almsee flogen und dort einen Teil der Nacht verbrachten. Damit war eines der wichtigsten Ziele unserer Einbürgerungsarbeit erreicht.

Im Herbst verließen die Menschen die kleinen Hütten und zogen in den Auingerhof. Von nun an folgten die Gänse tagsüber ihren Führern auf die inzwischen fertiggestellten Teichanlagen in Oberganslbach. Nachmittags flogen sie spontan zurück zum Kasbachteich in der Mitte des Wildparks. Abends riefen wir die Gänse auf die Kiesbänke der Alm in Höhe des Auingerhofes und fütterten sie dort.

Tages- und jahreszeitlich bedingte Ortsveränderungen

Im Laufe der Jahre bildete sich bei allen Gänsen die Gewohnheit heraus, die Nacht am Almsee zu verbringen. Bei Tag jedoch halten sie sich bei den Menschen auf, d. h. im Frühjahr und Sommer in Oberganslbach und während der Wintermonate in der Nähe des Auingerhofes auf den Sandbänken der Alm. Diese Gewohnheiten behielt die Gänseschar bis auf den heutigen Tag bei. Eine große Wasserfläche gewährleistet Sicherheit, vertraute Menschen bieten Nahrung an, und im Winter stellen die wenig überrieselten Sandbänke der Alm, die nie zufriert, eine erwünschte Wärmequelle dar.

Zur Zeit der Nestsuche zerstreut sich die Schar, von den verschiedensten Nistorten aber kehrt ein Großteil der Eltern mit ihren Küken nach Oberganslbach zurück und zieht sie dort auf. Daher finden sich zur Aufzuchtzeit nahezu alle Junge führenden Paare in Oberganslbach ein, während die Nichtbrüter schon ab der letzten Maiwoche den Almsee aufsuchen, um dort zu mausern. Die Brutvögel müssen die Zeit der Flugunfähigkeit mit ihren Küken in Oberganslbach überdauern.

Die Zeit der Mauser der Schwingen, während der die Gans nicht fliegen kann, ist von Individuum zu Individuum verschieden. Nichtbrüter mausern im allgemeinen früher, Brutgänse um so später, je länger ihre Jungen nicht fliegen können. Die

Mauser der Eltern ist mit dem Wachstum der Jungen so synchronisiert, daß beide ungefähr gleichzeitig flugfähig werden. Gegen den Herbst zu zerstreuen sich die Gänse zunehmend über das Gebiet des Wildparks und kommen auch häufig auf die Wiesen beim Auingerhof, wo sie sich im Winter in größerer Zahl konzentrieren. Dabei mag es eine Rolle spielen, daß während der Wintermonate die Fütterung in nächster Nähe des Auingerhofes für die Mitarbeiter am bequemsten ist. Die Gänse kommen dann jedesmal in größeren Trupps, häufig auch in geschlossener Schar, vom Almsee und fallen in der Nähe des Auingerhofes ein. Da der Almsee über 100 Meter höher liegt als das Institut, die Gänse aber beim morgendlichen Anflug ungefähr die gleiche Höhe halten, ist es ein sehr eindrucksvoller Anblick, wenn die ganze Schar im Rückenflug angebraust kommt.

Tagesaktivität

Bei der Graugans sind die Perioden der Tagesaktivität und der Nachtruhe nicht wie bei den meisten Vögeln scharf geschieden. Nur kleine Küken schlafen tief, solange Dunkelheit herrscht, und die hudernde Mutter scheint dem Rechnung zu tragen. Eine Gänseschar schläft nie fest, etwa so, daß man sie im Schlafe überraschen kann. Man hört auch, vor allem in helleren Nächten, oft Stimmäußerungen, die auf soziale Interaktionen von ziemlich hoher Intensität schließen lassen.

Gänse können im Schwimmen, Stehen und Liegen schlafen. Der Kopf wird dabei nach hinten gedreht und der Schnabel in den Schulterfedern verborgen. Wenn die Gans schlafend auf einem Bein steht, kann der Schnabel ebensogut auf der einen wie auf der anderen Seite nach rückwärts weisen. Diese Schlafstellung tritt schon bei ganz jungen Gänsen auf, deren Schnabel in den Schulterfedern nur einen geringen Halt findet. Gänse können auch mit eingezogenem Kinn und symmetrisch gehaltenem Kopf ruhen, was bei bedunten Gösseln regelmäßig der Fall ist, bei erwachsenen Gänsen dagegen seltener vorkommt.

Nach Tagesanbruch begeben sich die Gänse zum Weiden an nahrungversprechende Örtlichkeiten, zumeist also auf grasige Wiesen. Hausgänse eilen, wenn morgens ihr Stall geöffnet wird, zum Futtertrog, wilde fliegen oft viele Kilometer weit von ihrem Schlafplatz zu den Weidegründen.

Die wichtigste Form der Nahrungsaufnahme, das Grasen, ist ans Tageslicht gebunden, da ja die Pflanzen erkannt und mit einer orientierten Greifbewegung aufgenommen werden müssen. Nur eine Form des Nahrungsgewinnes, das Gründeln, ist theoretisch auch ohne optische Kontrolle möglich; Gänse gründeln selbst in völlig undurchsichtigen Medien. Ob sie es auch im Finstern tun, wissen wir nicht.

Zu einer bestimmten Tageszeit, ungefähr um die Mittagsstunde, baden die Gänse. Sie vollführen dabei eine Reihe von Bewegungsweisen, die teilweise der größten Intensität von Lokomotionsbewegungen entsprechen, zu einem ebenso großen Teil aber eindeutig Fluchtbewegungen sind. Daher ist es zweifelhaft, ob man den ganzen Vorgang als Leerlaufbewegungen oder als Spiel auffassen soll. Bei uns hat sich dafür der Ausdruck »Spieltauchen« eingebürgert.

Nach Ablauf dieser Bewegungen putzen sich die Gänse ausgiebig und ruhen. Sie schlafen zwar nicht mit geschlossenen Augen, sind aber zu keinerlei Aktivität bereit, was der Führer handaufgezogener Gänsescharen, die nach dem Baden und Putzen zu nichts zu bewegen sind, deutlich erfährt.

In den folgenden Nachmittagsstunden werden die Gänse allmählich aktiver, fliegen auch wohl geringe Strecken hin und her. Ich habe den Eindruck, daß dann soziale Auseinandersetzungen häufiger sind als am Vormittag, wenn die Futtersuche im Vordergrund steht.

Gänse zeigen eine recht deutliche Tagesperiodik der Schreckhaftigkeit. Ihre Fluchtbereitschaft steigt mit Abnahme des Tageslichtes an, und zur Nachtruhe suchen die Vögel regelmäßig Örtlichkeiten auf, an denen sie sich auch sonst am sichersten fühlen. Meist sind dies Seen oder Teiche, an deren Ufer sie dann stehen, häufig den Kopf der freien Wasserfläche zugewandt.

Mit Einfallen der Dämmerung macht sich mehr und mehr die Absicht bemerkbar, den Schlafplatz aufzusuchen. Alain Schmitt hat für seine Dissertation die Mechanismen der Synchronisation beim abendlichen Abflug der Gänse genau studiert. Er faßt zusammen:

»Die Abflugvorbereitungen dauern bis zu eineinhalb Stunden. Sie dienen dazu, daß alle Gänse einer Schar synchronisiert und koordiniert zum Schlafplatz fliegen. Eine grobe Synchronisation der Schar wird durch den Lichtabfall bewirkt. Die Korrelation der Abflugzeiten zum Sonnenuntergang ist sehr hoch ($r = 0{,}90$ bei 110 Abflügen).

Die Feinabstimmung wird von sozialen Faktoren erreicht, insbesondere von Fortgehlauten und Kopfbewegungen, die die Stimmung übertragen. Die Fortgehlaute werden um so lauter, abgehackter, vielsilbiger und häufiger, je näher der Abflug rückt. Auch seitliches Kopfschütteln, eine reine Übersprungbewegung, wird immer häufiger und intensiver. Schließlich tritt ein Kippen des Kopfes in seiner Längsachse auf. Wenn Schütteln und Kippen sich mischen, bewegt sich der Kopf in Achterschleifen. Das Kopfkippen allein ist ein stark ritualisiertes Signal, das bei steigender Abflugstimmung immer häufiger wird. Während das Licht langsam abfällt, rücken die Gänse zusammen (›Ballung‹), Interaktionen werden immer seltener. Die Gänse neigen aber auch dazu, schneller herumzugehen, was der Ballung wiederum entgegenwirkt.

Kurz vor dem Abflug wird es immer gefährlicher für jede Gans, den Anschluß zu verpassen. Dadurch werden auch verschiedenste Übersprungbewegungen häufiger: Die Gänse baden dann, knabbern an ihren Füßen, putzen sich und zeigen sogar Nestbauintentionen. Zu diesem Zeitpunkt wird ein neues Verhalten sichtbar: das ›Ausrichten‹, eine Menotaxis. Jede Gans versucht, sich parallel zu anderen zu richten, und zwar besonders zu Familienmitgliedern. Ohne diese fliegt sie auch nie ab. Das Ausrichten wird von intensiven Fortgehlauten oder Aufmerklauten (›lauter Warnlaut‹), von schneller, geradliniger Bewegung und vom Ab-, Heran- oder Drüberfliegen anderer Gänse ausgelöst. Es hat auch eine bedeutende soziologische Funktion, die besonders bei Massenfluchten zum Tragen kommt: wenn nicht alle Gänse parallel zueinander abfliegen, kommt es zu Zusammenstößen in der Luft, und einige bleiben zurück.

Beim Abflug sind größere soziale Einheiten häufig die ersten: Sie erhalten während der gesamten Vorbereitungsphase mehr soziale Rückmeldung als z. B. die Einzelgänger.«

Wenn während der Herbst- und Wintermonate unsere große Gänseschar jeden Abend in tiefer Dämmerung allmählich in Flugstimmung gerät und schließlich abfliegt, pflege ich diesem Schauspiel mit großer Ergriffenheit zuzusehen.

Der Lebenslauf der Graugänse

Ende April, Anfang Mai eines Jahres schlüpfen nach ziemlich genau 28 Tagen Brutdauer die Gössel unter dem Bauchgefieder einer Graugans aus den meist 4–6 (1–9) Eiern ihres Geleges. Kurz nach dem Schlüpfen beginnen die Gänseküken, unter dem Bauchgefieder der Mutter hervorblickend, ihre nähere Umwelt optisch wahrzunehmen. Akustisch können sie sich schon aus dem Ei heraus mit ihren Geschwistern und der Mutter verständigen, die mit Stimmfühlungslauten und einem eigenartigen Hauchlaut reagiert. Bleibt die Familie ungestört, so verbringt sie die nächsten 12 bis 24 Stunden am Nest. Diese Frist bietet auch eventuellen Nachzüglern Gelegenheit, den Schlüpfvorgang zu beenden und die dünnen Hornscheiden, die jede Feder einzeln umhüllen, unter dem wärmenden Bauchgefieder der Mutter abzustreifen.

Der Ganter, der während der Brutzeit in gehöriger Entfernung vom Nest Wache gestanden war, findet sich mit Beginn des Schlüpfvorganges ein und hält nun in unmittelbarer Nähe Nestwache. Schon bevor die Familie den Brutplatz endgültig verläßt – um nie mehr dorthin zurückzukehren –, kommen einzelne Gössel unter der Mutter hervor und erkunden mit noch etwas unsicheren Schrittchen den Nestbereich. Dabei vollzieht sich im Wechselspiel der Lautäußerungen zwischen Gans und Küken im wesentlichen der Vorgang der Nachfolgeprägung. Erst durch einen späteren Lernvorgang erwirbt das Gössel die persönliche Kenntnis der Eltern und bezieht seine »Wi«-Laute wie auch das Nachfolgen ausschließlich auf sie. Anscheinend erkennen die Gössel ihre Eltern ein wenig früher an der Stimme als an der Physiognomie des Gesichtes.

Liegen zwei Gänsenester allzu nahe beieinander und schlüpfen die Gössel beider Familien etwa zur gleichen Zeit, so kann es zur Verschmelzung der beiden Kükenscharen kommen; den beiden Elternpaaren steht in einem solchen Fall kein Mittel zur Verfügung, ihre Kinder von den fremden zu trennen. Oft kommt es zu heftigen Kämpfen zwischen den Parteien; die Verlierer ziehen noch eine Weile, aber kaum länger als einen Tag, hinter der vom Siegerpaar geführten Doppelschar her und geben dann auf. Erst wenn sie ihren Eltern länger als einen ganzen Tag nachgefolgt sind, kennen die Gössel ihre Eltern persönlich, die Eltern ihre Jungen noch ein wenig später.

Durch verstärkte »Stimmfühlungs«- und »Fortgehlaute« gibt die Muttergans schließlich das Signal zum Aufbruch. Mit der Aufgabe des Nestes beginnt für die Familie ein mühsamer und gefahrvoller Weg, oft über mehrere Kilometer, zur »Sommerweide«. In den ersten Lebensstunden ist der Zusammenhalt der Kükenschar stärker als der Trieb, den Eltern nachzufolgen. Daher sieht man zunächst eine Ballung von Küken, später aber eine Kette von Gösseln hinter den Eltern herschwimmen oder -laufen, die zu dieser Zeit stets dicht zusammenhalten (Farbtafel III). Die Bewegungsfähigkeit der Kinder ist beachtlich und wird auch beansprucht, denn das gewählte

Brutgebiet ist keineswegs identisch mit dem bevorzugten Aufzuchtgebiet; der sicherste Nistort ist nicht notwendigerweise auch für die Aufzucht der Kükenschar günstig.

Unsere Gänsefamilien führt ihr Weg in den meisten Fällen vom Brutgebiet am Almsee flußabwärts etwa 7 Kilometer weit nach Oberganslbach. Für diese Strecke benötigen sie, einschließlich kürzerer Rastpausen, etwa 5 bis 6 Stunden. Dabei müssen die Eltern nicht nur ständig vor möglichen Freßfeinden auf der Hut sein – sei es aus der Luft (Kolkraben, Habichte, Steinadler), sei es aus dem Gebüsch (Füchse, jagende Hunde) –, sondern ihre Gössel auch geschickt um gefährliche Hindernisse, wie Wasserwirbel und Staustufen am Almfluß, herumführen. Bemerkenswert ist, daß auch solche Gänse, die diese Strecke nie zuvor zu Fuß, sondern immer nur im Fluge durchmessen haben, nunmehr sehr zielstrebig ihren Weg ins Aufzuchtgebiet finden.

Bald nachdem die Gössel begonnen haben, einander mit leicht abweichendem Halsvorstrecken zu begrüßen, fangen sie auch an, aktiv an den Auseinandersetzungen ihrer Eltern mit anderen Gänsen teilzunehmen. Kehrt der Ganter nach einem Angriff gegen fremde Gänse mit »Triumphgeschrei« zu seiner Familie zurück, stimmen die kleinen Küken mit ein und zeigen dabei schon genau die gleiche Haltung wie die Alten. Mit dem Stimmbruch, kurz vor dem Flüggewerden, wandelt sich das feine »Wiwiwiwi«, das die Kinder beim »Familienpalaver« äußern, zur juvenilen Form des späteren »gepreßten Schnatterns«. Sybille Kalas-Schäfer hat diese Äußerung der jungen Gänse, die ausschließlich an die Eltern adressiert wird, als das »flüssige Schnattern« bezeichnet.

Nach wenigen Lebenstagen liefern sich die Gössel einen Kampf, in dem ihre Rangordnung innerhalb der Familie entschieden und für lange Zeit festgelegt wird. Sobald die Jungen etwas größer sind, laufen sie nicht nur hinter, sondern häufig auch neben oder vor den Eltern her. Oft schlagen sie eine von den Eltern nicht gewünschte Richtung ein und beeinflussen so die »Marschroute«. Zuweilen entfernen sie sich viele Meter weit von der übrigen Familie. Geraten sie dabei in Schwierigkeiten, wenn sie z. B. von anderen Gänsen bedroht und gebissen werden, so äußern sie nun den sogenannten »Jammerlaut«. Die Verteidigungsbereitschaft der Eltern nimmt übrigens mit der zunehmenden Fluchtfähigkeit der Jungen allmählich ab.

Im Frühsommer, wenn die *Mauser* beginnt, fliegen die Gänse bereits wenig und ungern. Schon vor dem Abwerfen der Schwungfedern werden die Gänse außerordentlich scheu und vorsichtig, auch solche, die für gewöhnlich sehr zahm sind. Dieses Absinken der Schwelle fluchtauslösender Reize ist angeborenermaßen programmiert; amputierte Vögel werden zur Mauserzeit ebenso scheu wie flugfähige. Allerdings gibt es in unserer Population einige besonders »menschenfreundliche« Individuen, die es nicht für nötig halten, den Almsee aufzusuchen, sondern zusammen mit den jungeführenden Paaren in Oberganslbach mausern. Die meisten unserer Gänse, die nicht gebrütet oder ihre Jungen früh verloren haben, ziehen sich auf den Almsee zurück und sind auch dort kaum zu sehen, da sie sich bei Annäherung eines Bootes im Schilf und Ufergebüsch verbergen.

Zuerst fallen die Deckfedern über den Armschwingen aus. Gesunde Graugänse verlieren häufig alle Schwungfedern zugleich, doch ist es kein Zeichen für ungenügende Kondition, wenn zuerst alle Federn der Handschwingen und kurz darauf die der Armschwingen ausfallen. 4 bis 6 Wochen später, nach dem Wiedererlangen der Flugfähigkeit, kehren die Gänse von ihren Mauserplätzen auf die Sommerweide zurück und bilden mit den dort verbliebenen Familien erneut eine Schar.

Die Junggänse beginnen im Alter von etwa 6 Wochen, mit dem Sprießen der Schwungfedern, ihre ersten Flugübungen mittels Flügelschlagen und Vorrennen. Schon bald kann man sehen, wie die jungen Gänse dabei kurz von ihren Flügeln getragen werden. Etwa zur selben Zeit schließen die Eltern ihre Großgefiedermauser ab. Eltern und Junge werden flugfähig, ehe ihre Schwungfedern die volle Länge erreicht haben. Daß die Eltern zunächst relativ unsicher fliegen, ist insofern ein

Vorteil, als sie dadurch ihren Jungen beim Vorfliegen keine allzu schwierigen Flugmanöver abverlangen können. Ohne eine solche vorsichtige Führung, die z. B. handaufgezogene Junggänse zwangsläufig entbehren müssen, ereignen sich anfangs mancherlei Flugunfälle. Mit dem Flüggewerden der Jungen im Alter von etwa 10 Wochen scheint sich der Familienzusammenhalt weiter zu festigen. Auch handaufgezogene Gänse zeigen sich nach dem Flüggewerden plötzlich viel anhänglicher an den menschlichen Pfleger als kurz davor.

Wenn die Jungen voll flugfähig sind, beginnen die Familien, sehr weit umherzufliegen. Aus dem Almtal fliegen sie dann oft weit in die Ebene hinaus, nächtigen jedoch nie anderswo als am Almsee. Einige am Chiemsee in Bayern brütende Familien kommen regelmäßig bereits in dieser Entwicklungsphase der Jungen nach Grünau zurück. Ein regelrechter Herbstzug ist an unseren Gänsen nie beobachtet worden; offenbar ziehen aber die an der Nordgrenze des Verbreitungsgebietes brütenden Graugänse bereits südwärts, sobald die Jungen ihre volle Flugfähigkeit erlangt haben.

Im Herbst sammeln sich an bestimmten Orten – meist großen Seen mit angrenzenden Feldfluren – mehrere Scharen und schließen sich zu einer großen, oft Tausende von Individuen umfassenden Wanderschar zusammen. Sie ziehen über mehrere Raststationen südwärts ins Winterquartier. Die *Kenntnis* des Überwinterungsortes und seiner geographischen Lage wird bei Gänsen von den Eltern an ihre Kinder im Sinne einer *Tradition* weitergegeben, die Zugrichtung ist also nicht angeborenermaßen festgelegt.

Graugänse halten in allen Lebenslagen mit Graugänsen zusammen. Familien und auch größere Gruppen bleiben in einem rangordnungsmäßig gefestigten Verhältnis des gegenseitigen Sich-Erkennens verbunden. Auf dem Zug hält ein anonymer Herdentrieb große Scharen einander unbekannter Graugänse zusammen. Auch solche, die ihre Familien verloren haben, fliegen nicht allein, sondern schließen sich lose an Wanderscharen an.

An unseren Gänsen im Almtal, die alle entweder selbst von Menschen aufgezogen wurden oder zumindest von handaufgezogenen Eltern abstammen, kann man zwar im Herbst eine angeborene »Zugunruhe« feststellen; sie ziehen aber nicht fort, da es eben ihrer Tradition entspricht, im Almtal zu überwintern. Während der schneereichen Zeit wird die Schar von uns mit Futter versorgt.

Mit Herannahen des nächsten Frühlings, noch vor der nächsten Brutzeit, beginnen sich die Bindungen zwischen Eltern und Jungen allmählich zu lockern. Einer von Norbert Bischofs Studenten, Helge Böttger, hat gezeigt, daß Eltern und Junge sich in zunehmend größerer Entfernung voneinander zum Ruhen niederlegen, während die beiden Elternteile immer näher zusammenrücken. Die endgültige Auflösung der Familie kann auf verschiedene Weise zustande kommen: Besonders Männchen lösen sich eher aktiv von der Familie, gehen plötzlich eigene Wege und fangen nicht selten an, fremde Gänse anzubalzen. Manchmal erfolgt die abstoßende Wirkung mehr von seiten der Eltern, die ihre Jungen vertreiben. Die solcherart des elterlichen Schutzes entbehrenden Junggänse schließen sich in vielen Fällen zu sogenannten »Geschwisterverbänden« zusammen.

Graugänse werden erst mit dem dritten Lebensjahr fortpflanzungsaktiv. Zwar können bereits bei Einjährigen sexuelle Verhaltensweisen beobachtet werden, was auf die beginnende Geschlechtsreife im zweiten Lebensjahr hindeutet, doch ist uns kein Fall bekannt, in dem eine Gans in diesem Alter zur Brut geschritten wäre. Es kommt vor, daß sich einjährige Gänse bereits mit ihrem späteren Fortpflanzungspartner zusammentun, in vielen Fällen mit solchen der gleichen Altersklasse; andere Junggänse bleiben zunächst allein oder in Geschwisterverbänden, verpaaren sich dann im darauffolgenden Frühjahr und beginnen mit dem Brüten.

Die Bindung der Partner eines Paares, das erfolgreich brütet und Junggänse aufzieht, kann jahrelang, vielleicht lebenslang bestehen bleiben. Allerdings sind die Weibchen gerade während der Brutzeit besonders gefährdet. Von 36 eindeutig geklärten Verlusten unter unseren weiblichen Gänsen ereigneten sich 22 während der Brutperiode, die meisten davon sind auf natürliche Freßfeinde zurückzuführen. In einigen anderen Fällen traten Erkrankungen auf, die letztlich tödlich verliefen. Wahrscheinlich sind Weibchen im Zusammenhang mit der Streßsituation des Brütens anfälliger für Infektionen.

Entsprechend den hohen Verlusten von Weibchen während der Zeit der Brut und Aufzucht werden in unserer Schar rund 50 Prozent aller verpaarten Männchen zumindest einmal in ihrem Leben Witwer. Umgekehrt trifft dieses gleiche Schicksal nur rund ein Fünftel der Weibchen. Bemerkenswert ist die weitere Entwicklung solcher verwitweter Vögel. Von 32 Gantern, die ihre Partnerinnen verloren hatten, gingen mehr als die Hälfte neue Bindungen mit weiblichen Gänsen ein. Etwas weniger als ein Drittel blieb vorerst alleine, die übrigen fanden sich mit Geschlechtsgenossen zu Ganterpaaren zusammen. Von den weiblichen verwitweten Gänsen dagegen verpaarten sich 75 Prozent aufs neue, nur ein Viertel blieb ohne Ersatzpartner.

Darüberhinaus kommen gelegentlich Partnerwechsel vor. Von 61 Weibchen haben immerhin 15 ihre früheren Partner aufgegeben und sich mit anderen Gantern neu verpaart. In neun Fällen geschah dies nach einem erfolglosen Brutversuch, in vier weiteren Fällen handelte es sich um Paare ohne Brut, bei zwei Gänsen schließlich kam es trotz erfolgreicher Aufzucht zum Partnerwechsel.

In unserer Kolonie wurde das bislang höchste Lebensalter einer weiblichen Gans mit 20 Jahren erreicht, unser ältester Ganter ist 21 Jahre alt. In keinem Falle sind uns Anzeichen des Alt- oder gar Senilwerdens von Gänsen bekannt geworden.

Lebensgeschichten

Wie unterschiedlich die Geschichten der »normalsten« und »besten« Gänsepaare, vor allem in ihren Vorgeschichten, verlaufen können, soll nun anhand der Protokolle zweier Paare illustriert werden. Der Übersicht halber möchte ich auf die Geschichten der mitbeteiligten Gänse nicht eingehen.

Mercedes und Florian
Vorgeschichte Mercedes

Mercedes schlüpft Anfang Mai 1979 und wird zusammen mit drei Geschwistern von ihren biologischen Eltern, den beiden »Wilden«, aufgezogen. Ihr erstes Lebensjahr verläuft unauffällig. Wie jede andere »normale« Gans löst sich die Einjährige von ihren Eltern los. In der ersten Zeit nach der Familienauflösung halten die Geschwister noch engen Kontakt zueinander; nach der Mauser kehrt Mercedes Anfang Juli 1980 allein zur Schar zurück. Drei Monate später, im September, wird Mercedes erstmals mit dem Ganter Nilson gesehen. Ab Ende Oktober aber sucht sie Anschluß an ein noch nicht fest gebundenes Paar, mit dem sie ungefähr 4 Monate lang mitgeht und mitzuschnattern versucht, ohne wirklich Aufnahme zu finden oder das Interesse des Ganters auf sich zu ziehen.

Im März 1981 wirbt Nilson um Mercedes, er geht mit »Winkelhals« auf sie zu, aber sie antwortet nicht auf seinen »Stimmfühlungslaut«, so daß sie auch weiterhin ohne feste Bindung bleibt. Sie wird auch nicht mehr mit dem zuvor erwähnten Paar gesehen. Im Sommer desselben Jahres wird sie von einem dreijährigen Ganter angebalzt. Da seine Werbung aber nicht sehr intensiv ist, geht Mercedes nicht auf ihn ein, es kommt keine Verbindung zustande. Danach, vielleicht durch diesen Ganter angeregt, interessiert sich Nilson wieder für sie. Mercedes zeigt sich nicht abgeneigt, und die beiden bleiben bis zum Frühjahr 1982 beisammen.

Vorgeschichte Florian

Florian schlüpft 1973 und wird mit fünf Brüdern und zwei Schwestern von Brigitte Dittami-Kirchmayer handaufgezogen. Der Zusammenhalt der Brüder scheint außergewöhnlich stark und bleibt bemerkbar, selbst als einer von ihnen schon verpaart ist. Im Juni 1973 wird Florian als noch nicht flügges Gössel mit seinen Ziehgeschwistern und der Pflegemutter nach Grünau übersiedelt. 1974 verfliegt er sich mit einem der Brüder nach Unterbayern. Der Bruder wird gefangen und nach Seewiesen transportiert. Noch bevor er dort ankommt, fliegt Florian selbständig nach Grünau im Almtal zurück.

1975 verpaart er sich mit der Gans Nat; die Brut bleibt erfolglos, das Nest wird aufgegeben. 1976 wird Nat auf dem Nest vom Fuchs gefressen, Spuren im Uferschlamm am Almsee zeigen an, daß sie von Florian wütend verteidigt worden war. Später in diesem Jahr geht Florian mit der »Kleinen«, danach mit einem unberingten Weibchen in Oberganslbach. Während der Mauser am Almsee schließt er sich an die Ganter Nikita und Gurnemanz an. 1977–78 lebt Florian mit seinen Brüdern Xaver und Markus in ziemlich enger Ganterbindung. Xaver gegenüber, der eigentlich mit Selmaweiß geht, kommt es verschiedentlich auch zu feindlichen Reaktionen. Jeweils zur Brutzeit in diesen beiden Jahren gesellt sich Florian zu den Nichtbrütern. 1979, im Schlüpfjahr seiner späteren Frau Mercedes, bildet er zusammen mit Markus und Xaver immer noch eine recht enge Gantergemeinschaft, die sich nach Xavers Tod (er wird im April von einem Auto überfahren) lockert und schließlich auflöst. Florian kommt im Juli 1980 nach der Mauser mit der Frau seines Bruders Valentin zurück, die von diesem in einem Kampf zurückgewonnen wird. Florian verbringt den Rest des Sommers allein, sondert sich oft von der Schar ab und sucht die Nähe ihm befreundeter Menschen. Ende September desselben Jahres geht er mit dem Ganter Pepino eine Bindung ein, der es aber an Stabilität – zumindest von seiten Florians – fehlt. Zur Brutzeit des nächsten Jahres versucht er, dem gleichaltrigen Blasius dessen Frau Sinda abspenstig zu machen. Am 14. 3. wird Florian mit Sinda in der Nähe ihres Nestes gesehen, Blasius ist nicht zu finden.

Hier läßt uns das Tagebuch im Stich, aber offenbar hat ein für Blasius siegreicher Kampf zwischen den beiden Gantern stattgefunden, denn Florian kommt 10 Tage später allein zum Institut und sieht fürchterlich verprügelt aus. Blasius hält sich dicht an Sinda und hütet sie gegen alles und jeden. Fortan geht Florian wieder mit seinem Freund Pepino. Da dieser aber selbst Bindungen zu anderen Gantern unterhält, gerät die Freundschaft in eine Krise, in deren Folge Florian geradezu zum Prügelknaben wird. Sein Interesse an Pepino läßt nach. Am 27. Dezember 1981 sieht man Florian zum erstenmal mit Mercedes schnattern, die jedoch zu diesem Zeitpunkt noch mit Nilson verpaart ist. Von nun an geraten die Beziehungen ins Wanken, zumal auch Pepino Anfang Februar 1982 von einem anderen Ganter angebalzt wird. Wie aus den folgenden Protokollen deutlich wird, bahnt sich eine Umpaarung an.

Geschichte der Beziehung zwischen Florian und Mercedes

Auszug aus dem Tagebuch:

8. 2. 82   Pepino wird von Serge angebalzt, Nilson verfolgt Florian wieder in der Luft (die erste Luftverfolgung wurde leider nicht festgehalten).

10. 2. 82   Serge geht Winkelhals auf Pepino und ist ziemlich aufdringlich (d. h. er geht ihm auf Schritt

	und Tritt nach). Pepino geht zeitweilig mit Florian, der »sich überhaupt nicht mehr auskennt«.
16. 2. 82	Heftige Kämpfe zwischen Nilson und Florian um Mercedes, keine Entscheidung. Sinda-Hellblau (ein zweijähriger Ganter) geht Winkelhals auf Mercedes!
17. 2. 82	Weitere schwere Kämpfe zwischen Nilson und Florian. Es kommt zu Luftverfolgungen, der Flügelbugkampf ist heftig und dauert sehr lange, bis Nilson vor Erschöpfung und arg zugerichtet aufgibt. Florian läuft anschließend mit Triumphgeschrei (so gut er nach dieser Anstrengung noch schreien kann) zu Mercedes, die ihm auch antwortet.

Von diesem Tag an gehen Florian und Mercedes zusammen. Sie kehren im Sommer gemeinsam von der Mauser zurück, schreien miteinander Triumph und gelten als fest verpaart. Nilson bleibt lange allein. Später zeigt sich, daß er Mercedes nicht vergessen hat: Fast genau ein Jahr später, am 26. 1. 1983, einem Tag, an dem in der ganzen Schar durch einen plötzlichen Temperaturanstieg Balzstimmung ausgebrochen ist, beginnt Nilson aus heiterem Himmel wieder um Mercedes zu werben. Von weitem läuft er mit »Rollen« auf Mercedes zu, die daraufhin aufgeregt mit Florian schnattert. Nilson bleibt ständig in der Nähe der beiden, obwohl Mercedes sein Interesse überhaupt nicht erwidert. Die Situation ist höchst gespannt. Einige Stunden später läuft Nilson drohend auf Florian zu, der seinerseits zurückdroht, aber Nilson greift so heftig an, daß Florian fliegend flüchtet. Nilson nimmt die Verfolgung auf, und beide liefern sich eine lange Luftschlacht, wobei Nilson immer wieder versucht, Florian mit einem Flügelbugschlag zu treffen. Mercedes läuft indessen suchend umher, schreit immer wieder Distanzruf, bis Florian schließlich außer Atem in ihrer Nähe landet. Nachdem er sich etwas erholt hat, geht er auf Mercedes zu; sie kommt ihm entgegen, und beide schnattern leicht zusammen. Nilson steht tatenlos in ihrer Nähe. Obwohl Mercedes nichts von Nilson wissen will, hütet Florian sie gegen ihn, aber Nilson greift nicht mehr an.

Am nächsten Morgen kommt Nilson mit der Schar geflogen, Florian und Mercedes erscheinen erst am späten Vormittag. Ob es während der Nacht zu einer weiteren Auseinandersetzung zwischen den Gantern gekommen ist, entzieht sich unserer Beobachtung. Nilson unternimmt jedenfalls keinen Versuch mehr, Mercedes zurückzugewinnen. (Er suchte sich noch im selben Jahr ein junges Weibchen, verpaarte sich mit diesem im nächsten Frühling, verschwand aber während der Brutzeit. Vermutlich wurde er vom Fuchs gerissen.)

Obwohl Nilson den eigentlichen Kampf gewonnen hat, hält Mercedes auch weiterhin fest zu Florian, was für eine besonders stark ausgeprägte Bindung spricht. Die beiden bilden bis heute ein »sehr gutes« Paar und halten insofern einen Rekord, als sie am Almsee 1983 aus 6 Eiern sechs Junge erbrüteten, diese ohne Verluste 7 Kilometer weit zu unseren Teichen nach Oberganslbach führten und alle erfolgreich bis zum Flüggewerden aufzogen. 1984 brüteten sie an derselben Niststelle und erzielten aus 5 Eiern fünf Gössel, die flügge wurden. Im Spätwinter 1984/85 war die Familie von sieben Gänsen von weitem an ihrem dichten Zusammenhalt zu erkennen und stand in der Rangordnung unserer Gänsekolonie an erster Stelle. 1985 schlüpften aus den 4 Eiern, die Mercedes bebrütete, nachdem wir das Gelege reduziert hatten, drei gesunde Gössel, eines wurde tot im Nest aufgefunden. Zu Jahresbeginn 1986 hielten sie mit ihren drei Jungen noch gut als Familie zusammen. Da sie in diesem Jahr ohne Nachwuchs blieben, schloß sich ihnen nach der Mauser eines der Kinder von 1985 wieder an. Auch 1987 erzielten sie keine Jungen.

Jeweils zu Jahresbeginn, wenn sie mit den vorjährigen Kindern noch als Familie zusammenhalten, steht das Paar Mercedes und Florian sehr hoch in der Rangordnung. Später im Jahr verliert das Paar an Stärke, besonders, wenn sie ohne Fortpflanzungserfolg bleiben. Erst im Winter nimmt das Paar mit Unterstützung von erwachsenen Kindern erneut eine hohe Rangstellung ein. Florian wirkt relativ wenig »kampffreudig« und nicht sonderlich aggressiv. Gelegentlich zeigt er Haßgefühle gegen bestimmte Individuen und liefert ihnen wiederholt Luftkämpfe. Man hat den Eindruck, daß gegenüber manchen Gantern eine gewisse Rivalität aus vergangenen Tagen besteht. Es handelt sich (fast) ausnahmslos um Ganter aus demselben Schlüpfjahr wie Florian, einschließlich seiner Brüder. In den immer wieder aufflackernden Kämpfen ist Florian auch oft genug der Unterlegene. Insgesamt sind die Dominanz/Subdominanz-Verhältnisse schwierig zu beurteilen, weil Mercedes und Florian wenig »in Erscheinung« treten.

Sinda und Blasius

Sinda war 1974 geschlüpft und von Sybille Kalas-Schäfer handaufgezogen worden, zusammen mit ihren drei Schwestern Alma, Alfra und Jule. Die Ziehmutter bemühte sich, eine besonders starke Bindung zu Alma herzustellen, um später ihr Verhalten zu Jungen aus nächster Nähe beobachten zu können. Dies führte dazu, daß auch alle anderen Schwestern stark an die Pflegerin und ebenso aneinander gebunden wurden. Als später Alma, Jule und Sinda von denselben Gantern umworben wurden, drohte Alma nur wenig gegen Sinda, und diese reagierte auf sie mit Rückkehr zum kindlichen »flüssigen Schnattern«, d. h., sie behandelte sie als Mutter. Dies wiederholte sich zweimal.

Blasius ist einer von jenen vielen heute noch lebenden Gantern, die 1973 schlüpften und von verschiedenen Mitarbeitern handaufgezogen wurden. Er gehörte zu der Schar, die von Sybille Kalas-Schäfer betreut wurde; Florian und Markus wurden mit etlichen anderen Gösseln von Brigitte Dittami-Kirchmayer geführt.

Vorgeschichte

Die Paarbildung im Jahre 1975 wird durch die Bindung der gleichaltrigen Schwestern kompliziert. Zunächst scheint es, als ob Jule mit Markus und Sinda mit Blasius ginge. Später wird Jule oft mit Blasius und Sinda mit Markus gesehen. Offensichtlich ist es die Unklarheit dieser Situation, die allmählich zu einem regelrechten Haß zwischen den beiden Gantern führt. Es kommt wiederholt zum Flugkampf zwischen Markus und Blasius. Einmal landen sie nahe dem Auingerhof, gehen sofort mit »krummen Hälsen« aufeinander los und liefern sich einen Flügelbugkampf, in dem zunächst Markus unterliegt. Bei einem weiteren Flügelbugkampf siegt Markus, Blasius bricht zusammen und flieht. Markus kommt mit Triumphgeschrei zu Sinda und ihrer Schwester, die noch fest zusammenhalten. In den nächsten zwei Tagen kämpfen die beiden Ganter wiederholt miteinander, Blasius muß öfters in den nahegelegenen Wildpark fliehen, kommt aber stets nach kurzer Zeit wieder. Markus hält sich in der folgenden Zeit in Sindas Nähe auf, aber nicht zu dicht. Der Haß der beiden Ganter steigt weiterhin an und führt im Frühling 1975 zu einem dramatischen Luftkampf, in dem Markus siegt: In etwa 15 Meter Höhe trifft er Blasius mit dem Flügelbug so heftig am Hals oberhalb der Schulter, daß Blasius mit einer Lähmung des einen Flügels wie ein Stein herabfällt, zu seinem Glück in eine enge, aber tiefe Wasserrinne. Die schlaffe Lähmung des Flügels hält viele Stunden an, verschwindet aber später restlos.

In der Folge geht Sinda in dichtem Zusammenhalt mit Markus. Alma, Sinda und Markus fliegen in eng geschlossener Schar. Der Haß zwischen Blasius und Markus bleibt weiterhin bestehen, allmählich kommt es zu einer Überlegenheit des Blasius. Sinda wird einmal in dichtem Zusammenhalt mit Blasius gesehen. Kurz darauf fliegen Alma, Sinda und Markus zu dritt weg und kommen nach einigen Tagen geschlossen zurück, Blasius etwas später zusammen mit Jule, mit der er nun fest verpaart ist.

Noch Ende März 1976 geht Sinda zeitweise mit ihrer Pflegemutter. Sie treffen zusammen auf Alma und Markus. Sinda läuft den beiden sofort entgegen und schnattert mit Markus. In der Zeit vorher wurde Sinda oft mit Florian und seiner Gattin Nat gesehen. Markus geht nun zwar fest mit Alma, vertreibt aber nach wie vor alle Ganter, die sich für Sinda interessieren.

Am 1.4.1976 wird Blasius allein angetroffen, ihm fehlen die Schulterdeckfedern. Später findet man Jule; sie liegt ohne Kopf neben einem leeren Nest. Alma und Markus nisten am Ufer der Alm. Nachdem man wegen der Gefährlichkeit des Ortes das Gelege entfernt hat, brüten sie erfolgreich auf einem Nachgelege.

Geschichte der Beziehung zwischen Sinda und Blasius

Sinda und Blasius bilden seit 28.6.1976 ein festes Paar. Im Jahr 1977 bleibt die Brut erfolglos. Ab Mitte April sieht man Blasius des öfteren allein oder mit anderen Gänsen, Sinda ist selten dabei. Während der Brutpausen halten sich beide manchmal am Auingerhof auf. Am 25.4. hört man Sinda mit lautem »Distanzruf« aus Richtung Almsee kommen. Florian antwortet, geht aber nicht hin. Während Sinda frißt, äußert sie weiterhin ständig Distanzlaut auf fliegende Gänse hin. Blasius hält sich beim Auingerhof auf. Florian geht mit »Winkelhals« 3 Meter neben Sinda, die dann Richtung Auingerhof abfliegt. Florian folgt ihr. Am nächsten Tag kommt Sinda aus Richtung Almsee, Florian fliegt zu ihr und begleitet sie mit Winkelhals. Blasius trifft allein beim Auingerhof ein, als Sinda schon weg ist. Wenig später nähert sich Florian laut rufend vom Almsee, er hat Sinda weggebracht. Als Sinda am 27.4. beim Auingerhof erscheint, geht Blasius sofort zu ihr. Nachdem sie gefressen hat, fliegen beide zusammen weg, Blasius ist nach wenigen Minuten wieder zurück beim Auingerhof. Sinda zeigt deutliche Brutsymptome, ausgefallene Bauchdaunen, ist sehr blaß und dünn, der Schnabel ist zerschunden und schuppig. Nach einer weiteren Woche gibt sie offenbar das Nest auf, das übrigens nie gefunden wurde.

1978 brüten sie mit Erfolg auf der »Schwimmenden Insel«, von fünf geschlüpften Gösseln werden drei flügge. 1979 erbrüten sie vier Gössel, die sie nach Oberganslbach bringen und dort alle bis zum Flüggewerden aufziehen. Im nächsten Frühjahr geben außer Sinda und einer zweiten Gans alle anderen das Brüten wegen hoher Schneelage auf, Sindas vier Gössel werden wie die vorjährigen in Oberganslbach flügge.

Während der Brutzeit 1981 ereignet sich bei diesem erfolgreichen Paar eine Ehestörung. Am 14. 3. wird Sinda mit Florian in der Nähe ihres Nistplatzes beobachtet, Blasius ist nirgends zu sehen. Für die Abwesenheit eines Brutwache stehenden Ganters gibt es zwei wahrscheinliche Erklärungen: Entweder er ist tot, oder aber im Rivalenkampfe so geschlagen, daß er für den Augenblick keinerlei Bindungen an Nistort und Gattin mehr zeigt. Was anschließend geschah, entzieht sich unserer Kenntnis, aber zehn Tage später erscheint Sinda mit Blasius beim Auingerhof, mehrere Kilometer vom Nistplatz entfernt. Blasius »hütet« Sinda in geradezu »nervöser« Weise gegen alles und jeden, und Florian sieht fürchterlich verprügelt aus. Zu diesem Zeitpunkt mischt sich nun ein dritter Ganter ein, nämlich Ado, der im Jahre 1976 während der Brutzeit die Gans Selma im Kampfe gegen ihren damaligen Ganter Gurnemanz erobert hatte. Es ist also nicht ganz klar, ob der sichtlich verprügelte Florian von Blasius oder Ado besiegt wurde. Jedenfalls wird Sinda, zwei Tage nachdem sie mit Blasius beim Auingerhof gesehen wurde, am Almsee beim Bootshaus mit Ado angetroffen, von ihrem Nest auf der Schwimmenden Insel ein paar hundert Meter entfernt. Blasius ist wieder nicht zu sehen. In den folgenden Tagen nun sitzt Sinda brütend auf der Schwimmenden Insel, Ado steht Nestwache und vertreibt Blasius, wenn dieser sich zu nähern sucht, ganz wild im Flug. In dieser Zeit ist Ado merkwürdig zahm und freundlich, reagiert selbst auf die heiseren Rufe der (erkälteten) Beobachterin. Blasius bleibt in der Nähe, Ado vertreibt ihn immer wieder. Am 8. April werden Sinda und Ado zum letztenmal während der Brutpause zusammen gesehen, Blasius wird von Ado vertrieben, ohne sich zum Kampf zu stellen. Drei Wochen danach sind Blasius und Sinda zusammen, als ob nichts geschehen wäre. Ado ist seither verschollen. Wir glauben mehrere Fälle zu kennen, in denen Ganter sich einer äußerst gespannten Konfliktsituation durch Wegfliegen entzogen.

Nach Ados Verschwinden sitzt Sinda auf 6 Eiern, von denen 4 gut sind, Blasius steht Brutwache. Es schlüpfen zwei Gössel, von denen eines in Oberganslbach bis zum Flüggewerden aufgezogen wird. 1982 erbrütet Sinda auf der Schwimmenden Insel sechs Gössel aus 7 Eiern. Die Familie erreicht mit allen sechs Gösseln Oberganslbach, wird aber durch Holzarbeiten vertrieben und wandert flußabwärts bis zum Auingerhof. Am nächsten Nachmittag erscheinen Blasius und Sinda mit nur zwei Gösseln in Oberganslbach, auf der Rückwanderung flußaufwärts haben sie vier verloren.

Ende Februar 1983 gehen die beiden vorjährigen Gössel noch mit den Eltern. Mitte März ist Sindas altes Nest unberührt, doch hat eine andere Gans, Leni, ebenfalls auf der Schwimmenden Insel ein Nest ausgemuldet. Sinda setzt sich auf dieses, ist jedoch etwas nervös. Ein territorialer Streit erhebt sich, Blasius fliegt Luftangriffe auf Lenis Ganter Selmasohn. Am 18. 3. wird Sinda auf dem Leni-Nest auf 5 Eiern sitzend angetroffen, zwei Tage später jedoch sitzt sie auf ihrem alten Nest, d. h., genau auf dem Standplatz der früheren Jahre, und hat 2 Eier. In Lenis Nest finden sich 6 Eier. Sinda brütet ab 22. 3. fest 3 Eier, die beiden Ganter kämpfen jedoch weiter heftig um den Besitz der Insel. Die Gänse geraten aneinander, wenn beide Weibchen Brutpause machen. In verschiedenen Flügelbugkämpfen verliert Blasius, obwohl Sinda aktiv eingreift und ihn unterstützt. Bei einem spektakulären Luftkampf schließlich bekommt Blasius den Gegner in der Luft zu fassen, geht mit ihm auf das Wasser nieder und taucht ihn anschließend mehrmals unter, ehe Selmasohn die Flucht gelingt. Von da ab leistet er keinen erheblichen Widerstand mehr, Blasius ist wieder im Vollbesitz der Insel. Er greift Selmasohn fliegend auf eine Entfernung von mehr als 100 Metern an; ein Losfliegen aus so großer Distanz ist ein Maß sehr hoher Aggressivität. Sinda erbrütet drei Gössel, die sämtlich in Oberganslbach flügge werden.

Im April dieses Jahres trifft die Familie Sinda-Blasius mit Claire (einer Tochter Sindas, geschlüpft 1979), ihrem Ganter Kasimir und deren Gösseln zusammen. Die Gössel beider Familien vermischen sich. Zwischen Sinda und Claire kommt es zu merkwürdigen Auseinandersetzungen, wobei Claire durch hohes Schnattern verrät, daß sie Sinda noch als Mutter erkennt. Nach einigen Stunden sind die Familien wieder getrennt, die Gössel laufen alle »richtig« nach.

Anfang März 1984, nachdem die vorjährigen Gössel sich bereits von der Familie gelöst haben, wird Blasius von einem Ganterpaar heftig attackiert und vertrieben. Sinda läßt ihr altes Nest auf der Schwimmenden Insel unberührt und nistet direkt neben Lenis vorjährigem Nest. Am 10. März sitzt sie auf 7 Eiern, von denen 3 zur Handaufzucht weggenommen werden. Aus den übrigen 4 Eiern schlüpfen drei Gössel, mit denen Sinda und Blasius wie immer zur Aufzucht in Oberganslbach erscheinen. Am 1. 5. greift Sinda einen alten ranghohen Ganter, mit dem Blasius häufig Auseinandersetzungen hatte, heftig an, reißt ihm einige Federn aus, beißt ihn und schlägt ihn mit dem Flügelbug in die Flucht. Seine Gattin und Blasius ignorieren die Auseinandersetzung. Kurz darauf attackiert der Ganter seinerseits die Familie Blasius-Sinda, die sofort wegschwimmt. Dabei mischt sich eines von ihren Gösseln unter die feindliche Schar. Als sich die Familien wieder begegnen, kehrt das verirrte Gössel in die richtige Familie zurück.

1985 brüten Sinda und Leni wieder beide auf der Schwimmenden Insel. Blasius läßt Leni unbehelligt, duldet aber Selmasohn nicht in der Nähe. Von Sindas 6 Eiern werden 3 für eine andere Gans weggenommen. Obwohl die restlichen drei Gössel unter Sinda schlüpfen, kommt die Familie mit nur einem Kind in Oberganslbach an, und auch dieses verliert sie nach wenigen Tagen. Trotzdem benimmt sich Sinda, als würde sie Gössel führen. Eine Sinda-Tochter von 1983, die sich schon im Vorjahr lose an die Familie angeschlossen hatte, geht nun wieder mit den Eltern, ebenso ein Kind aus dem Jahr 1984. Gegen Ende des Jahres halten sie sich oft am Almsee auf, abseits der Schar. Schon seit Oktober sind sie besonders zurückhaltend und stehen sehr tief in der Rangordnung.

1986, während der Zeit, da Sinda an der alten Stelle brütet, steht Blasius nur wenig Nestwache, ist bald am Almsee, bald im Wildpark anzutreffen. Es scheint, als ob er erst bei der Nestkontrolle, als schon alle vier Gössel geschlüpft sind, auf seine Familie aufmerksam wird. Nach ihrer Ankunft in Oberganslbach steigt die Familie in der Rangordnung offensichtlich auf. Im Juli wird ein Kampf zwischen Blasius und Florian beobachtet, Florian rennt weg.

Mehrere weniger wichtige Episoden sind der Übersicht halber unerwähnt geblieben. Im ganzen sind Sinda und Blasius, was die Aufzucht von Nachkommen anbelangt, das erfolgreichste Gänsepaar der Jahre 1978 bis 1986. Obwohl ihnen mehrmals Eier weggenommen wurden, haben sie vierundzwanzig Gössel bis zum Flüggewerden großgezogen. Zur Zeit der Niederschrift hat von den Nachkommen nur eine Tochter Sindas, die nunmehr achtjährige Claire, eine eigene Nachkommenschaft erzielt. Wenn diese Befunde auf andere fortpflanzungsfähige Gänse unserer Schar übertragen werden dürfen, wird verständlich, warum die Population nicht »in den Himmel wächst«.

Schließlich möchte ich noch über die Eigenart, die Charaktere der beiden Gänse etwas sagen. Es fällt auf, daß Blasius bei der ersten kämpferischen Auseinandersetzung mit einem Rivalen fast immer verliert. Daß er endgültig dann doch den Sieg davonträgt, beruht vielleicht auf seiner besonderen Aktivität in

Luftkämpfen. In Auseinandersetzungen mit anderen Scharmitgliedern ist Sinda sehr aktiv, Blasius hält sich gerne im Hintergrund, springt aber verteidigungsbereit ein, wenn seine Familie in Bedrängnis gerät, woferne der Gegner nicht unüberwindlich scheint. Bei der Ankunft am Futterplatz geht Sinda meist drohend oder »imponiersichernd« voran, Blasius und die Kinder gehen hinterdrein. Zwischen den Familien nehmen Sinda und Blasius gewöhnlich eine mittlere Rangposition ein, außerhalb der Fortpflanzungszeit sinken sie etwas im Range ab.

Die Geschichte von Ada

Adas turbulente Lebensgeschichte weicht von der typischen Biographie einer Graugans sehr weit ab. Sie stammte aus einem im Jahre 1949 oder 1950 dem Neste wildlebender Graugänse entnommenen Ei und wurde bei meinem Freund Rolf Ismer von einer Hausgans ausgebrütet und aufgezogen. Gewisse Hinweise lassen vermuten, daß sie als kleines Gössel schon Kontakte zu menschlichen Pflegern hatte. Als erwachsener Vogel wurde sie durch Tausch zusammen mit einem drei Viertel wildblütigen Ganter, mit dem sie vermutlich verpaart war, an Herrn Dr. Bauer in Oberkassel/Rhein abgegeben. Nachdem der Ganter sich verflogen hatte, lebte Ada einige Zeit als einzige Graugans in der Wasservogelsammlung Dr. Bauers, der sie schließlich im Januar 1952 unserem Institut in Buldern/Westfalen schenkte.

Ihr Verhalten entsprach eher dem einer Witwe als dem einer unverpaarten Gans. Anfangs war Ada sehr verschüchtert, nicht zuletzt deshalb, weil man ihr vorsichtshalber zur Eingewöhnung in Buldern die Handschwingen eines Flügels beschnitten hatte. Sie fand keinen Anschluß an unsere eben geschlechtsreifen jungen Graugänse, war sehr scheu und suchte menschliche Gesellschaft. Von den anderen Gänsen wurde sie oft verjagt, besonders die handaufgezogenen, ein Viertel wildblütigen »Riesen« Fasold und Fafnir waren sehr aggressiv gegen sie.

Als sie sich allmählich eingewöhnte und aktiver wurde, griff sie zunächst Röschen und Verena an, zwei Schwestern, die mit dem Ganter Adolar verpaart waren. Mit Adolar geriet Ada heftig aneinander, die beiden lieferten sich ein regelrechtes Flügelbugduell, was zwischen einem Weibchen und einem Ganter bei Graugänsen nur sehr selten vorkommt. Der Kampf endete unentschieden; von einem anderen Ganter, Syrrhaptes, bekam sie Prügel. Auch in anderen Punkten zeigte Ada ein etwas »vermännlichtes« Verhalten, was möglicherweise dadurch veranlaßt war, daß sie in Oberkassel keine rangordnungsmäßig höherstehenden Artgenossen kennengelernt hatte.

Im Februar begann Fasold sich Ada mit »Halseintauchen«, d. h. mit einer Aufforderung zur Kopulation, zu nähern, worauf sie sofort reagierte, aber nicht »programmgemäß«. Sie wandte sich dem Ganter zu und schwamm ihm getreu und unmittelbar nach, was weibliche Graugänse normalerweise nicht tun. Für Fasold war dieses ungewöhnliche anfängliche Entgegenkommen offenbar zweideutig, er wußte nicht recht, was er tun sollte, und zeigte ein widersprüchliches Verhalten. Auf trockenem Lande vertrieb er sie, zu Wasser aber kam er unmittelbar danach mit liebestollem Halseintauchen auf sie zu.

Zur gleichen Zeit begann eine wie Fasold drei Viertel hausblütige Gans, wegen ihrer kurzen gedrungenen Gestalt Pummelchen geheißen, ihm nachzulaufen. Hausblütige Gänse sind immer frühreifer und sexuell aktiver als rein wildblütige. Fasold tauchte auf sie gerichtet Hals ein und trat sie regelmäßig. Darauf reagierte Ada, indem sie ihre Werbung um Fasold verstärkte. Sie schwamm ihm dicht aufgeschlossen nach und drängte sich besonders an ihn heran, wenn Pummelchen sich nähern wollte. Es wurde nie beobachtet, daß Fasold und Ada miteinander Triumph geschrieen hätten; nur einmal sah ich, wie Fasold zu Lande mit ausgesprochen starkem Bogenhals neben ihr herschritt, abseits von anderen Gänsen. Ada war eindeutig »verliebt« in Fasold und hielt sich immer in seiner

Nähe auf. Er begann ihr seinerseits allmählich nachzufolgen, wobei Pummelchen allerdings meist unverhohlen dicht hinter ihm herging und angedeuteten Winkelhals auf ihn zeigte, wenn er einen solchen auf Ada machte.

Als Ada wieder mit Syrrhaptes aneinandergeriet, griff Fasold zu ihrer Verteidigung zweimal tatkräftig ein und vertrat ihm den Weg, wenn er Ada attackieren wollte. Als am 19. 2. Fasold von seinem Bruder Fafnir angegriffen wurde, machte Ada einen stark wutmotivierten, aber ebenso furchtgehemmten Angriff auf Fafnir. Sie preschte fast bis zur körperlichen Berührung gegen ihn vor und stand dann mit zum Schlage bereitem Flügelbug und extremem »Elefantenhals« vor ihm. Bei einem weiteren Kampf der beiden »Riesen« tat sie genau dasselbe, zu Tätlichkeiten kam es nicht.

Noch im Vorfrühling glaubte ich zu bemerken, daß Adas Liebe zu Fasold allmählich schwand, und im Mai wurde mir plötzlich klar, daß sie nun Fafnir nachlief. Wegen der Ähnlichkeit der Brüder war mir dies nicht sofort aufgefallen. Merkwürdigerweise hatte Pummelchen den gleichen Partnerwechsel vollzogen, was dazu beitrug, daß ich den Vorgang übersah. Möglicherweise hatte zwischen den »Riesen« ein Kampf stattgefunden, in dem Fafnir siegte. Eine Triumphgeschrei-Bindung ging Ada jedoch im Jahre 1952 mit keinem der beiden ein, es steht auch kein Tretakt zu Protokoll.

Im Dezember des Jahres begann der flugunfähige Bleßganter Adus intensiv auf Ada zu balzen. Er folgte ihr mit Bogenhals, im Wasser schwamm er im Abstand von einigen Metern in extremer Koggenhaltung parallel zu ihr. Nachdem Adus ernstgemeinte Angriffe und Scheinangriffe gegen andere Teichbewohner vollführt hatte, trug er Ada ein intensives Schnattern, also die Endphase des Triumphgeschreis, an. Ada ging zwar zunächst nicht darauf ein, duldete aber den kleinen Ganter in ihrer Nähe. Zu dieser Zeit suchte sie sehr stark Anschluß an Menschen. Adus ließ sich nicht entmutigen, sondern folgte ihr ständig, und ganz allmählich begann Ada, in sein Triumphgeschrei einzustimmen. Es sei vorweggenommen, daß er ihr bis zu ihrem Tode 1962 treu blieb, was nicht immer der Fall sein muß.

Im Winter und Vorfrühling 1953 hielt sich Ada mit großer Vorliebe in der Nähe von Menschen auf. Besonders mir folgte sie auch an Orte, die flugtechnisch nur sehr schwer zu erreichen waren, obwohl sie nie ganz nahe an mich herankam. Ich pflegte an einem breiten Graben, der mitten durch einen dichten Weidenwald führte, nach Wasserflöhen (Daphnien) zu fischen. Um dort einzufallen, mußte sie sich unter Berührung von Zweigen, mehrere Male rüttelnd, vertikal durch die Äste herablassen. Diese für eine Gans schwierigen und unangenehmen Flugmanöver vollführte sie meisterhaft – obwohl sie sonst auffallend wenig flog. Anatiden, die längere Zeit mit beschnittenen Flugfedern verbracht haben, fliegen erfahrungsgemäß weniger als unbehinderte, weshalb viele Enten- und Gänseliebhaber ihre Vögel, die sie später freifliegend zu halten beabsichtigen, im ersten Jahre stutzen.

Ihre Annäherung an mich war sexueller Natur, sie reagierte auf mich mit intensivem kopulationseinleitendem »Halseintauchen«. Daß ich gerade mein Daphniennetz zwecks Gewinnung von Fischfutter rhythmisch in den schon erwähnten Graben eintauchte, mag eine auslösende Rolle gespielt haben. Es war dies das einzige Mal, daß wir eine weibliche Graugans einem Menschen gegenüber Instinktbewegungen aus dem Funktionskreis der Kopula ausführen sahen.

Adus litt sehr unter Adas Ausflügen, die sie oft vom Teiche weg in von Menschen frequentierte Gegenden führten, aber er folgte ihr, soweit er, durch seine Flugunfähigkeit behindert, nur konnte. Sowie sie auf dem Wasser war, richtete er intensives Halseintauchen an ihre Adresse und überschüttete sie mit Triumphgeschrei-Anträgen, auf die sie kaum antwortete. Wir sahen nie, daß sie auf sein Halseintauchen reagiert hätte, noch weniger, daß sie sich treten ließ.

Trotzdem war sie am 22.3. auf der Plattform, die wir zum Sonnenbaden errichtet hatten, mit Nestsuche beschäftigt und begann mit Material, das sie aus der sichtschützenden Schilfmatte bezog, ein Nest zu bauen. Als ich entdeckte, daß sie schon ein Ei hineingelegt hatte, wagte ich, das Nest samt Ei vor Adas Augen an einen besseren Platz zu versetzen, allerdings nur wenige Meter weit, aber hinter ein schützendes Gitter. Zu meiner Freude folgte mir die Gans ohne weiteres und setzte sich sofort auf das Nest, das ich durch Zugabe von Stroh und Heu noch anziehender zu gestalten trachtete. Ich gestehe, daß ich ein intensives Erfolgserlebnis hatte, als es mir auf diese Weise gelungen war, eine Graugans zu veranlassen, an einem anderen als dem von ihr gewählten Ort zu nisten.

Nachdem sie am 30. 3. ihr 4. Ei gelegt hatte und fest auf dem Nest saß, stand Adus dicht neben ihr »Nestwache«. Auf ihr »Nestgeschrei« griff er alle an, die nahe herankamen. Ada brütete sehr intensiv und machte nur ganz kurze Pausen, niemals mehr als 10 Minuten täglich. Da sich das Gelege nach halber Brutzeit als unbefruchtet erwies, nahm ich es ihr weg. Ada wurde daraufhin sehr scheu, mied andere Gänse und hielt sich meist an der Peripherie der Schar auf. Nach wie vor folgte ihr Adus dicht aufgeschlossen.

Im Herbst begann Ada, an Hausgänse im nahegelegenen Wirtschaftshof des Schlosses Buldern Anschluß zu suchen, wohin der flugunfähige Adus ihr nicht folgen konnte. Er schwamm und rannte ruhelos hin und her, sowie sie fort war, und stieß pausenlos Distanzrufe aus. Ada kümmerte sich immer weniger um ihn, woran ich allerdings selbst ein wenig schuld war, da ich viel mit ihr sprach und sie fütterte. Sie kam mir auch an Plätze nach, an denen andere Gänse sich nie aufhielten. Sie flog z. B. auf das Dach des Häuschens neben der Plattform, um mir Gesellschaft zu leisten, während ich mich dort sonnte, und blickte stundenlang zu mir herab. Bei all dieser Anhänglichkeit war sie nicht eigentlich zahm, von sich aus kam sie niemals näher als bis auf 3 Meter an mich heran.

Als in der großen Januarkälte 1954 die Teiche zufroren, wurden die Gänse zusehends scheuer, nur Ada zeigte sich immer zahmer gegen mich. Um das letzte offene Stück des Bulderner Gänseteiches nicht auch noch zufrieren zu lassen, bedienten wir uns folgender Methode: Mit Hacke und Säge wurde eine große Scholle losgeschnitten und dann unter den Rand der umgebenden Eisschicht geschoben, indem ein schwerer Mensch (ich) sich am Rande aufstellte, während ein leichterer die Scholle betrat und so weit unter Wasser drückte, daß er sie durch Rückwärtsschreiten unter den Eisrand rücken konnte. Wir hatten mit diesem keineswegs ungefährlichen Verfahren eine befriedigend große Wasserfläche befreit und sahen müde zu, wie sich alle Gänse auf ihr versammelten. Da stolperte ich unerklärlicherweise und fiel kopfüber mitten unter die Gänse ins Wasser. Die flogen entsetzt auf, und da es bereits dämmerte und dichter Nebel herrschte, kamen sie nicht wieder herunter, sondern flogen geschlossen weg. Nur Ada und die Mischblüter blieben da. Die reinblütigen Wildgänse kamen später in kleinen Grüppchen wieder, nur wenige blieben für immer fort.

Ab Anfang März 1954 nahm Ada ihre Ausflüge zu den Hausgänsen wieder auf und blieb den größten Teil des Tages dort. Erst abends flog sie zum Schlafen wieder an unseren Teich zurück, leidenschaftlich begrüßt von Adus, mit dem sie nur die frühen Morgen- und späten Abendstunden verbrachte. Im Wirtschaftshof wurde beobachtet, daß sich Ada regelmäßig von einem bestimmten Hausganter anbalzen und treten ließ. Trotz meines Rufens und Lockens verließ sie ihn tagsüber nie. Auf Adus' Balz und Triumphgeschrei-Anträge reagierte sie nicht.

Am 16.3.1954 beobachteten wir, wie der Hausganter in Adas Beisein eine Hausgans trat. Ada reagierte mit einem heftigen Angriff auf die Kopulierenden; als wir sie dann riefen, flog sie sofort auf und folgte uns zum Teich. Fortan wurde sie bei den Hausgänsen nicht mehr gesehen.

Da sie sich nun wieder dauernd auf unserem Teiche aufhielt, war Adus immer neben ihr, ohne daß sie inzwischen auf sein Triumphgeschrei eingegangen wäre. Er balzte unverdrossen durch Parallelschwimmen, maximale Koggenhaltung und Fächern der Steuerfedern, aber ohne Halseintauchen. Im

Februar hatten wir ihm ein paar Testosteron-Kristalle unter die Kopfhaut implantiert, worauf er deutlich mutiger wurde und erheblich in der Rangordnung unserer Gänse stieg.

Im März begann Ada wieder auf der Sonnenplattform mit der Nestsuche und ließ sich wie im Vorjahr zu dem anderen Nistort »überreden«. Während der Brutzeit ging sie stärker auf die Werbung des Bleßganters ein, die beiden vertrieben auch gemeinsam andere Gänse und wurden wiederholt beim Treten beobachtet. Am 26. 3. hatte Ada ihr erstes Ei und begann schon etwas zu brüten, nachdem sie das dritte gelegt hatte. Sie legte noch zwei Eier und brütete dann sehr intensiv, mit nur ganz kurzen Brutpausen, die wie im Vorjahr 10 Minuten nie überschritten.

Je länger die Brutzeit fortdauerte, desto intensiver und näher dem Neste stand Adus Wache und vertrieb alle Eindringlinge, die sich der Plattform zu nähern suchten, gleichgültig, ob sie größer oder kleiner waren als er selbst. Als er einen heftigen Kampf mit dem Kanadaganter Einauge, einem sehr überlegenen Gegner, ausfocht, verließ Ada das Nest und griff den Kanadaganter mit Flügelbugschlägen an. Anschließend schrieen Adus und Ada sehr lange und heftig miteinander Triumph.

Schließlich schlüpften aus Adas Eiern am 28. 4. drei riesige goldgelbe Gössel, also eindeutig Nachkommen des Hausganters auf dem Wirtschaftshofe. Einen Tag später verließ Ada die Plattform, nachdem wir den Gösseln heruntergeholfen hatten. Adus führte in höchster Erregung die Familie, wurde ungemein aggressiv gegen alle sich nahenden Gänse, focht viele Kämpfe mit überlegenen Gegnern aus und kehrte mit lautem Triumphgeschrei, in das Ada nun regelmäßig einstimmte, zur Familie zurück. Frühjahr und Sommer 1954 waren die einzige »glückliche« Zeit für Adus.

Im Oktober wurde der Familienzusammenhalt dadurch etwas gelockert, daß Ada mit ihren drei weißen Kindern weit umherflog, während Adus laut rufend und aufgeregt umherlaufend allein zurückbleiben mußte. Im November ermordeten wir die zwei männlichen Kinder Adas, weil wir nicht zu viele

Hausgansmischlinge züchten wollten. Am Familienzusammenhalt änderte sich dadurch nicht viel. Ada flog so oft wie vorher, aber eben nur in Begleitung ihrer Tochter, die Adakind benannt wurde. Adus blieb weiterhin sehr aggressiv. Er behielt die Oberhand über zwei Bleßganspaare, über ein Trio von Streifengänsen und auch über das »Quartett« von Graugänsen, von dem drei Mitglieder starke Ganter waren. Ab Januar 1955 war Adakind manchmal allein zu sehen, wenn sie aber den Distanzruf ausstieß, eilten Ada und Adus regelmäßig zu ihr.

In einer Periode milden Wetters Ende Januar–Anfang Februar 1955 begann Ada schon wieder mit der Nestsuche, flog wiederholt auf die Plattform und vollführte dort »Zurücklegebewegungen«. Sie kümmerte sich nun immer weniger um Adus und ihre Tochter und antwortete kaum auf das Triumphgeschrei des Bleßganters. Vor anderen Gänsen, die Adus kurz zuvor noch besiegt hatte, wich sie aus, alle griffen jetzt Ada an und verjagten Adus, der nun sehr viel weniger aggressiv war. Eine Lockerung der Bindung zwischen Gatten steht offenbar in direktem Zusammenhang mit dem gleichzeitigen Verlust von Kampfpotential.

Als Adus zu balzen begann, richtete er sein Halseintauchen öfter auf Adakind als auf Ada. Als er sich jedoch einmal eindeutig auf Ada orientierte, drängte sich Adakind dazwischen und tauchte ziemlich intensiv mit ihm Hals ein. In den folgenden Tagen schrie er manchmal auf Adakind intensiver Triumph als auf Ada. Derartige Erscheinungen treten regelmäßig auf, wenn ein Elternpaar, dessen einer Teil hausgansblütig, der andere wildblütig ist, Junge aufzieht. Ein Ganter, der später auch in Adas Leben eine Rolle spielen sollte, war der Sohn eines reinblütigen Kanadaganters und der Dreiviertel-Hausgans Pummelchen. Als der Mischlingsganter im ersten Frühling nach seiner Geburt gleichzeitig mit seiner Mutter in Fortpflanzungsstimmung geriet, mangelte es dem Kanadaganter noch an jeglicher geschlechtlicher Motivation. Daher hatte er auch zunächst nichts dagegen, daß der Sohn, den wir sinngemäß Ödipus nannten, regelmäßig seine Mutter begattete. Wenig später, als der Kanadier selbst in Paarungsstimmung kam, änderte sich dies gründlich.

Ab Mitte März war Adakind immer häufiger mit zwei Schneegantern zusammen und ließ sich auch von beiden ohne Unterschied treten. Hinterher kehrte sie manchmal gezielt zu den Eltern zurück und schrie mit ihnen Triumph, während sie mit den Schneegantern zunächst kein Triumphgeschrei ausführte. Es kam auch vor, daß Adakind auf ihre Mutter Hals eintauchte; einmal bestieg sie ihre Mutter und versuchte sie zu treten. Ein solches Verhalten haben wir nur bei hausgansblütigen Mischlingen gesehen, wie denn auch die Frühreife Adakinds sehr wahrscheinlich von der Hausgansblütigkeit verursacht war.

Gegen Ende März trennte sich Ada ganz von der Familie, während Adus allein umherschwamm und laut rufend nach ihr suchte. Ada wurde nun intensiv von dem schon erwähnten Kanadamischling Ödipus umworben, reagierte auf sein Halseintauchen ebenfalls mit Halseintauchen, schrie intensiv mit ihm Triumph und schwamm ihm nach. Adus, der dies sehr wohl bemerkte und, sobald er sie erblickte, Triumph schreiend auf sie zukam, wurde von ihr überhaupt nicht beachtet. Manchmal schwamm er Ödipus und Ada nach, wurde aber, wenn er zudringlich wurde, von Ödipus verprügelt und fortgejagt. Adus ließ sich dadurch nicht abhalten, den beiden weiter nachzuschwimmen. Da aber Ödipus und Ada viel zusammen flogen, waren sie oft allein zu sehen, wenn nicht die beiden Schneeganter ihnen mit Adakind nachfolgten. Einer von ihnen balzte jetzt auf Ada, und sowohl er als auch Adakind schrieen heftig Triumph, wenn Ödipus Ada getreten hatte. Adus hielt sich, wann immer es ihm möglich war, in ihrer Nähe auf. Er wagte zwar nicht, Ada und Ödipus beim Treten zu stören, begann aber intensiv zu balzen, indem er sich in extremer Koggenhaltung steif emporhob, Hals und Vorderleib hoch aufgerichtet. Dabei sagte er leise den Fortgehlaut. Nach dem meist sehr intensiv ausgeführten Kopulationsnachspiel schwamm Ödipus regelmäßig auf Adus zu und vertrieb ihn.

Ab 26. 3. hielt sich Ada meist in der Nähe der Plattform auf, flog häufig hinauf und muldete aus. Ödipus und Adus waren ebenfalls dort, wobei Ödipus den kleinen Bleßganter nach wie vor verjagte, sobald dieser auf Ada balzte. Kehrte er dann mit Triumphgeschrei zu Ada zurück, wich sie aus oder reagierte gar nicht darauf. Verjagte Ödipus aber andere Gänse, fiel sie heftig in sein Triumphgeschrei ein. Im übrigen nahm sie von Adus keinerlei Notiz. Als Ada am 27. 3. ihr erstes Ei legte, stand Adus sehr erregt auf dem Steg vor der Plattform. Sobald aber sein Nestgeschrei ertönte, flog Ödipus heran und vertrieb Adus, obwohl er sich sonst nicht auf der Plattform aufhielt. Ada war sehr unruhig und ging kaum vom Nest.

Am 28. 3. gesellte sich ein weiterer Bewerber um Ada hinzu. Ein alter, sehr kampferprobter und aggressiver Kanadaganter, der nach einem Rivalenkampf seine frühere hohe Rangstellung verloren und daher den Namen »der Abgeschlagene« erhalten hatte, stand plötzlich neben der Plattform, nachdem er mehrere Male Ödipus und dann auch Adus von dort vertrieben hatte. Er stieß ununterbrochen leise, sehr tiefe und knurrende Töne aus und machte mit dem Hals merkwürdige Schlängelbewegungen auf Adas Nest hin. Daraufhin brach Ada in ein sehr erregtes »Nestgeschrei« aus und streckte dabei den Kopf durch die Schilfwand, die die Plattformecke, in der sie brütete, begrenzte. Allmählich entstand an dieser Stelle ein Loch, durch das der Abgeschlagene und Ada einander sehen konnten. Auf ihr Nestgeschrei antwortete er mit Rollen und versuchte, auf die Plattform zu springen. Sowie aber sein Kopf in Plattformhöhe erschien, biß Ada kräftig nach ihm, wodurch seine Erregung noch gesteigert wurde. Versuche von Gantern, brütende Gänse samt Nest und Jungen zu »adoptieren«, sind keineswegs selten, zweifellos lag hier ein solcher vor.

Ödipus und Adus, die das Eindringen des Abgeschlagenen von ihren Wachtposten aus gar nicht sehen konnten, wurden durch das Geschrei immer wieder herangelockt. Dem Abgeschlagenen gelang es, Ödipus zu verprügeln und wegzujagen, Adus aber duldete er in seiner Nähe, als ob er den Zwerg als

Rivalen »nicht ernst nähme«. Adus seinerseits wagte sich nicht an Adas Nest heran, sondern stand einige Meter entfernt auf dem Steg und hielt dort Wache. Hielt sich der Abgeschlagene von ihm abgewandt, griff ihn Adus von hinten an, floh aber sofort, wenn der Kanadier sich umdrehte, und stellte sich, »als wäre nichts gewesen«. Der Abgeschlagene reagierte nicht auf Adus' Angriffe. Verließ Ada das Nest, eilte ihr der Abgeschlagene nach und trug ihr ein leidenschaftliches Triumphgeschrei an. Da er amputiert war, wich Ada ihm einfach aus, indem sie fortflog. Sein Triumphgeschrei nahm sie nie an.

Auch Ödipus kam herbei, wenn Ada Brutpause machte. Auf sein Triumphgeschrei ging Ada anfänglich zögernd und auch später nicht sehr intensiv ein, aber sie flogen zusammen, und Ada weidete mit ihm. Als bei einer solchen Gelegenheit Ödipus mit dem Abgeschlagenen zusammentraf, kam es zu einem heftigen Flügelbugkampf, in dem diesmal Ödipus siegte und den Abgeschlagenen sehr weit verfolgte. Anschließend schrie er höchst intensiv mit Ada Triumph, wobei sie nun voll einstimmte. Der Abgeschlagene versuchte noch einige Male, bei Ada Nestwache zu stehen, wurde aber stets von Ödipus verjagt, der seit der Prügelei selbst Wache hielt, wenn auch nicht so ausdauernd wie ein reinblütiger Kanadaganter. Bei Graugänsen ist dieses Verhalten noch weniger ausgeprägt.

Der besiegte Abgeschlagene hielt sich immer noch sehr viel in der Nähe von Adas Nest auf, und merkwürdigerweise entwickelten sich friedliche Beziehungen zwischen ihm und dem Bleßganter Adus. Einige Tage nach dem Entscheidungskampf schwammen Adus und der Kanadier zusammen vor der Plattform auf und ab und schrieen miteinander Triumph. Dabei nahm Adus intensive Koggenhaltung ein und stieß vor der Plattform immer wieder den Fortgehlaut aus. Manchmal schloß sich den beiden der damals einjährige handaufgezogene Grauganter Schwarzblau an, der von Adus ein wenig angebalzt wurde. Jahre später sollte Schwarzblau Adas große Liebe und erfolgreicher Partner werden.

Am 1. 4. 1955 errichtete ein außerordentlich aggressives und ranghohes Paar Kanadagänse sein Nest auf dem Damm, über den der Weg zur Plattform führte. Da sie jeden dort gehenden Menschen angriffen, nannten wir sie »die Wegelagerer«. Das fortgeschrittene Stadium im Fortpflanzungszyklus dieses Paares hinderte den Ganter nicht, sich alsbald an der Seite der Plattform aufzustellen, an der sich Adas Nest befand. Er hatte die brütende Gans durch das Loch in der Schilfwand entdeckt. Ada wurde sehr aufgeregt, äußerte dauernd intensives Nestgeschrei und biß den hineinlugenden Eindringling in den Schnabel. Keiner der anderen Bewerber Adas wagte sich in die Nähe. Nach einem Tag wendete sich der Wegelagerer von Ada ab und schrie nur noch mit der Wegelagerin Triumph. In Verteidigung des eigenen Nistplatzes vertrieben sie alle drei Bewerber Adas von ihren Wachtposten. Ödipus versuchte noch ein paarmal auf Ada Hals einzutauchen, dann geriet er völlig durcheinander, schwamm zum Nest seiner Tante Sinchen, tauchte dort Hals ein, balzte wie früher auf seine Mutter Pummelchen und schwamm zusammen mit seinen Schwestern. Rückkehr zur Familie ist für verwitwete Gänse kennzeichnend. In der Folge kümmerte er sich überhaupt nicht um Ada.

Der Abgeschlagene hatte seit seiner Niederlage gegen Ödipus seine Rangstellung völlig verloren. Er wurde nunmehr von allen Gänsen vertrieben und hielt sich meist an der Peripherie der Schar auf. Adus balzte sehr stark auf den jungen Grauganter Schwarzblau, den wir später Adonis nannten. Er hatte mit diesem ein intensives Triumphgeschrei entwickelt und damit auch seine frühere Aggressivität wiedergewonnen. Beide kümmerten sich nicht um Ada, die seit 3. 4. fest brütete, nur äußerst kurze Brutpausen machte und kaum Nestgeschrei hören ließ. Nur, wenn sie während einer Brutpause mit anderen Gänsen aneinandergeriet, fielen Ödipus und der Abgeschlagene in ihr Nestgeschrei ein, ohne sich indessen in die gefährliche Gegend zu wagen.

Nachdem Ada eine Woche ohne wachestehende Ganter gebrütet hatte, wurde sie durch ein unbekanntes Schrecknis aufgescheucht und flog vom Neste steil empor. Dies rief eine starke

Allgemeinerregung unter den Gänsen hervor. Sie selbst äußerte nur ein paar Töne Nestgeschrei, worauf ihr Adus plötzlich mit hochintensivem Triumphgeschrei nacheilte und sie mit Begrüßungszeremonie empfing. Ada reagierte nicht darauf, aber Adus schwamm ihr nach, weidete mit ihr zusammen und folgte ihr, als sie nach ungefähr 10 Minuten zum Nest zurückkehrte. Fortan stand er wieder getreulich Nestwache, allerdings nicht mehr so intensiv wie im letzten Jahr. Zwischendurch schwamm er weg, verbrachte einige Zeit mit Schwarzblau und kehrte dann zur Plattform zurück. Da Adas Eier unbefruchtet waren, wurden sie gegen befruchtete ausgetauscht.

Gegen Ende der Brutzeit vertrieb Ada in einer Nestpause Schneegänse, worauf Adus herbeieilte und ihr sein Triumphgeschrei antrug, in das sie in der Kampferregung zum ersten Male wieder einfiel. Kurz vor dem Schlüpfen der Gössel stand Ada vom Neste auf und lief mit lautem Nestgeschrei erregt hin und her. Sofort erschienen der Abgeschlagene, Adus und die Wegelagerer. Der Abgeschlagene verprügelte mehrmals Adus, der Wegelagerer verprügelte den Abgeschlagenen; nach Ende des Kampfes versuchte der Abgeschlagene schüchtern zur Plattform zurückzukehren und verdrängte Adus, der dasselbe im Sinne hatte.

Als Adas untergeschobene Gössel schlüpften, kamen alle ihre Bewerber, nämlich Ödipus, Adus und die beiden Kanadaganter, herbei und schrieen miteinander Triumph. Es entbrannten wüste Kämpfe zwischen den Gantern, alle gegen alle, und wir sahen uns gezwungen, Ada mit den Gösseln in Sicherheit zu bringen. In der Voliere, in die wir sie gesetzt hatten, kam sie aber auch nicht zur Ruhe; die vielseitigen Triumphgeschrei-Anträge machten sie sehr »nervös«.

Nun gesellte sich noch ein weiterer Kanadaganter (Blau-Rot, später Adamann) zu Adas »Harem«. Als Ada mit ihren Gösseln aus der Voliere entlassen wurde, führte er die Familie, und Ada ging bald auf sein leises Triumphgeschrei ein. Adus, der der Familie treulich folgte und ebenfalls die Jungen führen wollte, wurde geduldet. Fortan führten beide Ganter die Familie, und während des Winters bildete sich ein gemeinsames Familien-Triumphgeschrei aus.

Im Dezember 1955 wurden in mühevoller und geduldiger Kleinarbeit alle Bulderner Gänse in Volieren eingefangen und nach Seewiesen bei Starnberg in Oberbayern übersiedelt. Ada wurde allein mit einem schönen Grauganter, Oswald, in Buldern zurückgelassen. Meine Hoffnung, auf diese Weise zwangsläufig eine Bindung zwischen den beiden herbeizuführen, erfüllte sich nicht. Die beiden gingen zwar miteinander, dachten aber nicht daran, gemeinsam Triumph zu schreien. Oswald balzte nicht auf Ada, und die protokollführende Mitarbeiterin fügte ihren Aufzeichnungen die bissige Bemerkung hinzu: »Warum sollte er?« Gegen Ende Februar 1956 flog Ada tagsüber regelmäßig zu den Hausgänsen auf dem Gutshof und hielt sich in der Nähe des Hausganters auf.

Allen übersiedelten Gänsen wurden die Schwungfedern eines Flügels beschnitten, bevor wir sie auf dem Ess-See freiließen. Sie hielten in der fremden Umgebung sehr dicht zusammen und nahmen bald feste Weggewohnheiten an. Den Tag verbrachten sie in der Nähe des Institutsgebäudes am Ostufer des Sees und nächtigten auf dem Schwingmoor des Westufers gegenüber dem Institut.

Am 21.3.1956 wurden Ada und Oswald eingefangen und ebenfalls nach Seewiesen transportiert. Ein Flügel Oswalds wurde gestutzt, Ada setzten wir unbeschnitten in einen kleinen Quarantänekäfig. Bei ihrer Ankunft war es finstere Nacht, aber nach wenigen Stunden stand Adus am Gitter des Geheges und schrie intensiv Triumph. Er kann Ada nur an der Stimme erkannt haben. Nach einigen Tagen kam auch der Kanadaganter Blau-Rot, der in der Zwischenzeit weder mit Adas Gösseln noch mit Adus Triumph geschrieen hatte, verjagte Adus und trug Ada sein Triumphgeschrei an. Als Ada freigelassen wurde, folgten ihr beide Ganter und tauchten auf sie gerichtet Hals ein. Ende März verhielten sich Ada und Blau-Rot durchaus wie ein festes Paar, schrieen Triumph, tauchten Hals ein und traten. Adus wurde von dem Kanadier vertrieben, folgte anfänglich den beiden in Koggenhaltung und balzte aus einer Entfernung von 10 Metern auf Ada. Später wurde er oft mit Aida, einer Schwester von Oswald und Adonis, zusammen gesehen, die er in der Folge auch umwarb.

Als Ada in den ersten Apriltagen 1956 zu legen begann, hielten sich die beiden Ganter nur anfänglich in Nestnähe auf. Blau-Rot (Adamann) begann auf die Kanadagans Jolanthe zu balzen, Adus schwamm mit Aida; keiner der beiden stand Nestwache. Erst als Adas zwei Gössel schlüpften, fanden sich Adus und Adamann wieder beim Nest ein. Zunächst schrieen alle drei miteinander Triumph.

Spät am nächsten Abend kam es zu einem heftigen Kampf zwischen Ada und Jorinde, einer Kanadagans. Jorinde hatte versucht, Adas Gössel zu entführen, die ihr und ihrem Ganter Tristan auch ein Stück weit gefolgt waren. Ada, Adus, Adamann und Jolanthe drängten sich dazwischen, zusätzlich mischten sich die »Wegelagerer« in die Auseinandersetzungen. Später hatte Ada nur noch ein Gössel, das andere war bei den Wegelagerern und dem Paar Tristan und Jorinde, die auch zwei eigene Junge führten.

Im Februar 1957 hielten Ada, Adus und Adamann immer noch fest zusammen. Gegen Ende März, als sie einmal besonders heftig miteinander Triumph schrieen, wendete sich Ada plötzlich gegen Adus und verprügelte ihn, schrie aber wenig später wieder mit ihm Triumph. Anfang April, als Ada bereits brütete, versuchte der Schneeganter Grün sie am Nest zu vergewaltigen, während Adamann beim Futter war. Grün stieg auf das Nest und packte Ada am Hals, wurde aber von ihr mit heftigen Flügelbugschlägen angegriffen und verdroschen. Er ließ nicht locker, obwohl Ada immer wütender auf ihn einhieb. Adamann eilte herbei, hielt Grün gemeinsam mit Ada fest, und beide verdroschen ihn, bis er völlig ermattet auf dem Wasser liegenblieb. Kaum ließ ihn Ada los, raffte er sich auf, stürzte sich erneut in den Kampf und floh erst, nachdem er nochmals verprügelt worden war.

Im Frühjahr 1958 war Ada wieder mit Adus zusammen, der

sich im vergangenen Sommer um die Graugans Gesine, die mit dem Schneeganter Schneerot verpaart war, bemüht hatte. Schneerot und ein anderer Schneeganter, Schneeblau, balzten Ada an, und Schneerot hielt nun paradoxerweise an Adas Nest Nestwache statt an dem seiner Gattin. Ada ließ sich von ihm treten, anschließend schrie sie den Ton, den wir vom Paarungsnachspiel der Grauganter kennen. Als Adus auch Nestwache stehen wollte, kam es zu Reibereien mit Schneerot, beim Weiden aber und überhaupt fern vom Neste gingen die Ganter miteinander. Adamann trat nun in den Hintergrund der Ereignisse.

In den ersten Maitagen wurde Adonis, der früher einmal Adus angebalzt hatte, fast immer bei Ada, Adus und dem Schneeganter angetroffen. Alle drei Ganter tauchten auf Ada Hals ein, Adonis am intensivsten von allen. Er war sehr aggressiv, vertrieb oft andere Gänse und versuchte immer wieder, Ada sein Triumphgeschrei anzutragen. Sie aber wich ihm noch aus.

Am frühen Morgen des 14. 5. 1958 beobachtete ich zwischen Ada und Adonis eine Balz, wie ich sie bei Graugänsen nie von solcher Intensität gesehen hatte. Die beiden befanden sich auf etwa 5 Meter Entfernung parallel zueinander und schritten äußerst langsam in der von Heinroth beschriebenen Weise dahin. Bei Adonis wechselte der extreme Winkelhals mit der Stellung eines ebenso extremen Imponiersicherns (von mir auch als »Höflichkeits-Warnhals« bezeichnet) ab. Da entdeckte ich das Pendant zum Winkelhals des Ganters beim Weibchen. Adas Hals ging an der Wurzel noch steiler hinauf, der Kopf wurde noch tiefer hinuntergedrückt als beim Männchen, der Schnabel wurde ganz eingezogen gegen den Unterhals gepreßt und das Gefieder am Halsrücken etwas gesträubt, ganz wie beim männlichen Winkelhals, aber auch beim »Demutshals«.

Nach einigen Minuten gingen sie ins Wasser, und beide nahmen sofort Koggenhaltung an, was Ada in so extremer Weise tat, wie ich es bei einem Weibchen noch nie gesehen hatte. Ebenso intensiv tauchte sie alsbald den Hals ein, und an eine abrupt folgende Kopula schloß sich ein geradezu tolles Begattungsnachspiel an. Ich kann das »Feuer« des ganzen Vorganges nur kennzeichnen, indem ich sage, ich hatte das Gefühl, vorher noch nie ein voll intensives Paarungsverhalten von Graugänsen gesehen zu haben. Ada und Adonis hielten in der Folge ganz dicht zusammen.

Am 20. 8. 1958 steht eine merkwürdige Szene zu Protokoll. Adus lief zunächst mit Winkelhals an Ada vorbei, blieb dann stehen und fing an, sich wie in einem starken Motivationskonflikt zu putzen. Adonis kam in die Nähe, griff aber nicht Adus an, sondern vertrieb eine Ente, um dann mit vorgestrecktem Hals zu Ada zurückzulaufen. Es folgte kein Triumphgeschrei, beide begannen sich zu putzen wie Adus, der in 2 Meter Entfernung stand. Ab Herbst jenes Jahres steht keine Bezugnahme von Adus zu Ada mehr zu Protokoll.

Adonis und Ada waren nun ein festes Paar und standen ziemlich hoch in der Rangordnung. Im Jahre 1959 legte Ada nur 3 Eier und zog zwei Küken auf, später ging eines davon verloren. Das andere blieb bis Februar 1960 bei der Familie. 1960 hatte Ada wieder zwei Junge, die Familie hielt mit anderen Junge führenden Gänsen locker zusammen. Adonis sicherte sehr viel. 1961 erbrütete Ada vier Gössel, eines der Eier war schlecht. Am Tag nach dem Schlüpfen ging ein Gössel verloren, am 1. 6. hatte das Paar nur noch ein Junges. Im folgenden Jahr wurde von drei geschlüpften Küken nur eines groß. Diese Gans ging im Februar 1963 noch mit den Eltern, zusammen mit einem Sohn Adas aus dem Jahr 1960.

Am 9. 4. 1963 kam Ada mit einem Strohhalm im Schnabel um ihr Nest herumgeschwommen, blieb mit geschlossenen Augen vor dem Nest im Wasser liegen und machte einen erschöpften Eindruck. Später am Tag wurde beobachtet, wie sie mit schleppenden Flügeln auf der Wiese umhertorkelte. Man brachte sie zum Tierarzt, der Legenot feststellte und das Ei im Bauch der Gans zerdrückte. Ada erholte sich nicht wieder und wurde am nächsten Morgen tot am Nesteingang aufgefunden.

Adonis legte keine Trauerpause ein, sondern balzte sogleich auf andere Gänse. Aber erst im August 1964 sah man ihn zum ersten Male mit einer Gans, mit der er später wieder fest verpaart war.

Das sogenannte »Quartett«

Max, Kopfschlitz und Odysseus sind 1952 geschlüpft, wurden handaufgezogen und entwickelten, wie handaufgezogene Brüder dies häufig tun, ein sehr intensives Familientriumphgeschrei. Dieses führte übergangslos zu einer Bindung der drei Ganter. Ein vierter Bruder, Moritz, wurde von Max vertrieben, während die Schwester Schiefschwanz immer lockerer mit der Gruppe zusammenhielt und schließlich unabhängig wurde. Schon damals, in den ersten Jahren des Bulderner Instituts, war klar, daß für Ganterbindungen weder das Inzest-Tabu noch die Beschränkung auf eine Zweiergruppe Gültigkeit hat.

Zu den drei Gantern gesellte sich eine ebenfalls handaufgezogene, aber aus einer anderen Gruppe stammende Gans namens Martina (nicht die »Original-Martina«!). Die vier Gänse hielten im weiteren meist zusammen und wurden als »das Quartett« bezeichnet. Sexuelle Reaktionen in Form von Halseintauchen wurden zunächst nur zwischen Max und Odysseus beobachtet. Das endete entweder mit gar nichts oder damit, daß sie einander zu besteigen versuchten. Odysseus biß in solchen Situationen nach Max und vertrieb ihn. Im Zuge der folgenden Aufregung eilten regelmäßig Kopfschlitz und Martina herbei, und alle vier schrieen intensiv miteinander Triumph. Gelegentlich versuchte Martina, auf Max Hals einzutauchen; schenkte ihr dieser aber Beachtung, so drängte sich Kopfschlitz dazwischen und vertrieb sie. Ebenso verhielt er sich, wenn Max ein Triumphgeschrei an Martina richten wollte. Odysseus und Kopfschlitz bewarben sich wie Martina aktiv um Max, dieser bildete deutlich den Mittelpunkt des Quartetts.

Seine Bindung an Max hinderte Odysseus indessen nicht, Begattungsbeziehungen zu einer ein Viertel hausblütigen Gans namens Sinchen zu unterhalten. Er pflegte sie wie auf Übereinkunft nahe dem Ausfluß des Sees zu treffen. Oft kam er von weither geflogen, beide tauchten ziemlich still Hals ein und kopulierten. Danach aber flog Odysseus quer über den See zu Max und Kopfschlitz zurück und vollführte ein extremes Begattungsnachspiel gegen Max.

Die Partnerbeziehung zwischen Max und Odysseus fand ein dramatisches Ende. Am 17. 3. 1956 hörte ich vom Balkon unseres Hauses ein lautes Krachen aus der Richtung der Voliere beim Gänsehaus. Ich eilte hin und fand Max und Odysseus in einem wütenden Flügelbugkampf begriffen, der noch eine ganze Weile andauerte. Ein Flügelbugkampf dauert gewöhnlich nicht länger als ein paar Sekunden, einen Kampf wie diesen hatte ich nie zuvor gesehen.

Zwar nehmen die »Liebesäußerungen« zwischen Gantern manchmal Formen an, die einem Kampfe verdächtig ähnlich sind – die typische Umorientierung, das Vorüberzielen am Kopf des Partners wird immer spitzwinkeliger, schließlich stehen die beiden einander genau wie drohende Ganter gegenüber, wobei sie laut rollen und nicht schnattern –, doch kann diese bedrohliche Situation jederzeit wieder in ein gepreßtes Schnattern, d. h. in die Verhaltensweise stärkster Bindung, zurückführen. Jürgen Nicolai hat an verschiedenen Vögeln, vor allem Gimpeln, gefunden, daß ritualisierte bindende Verhaltensweisen bei extremer Intensität ihre ritualisierten Komponenten einbüßen. Bewegungsweisen, die von aggressiven Formen abgeleitet sind, können jählings in der ursprünglichen Form des unritualisierten Schnabelkampfes hervorbrechen. Analoges geschieht manchmal beim Triumphgeschrei, beide Freunde stehen sich plötzlich in höchster Erregung feindlich gegenüber. Der darauffolgende Kampf übertrifft erheblich alles, was man an Kämpfen sonst zu sehen bekommt.

Odysseus trennte sich vom Quartett; in den folgenden Tagen war er deutlich »zahmer«, d. h., er suchte Anschluß an

Menschen. Außerdem trug er schon am nächsten Tage Sinchen ein volles Triumphgeschrei an, auf das sie geradezu »freudig« antwortete. Odysseus und Sinchen bildeten fortan ein festes Paar, er mied die anderen Mitglieder des Quartetts und wurde gelegentlich auch intensiv von ihnen vertrieben.

Max richtete nun sein sexuelles Verhalten stärker gegen Martina und löste damit bei Kopfschlitz typische Eifersuchtsreaktionen aus: Kopfschlitz »hütete« Max und war überhaupt bestrebt, ihn von anderen Gänsen fernzuhalten. Gegen Ende März machte Odysseus mehrere schwache Versuche, sich dem Quartett wieder anzuschließen, wurde aber von Max und Kopfschlitz, vor allem von letzterem, immer wieder vertrieben. Max richtete sein Triumphgeschrei mehr und mehr gegen Martina, was Kopfschlitz erzürnte. Am 23. 3. prügelten sich die beiden Ganter kurz, schwammen dann wieder zusammen und versuchten später am Tag, einander zu besteigen.

Zur Zeit der Nestsuche, ab Ende März, war die Beziehung zwischen Max und Kopfschlitz sehr eng, Martina hielt sich durchaus nicht immer bei ihnen auf. Häufig tauchten die beiden Ganter intensiv miteinander Hals ein und machten Aufsteigeversuche. Einmal ging ein heftiges Triumphgeschrei zwischen Max und Kopfschlitz in deutlich aggressives Drohen mit Flachwerden und langgestreckten Hälsen über. Es entwickelte sich jedoch kein Kampf, und hinterher standen die beiden wieder friedlich beisammen.

Kopfschlitz wurde einmal beobachtet, wie er einem Menschen mit lang vorgestrecktem Hals sein Triumphgeschrei antrug. Max richtete sein Triumphgeschrei häufiger auf Martina und trat sie auch. Auf Nestsuche jedoch sah man die beiden Ganter stets ohne Martina, die offenbar allein Nest suchte – was bei der Unzuverlässigkeit von Max und Kopfschlitz wohl sinnvoller war. Zu dieser Zeit wurde sie sehr scheu. Im Mai gingen die Ganter immer noch zu zweit auf Nestsuche, erst Mitte Mai entdeckten wir Martina mit blassen Füßen und ohne Legebauch in einer Brutkiste, wohl sicherlich bereits brütend. Max und Kopfschlitz verteidigten das Nest heftig, alle drei »Quartettmitglieder« waren nun dauernd zusammen. Es kam häufig zu Auseinandersetzungen mit einem Paar Kanadagänse, die ihr Territorium in nächster Nähe hatten. Max zeigte sich in diesen Kämpfen aggressiver als je zuvor. Leider blieb Martinas Brut erfolglos. Odysseus und Sinchen sah man immer wieder in der Nähe der drei, obwohl sie häufig vertrieben wurden.

Im nächsten Vorfrühling, Februar 1957, hielten Kopfschlitz, Max und Martina gut zusammen, Martina traf man aber manchmal auch allein an. Kopfschlitz, der früher gelegentlich auf Menschen Triumph geschrieen hatte, griff sie nun an. Max richtete sein Triumphgeschrei immer noch stärker auf Martina als auf Kopfschlitz, der seinerseits sein Triumphgeschrei meist auf Max bezog. Manchmal wechselte Max mitten im Schnattern seine Orientierung von Martina weg auf Kopfschlitz.

Einen Nachmittag lang streiften Max und Kopfschlitz gemeinsam durch die Büsche, eindeutig auf Nestsuche, flogen auch zusammen über den See und setzten ihre Tätigkeit dort fort. Bei gegenseitigen Tretversuchen kam es auch in diesem Jahr zu einem Flügelbugkampf zwischen Max und Kopfschlitz, anschließend schwammen sie in sogenanntem »cut-off-behavior« aneinander vorbei. Nach einem intensiven Flugangriff von Kopfschlitz gegen eine fremde Gans schrieen die beiden Ganter miteinander Triumph, danach aber lief Max zu Martina, um dies mit ihr ebenfalls zu tun. Kopfschlitz eilte ihm voraus und versuchte, sein Triumphgeschrei »abzufangen«, indem er Max seitlich abdrängte und hütete. Nur einmal wurde beobachtet, wie beide Ganter Martina ein Triumphgeschrei antrugen, Kopfschlitz deutlich weniger intensiv als Max.

Gegen Ende März sah man die Ganter wieder häufiger ohne Martina, sie flogen oft gemeinsam fort und übernachteten auch zusammen. Besonders wenn sie, wie das auf Nestsuche üblich ist, weit in deckungsreiches Gelände hineinzogen, ging Martina nicht mit. Sie blieb zurück, zeigte aber durch Distanzrufe, daß sie eigentlich mitsuchen wollte. Max schrie jetzt auch mit Kopfschlitz »intim« Triumph, wenn dieser jedoch nicht in unmittelbarer Nähe war, wendete er sich eher an Martina. Martina ging wie im Vorjahr allein auf Nestsuche. Als sie eines Tages von Ada und ihrem Anhang vor einer Nesthütte attackiert und getaucht wurde, kamen Kopfschlitz und Max herbei und vertrieben die Ada-Familie – das erste Mal, daß sie positiv für Martina Partei nahmen.

Kopfschlitz war nun wieder der aggressivere von den beiden Gantern, er schrie auch öfter Triumph. Es wurde auch beobachtet, wie er Martina nachschwamm und ihr sein Triumphgeschrei antrug; sie schwamm ängstlich vor ihm davon. Als Max einmal Kopfschlitz trat, der zwar davor zurückwich, es aber passiv duldete, schwamm Martina dicht daneben und begann zu baden, als ob sie getreten worden wäre. Max war offenbar stark in Brutstimmung und vollführte im Wasser Zurücklegebewegungen wie beim Nestbau.

Die beiden Ganter griffen oft andere Gänse an und verfolgten sie weit. Es kam vor, daß sie nach einem Angriff zwar zu Martina zurückkehrten, aber ohne zu grüßen an ihr vorbeigingen. Martina folgte ihnen manchmal und fiel leicht in ihr Triumphgeschrei ein. Max trat Martina gelegentlich, vollführte aber das Paarungsnachspiel einmal mit Kopfschlitz, einmal mit ihr. Dann gingen beide Ganter an Land, während Martina allein zurückblieb.

Am 11.4. hatte Martina schon gelegt, sie verteidigte ihr Nest mit Flugangriffen ohne Hilfe der Ganter. Während der ganzen Brutzeit war sie viel aggressiver als andere Weibchen ohne Ganter. Als Martina zu brüten begann, kam es vor, daß Max und Kopfschlitz nur selten zur Verteidigung eingriffen, sie schrieen auch nur miteinander Triumph. Richteten sie ihr Triumphgeschrei einmal auch auf Martina, ging sie nicht immer darauf ein. Eine Woche später hatte Martina 4 Eier. Nun standen beide Ganter Wache und verteidigten das Nest, sie richteten ihr Triumphgeschrei auch an Martina und zeigten sich höchst erregt, wenn sie das Nest verließ. Martina folgte ihrerseits den Gantern nicht mehr nach, sie kümmerte sich überhaupt nicht um Max oder Kopfschlitz. Trotz aufmerksamer Nestwache flogen die beiden viel umher. Nach einem Angriff auf nestkontrollierende Menschen schrieen die beiden Ganter intensiv miteinander Triumph und wollten sich dann gegenseitig besteigen. Der unten befindliche schwamm weg, so daß der obere ein ganzes Stück davongetragen wurde.

Am 26. 4. 1957 schrie Max so heftig auf Martina Triumph, daß er sie dabei in den Hals biß, ein Zeichen höchster Intensität. Anderntags wurden Max und Kopfschlitz beobachtet, als sie voreinanderstanden, wie immer, wenn sie sich gegenseitig treten wollten, und dann gleichzeitig mit den Flügeln von oben aufeinander herunterschlugen. Es folgte ein heftiger Flügelbugkampf, anschließend gingen beide an Land und standen »verlegen« in einiger Entfernung voneinander da. Dann gingen sie aufeinander zu und brachen in ein intensives Triumphgeschrei aus. In diesem Augenblick griff ich ein, indem ich Martina von ihrem Nest vertrieb, worauf beide Ganter zu ihr schwammen und das Triumphgeschrei an sie richteten. Kopfschlitz näherte sich dem stärker auf Martina schreienden Max und biß abwechselnd ihn und Martina in den Hals, Martina aggressiver als Max. Im vorangegangenen Kampf hatte Kopfschlitz augenscheinlich gesiegt. Eine Woche später hatte Martina drei Gössel. Die Ganter hielten sich nun immer dicht bei der Familie auf und verteidigten die Küken gut.

Im März 1958 zeigte sich die Situation, verglichen mit dem Vorjahr, nur insofern leicht verändert, als Martina ein wenig höher im Ansehen stand. Die Kinder des Vorjahres waren noch bei der Familie, in der Gruppe gingen die beiden Ganter meist voran, und Martina folgte ihnen. Max richtete sein Triumphgeschrei auch auf Martina, Kopfschlitz bezog sich nur auf Max. Gelegentlich versuchten die beiden Ganter einander zu besteigen, oft wurde die Situation gespannt, besonders wenn sie einander frontal gegenüberstanden und von vorne aufzusteigen versuchten. Max trat Martina wiederholt, Kopfschlitz nahm teil am Nachspiel. Einmal wollte Max zuerst Kopfschlitz besteigen und trat dann Martina, ein anderes Mal tauchten alle drei zusammen Hals ein, Max trat Martina und vollführte dann mit ihr zusammen das Paarungsnachspiel. Am gleichen Tage griff Odysseus unerwartet Max und Kopfschlitz an, beide wichen vor ihm aus.

Max richtete sein Triumphgeschrei nun wieder stärker an Martina, auch wenn Kopfschlitz ihm entgegenkam und mit ihm schreien wollte. Max vertrieb viele Gänse und war allgemein sehr aggressiv. Am 25. 3. sah man einen der Ganter Martina treten. Es bestand der Verdacht, daß es sich um Kopfschlitz handelte, denn das Besteigen ging sehr langsam und zögernd vor sich. Danach kam der zweite Ganter herbei, zu dritt vollführten sie das Nachspiel und badeten dann. Die Jungen aus dem Vorjahr hielten immer noch mit der Familie zusammen, einmal »mobbten« sie Max, als er Martina trat. Odysseus griff an diesem Tage Max an, schlug ihn in die Flucht und vertrieb anschließend eine andere Gans.

Ab Ende März flogen Max und Kopfschlitz wiederholt zu Odysseus, Kopfschlitz attackierte ihn heftig. Odysseus wurde noch im April immer wieder von Max und Kopfschlitz verfolgt. Anscheinend lagen die Nester der beiden Familien nahe beieinander, da diese Angriffe immer während der Nestwache der Ganter stattfanden.

Ende April bezog sich Max fast ausschließlich auf Martina. Am 28. 4. kam es zu einem heftigen Flügelbugkampf zwischen Max und Kopfschlitz. Andere Gänse eilten mobbend herbei, wurden aber von Max, nachdem er Kopfschlitz besiegt hatte, vertrieben. Kopfschlitz war sehr schwach und drohte auf die anderen Gänse. Schwankend ging er ans Ufer, dort fiel Max nochmals über ihn her, der in Demutshaltung mit langem Hals vor ihm lag. Wir kennen nur wenige Fälle, in denen nach einem Kampf der Sieger durch die Demutshaltung des Besiegten nicht von weiteren Angriffen abgehalten wurde. Schließlich ließ Max von Kopfschlitz ab, biß ein wenig nach ihm und stellte sich vor Martinas Nest, flügelte sich und hielt Wache. Kopfschlitz schleppte sich ganz schwach ans Ufer und kroch ins Gebüsch.

Am nächsten Tage stand Kopfschlitz in sehr geduckter Haltung allein herum und stieß einsilbige, sehr tiefe Töne aus, die im Rhythmus dem »Pfeifen des Verlassenseins« ähnelten. Dazu schüttelte er häufig den Schnabel und putzte sich. Später schwamm er ganz dicht hinter Max her, viel näher, als er es vor dem Kampf getan hatte. Nach dem Ende der Brutzeit war das »Quartett« wieder zusammen und zog gemeinsam ein Gössel auf. Im Herbst schrieen Max und Kopfschlitz wieder so intensiv miteinander Triumph wie im Frühjahr. Sie schienen aber in der Rangordnung gesunken zu sein, denn wenn sie angegriffen wurden, wichen sie häufiger aus als früher.

Von nun an wurden die Beziehungen zwischen den Partnern des »Quartetts« immer unklarer, zumal die von Martina aufgezogenen Kinder in die Triumphgeschrei-Gemeinschaft aufgenommen wurden. Als am 28. 3. 1962 Kopfschlitz verschwand (wahrscheinlich bei der Nestsuche vom Fuchs gerissen), zeigte Max zunächst tiefe Trauer, suchte die Nähe von Menschen, hielt sich einige Tage von der Familie fern und nahm »Duckmäuserhaltung« ein. Ab dem 2. 4. sah man ihn häufig mit einer jungen Graugans, mit der er bis Mitte des Monats zusammenhielt. Danach balzte er eine andere junge Gans an, die ihrerseits noch von einem zweiten Ganter umworben wurde und schließlich diesem den Vorzug gab. In den nächsten Jahren ging Max verschiedenste Bindungen mit Gantern wie mit Gänsen ein. Ab März 1966 blieb er mit einer Gans zusammen und zog zweimal mit ihr Junge auf. Im März 1968 verschwand er und blieb für immer verschollen.

Theoretisches

Es schien unratsam, den Leser mit einer Flut theoretischer Informationen zu überschwemmen, bevor er weiß, was eine Graugans ist und was sie so alle Tage tut. Davon glaube ich nun ein genügend anschauliches Bild vermittelt zu haben. Ich gehe als nächstes zu dem Inventar der Verhaltensweisen über, die – zum Glück in endlicher Zahl – der Graugans zur Verfügung stehen. Die systematische Beschreibung aller dieser Verhaltensweisen nennen wir ein Ethogramm, wobei wir darunter in erster Linie das System der arteigenen Instinktbewegungen verstehen.

Das Ethogramm umfaßt ein komplettes Verzeichnis alles dessen, was der Vogel überhaupt tun kann. Dies bedeutet eine sehr wesentliche Vereinfachung der Untersuchung seines Verhaltens. Bei Säugetieren, vor allem bei hochentwickelten wie den Primaten, spielen Bewegungsweisen, die durch instrumentelles Lernen (operant conditioning) erworben sind, eine so große Rolle, daß man keineswegs hoffen kann, ein Inventar aller einem Individuum möglichen Verhaltensweisen aufzustellen. Die weit einfachere Struktur des Verhaltenssystems einer Graugans versetzt uns in die glückliche Lage, einer beobachteten Verhaltensweise, die höchstens aus mehreren erkennbaren Motiven gemischt ist, einen Namen geben zu können. Mit anderen Worten, das Ethogramm enthält eine annähernd vollständige Liste alles dessen, was eine Graugans überhaupt *wollen* kann.

Die Instinktbewegung

Man glaubte früher allgemein und tut es zum Teil heute noch, daß das Element allen tierischen Verhaltens der sogenannte Reflex sei, d. h., die motorische oder sekretorische Antwort auf einen von außen kommenden Reiz. Die beklagenswerte Folge der Reflexlehre war, daß sie ausschließlich zu Experimenten Anlaß gab, die von vornherein darauf abzielten, die Theorie zu bestätigen. Mit anderen Worten, das Zentralnervensystem wurde experimentell immer neuen Reizen ausgesetzt und fast nie lange genug in Ruhe gelassen, um zu zeigen, daß es auch ohne Außenreiz spontan etwas tat. Das Element aller nervlichen Leistungen der Tiere ist niemals reine Reaktion, sondern Aktion und Reaktion zu gleicher Zeit.

Ein altbekanntes Beispiel dafür sind die reizerzeugenden Zellen des Herzens: Sich selbst überlassen, »feuert« der sogenannte Atrioventrikularknoten in regelmäßigen rhythmischen Abständen und würde das Herz auch allein rhythmisch schlagen lassen, nur erheblich langsamer als beim normalen Herzschlag. Daß dieser etwas rascher erfolgt, ist auf den »Vorgesetzten« des Atrioventrikularknotens zurückzuführen, den Sinusknoten, der einen um Bruchteile schnelleren Rhythmus hat und daher bei jedem Herzschlag dem Atrioventrikularknoten, kurz ehe dieser selbst »gefeuert« hätte, einen Anstoß erteilt. Unterbindet man den Reizaustausch zwischen Sinusknoten und Atrioventrikularknoten, so macht der letztere eine kleine sogenannte präautomatische Pause, um dann in seinem eigenen, etwas gemächlicheren Rhythmus weiterzuarbeiten.

Analoges gilt für fast alle elementaren Verhaltensweisen. Es ist kaum eine bekannt, die sich nicht nach längerer Ruhepause spontan zu Worte melden würde, und es gibt keine spontan aktive Verhaltensweise, die nicht gleichzeitig reaktiv durch zusätzliche Reize beeinflußt werden könnte. Auch die primären Reizerzeugungszentren des Herzens stehen bekanntlich unter dem Einfluß des Nervus accelerans cordis.

Nicht immer, aber meistens gibt es für eine Instinktbewegung eine sie spezifisch auslösende Situation, einen sogenannten *angeborenen Auslösemechanismus (AAM)*. Tritt diese Auslösesituation jedoch längere Zeit nicht ein, so »meldet sich die Instinktbewegung selbst zu Worte«. Dies geschieht zunächst durch ein Absinken der Reizschwelle und kann so weit führen, daß die Bewegungsweise ohne nachweisbaren Auslösereiz von selbst oder, wie wir zu sagen pflegen, »in vacuo« losgeht.

Nach längerer Stauung der Instinktbewegung wird außerdem der Organismus als Ganzes in Unruhe versetzt. Das bedeutet im einfachsten Falle ein ungerichtetes Suchen, in vielen Fällen aber ein zielgerichtetes Streben nach der auslösenden Reizsituation, das sogenannte *Appetenzverhalten*. Spontaner, d. h., innerer Antrieb und auslösender Außenreiz *summieren* sich: Eine Bewegungsweise kann in völlig gleicher Intensität sowohl unter dem Einfluß von geringer innerer Bereitschaft und starker äußerer Reizung zustandekommen als auch umgekehrt bei hoher innerer Bereitschaft und schwachem Anreiz von außen.

Durch ihre essentielle *Spontaneität* wird jede Instinktbewegung zur Motivation tierischen Verhaltens. Es gibt sehr hoch spezialisierte, in langen Ketten aneinanderhängende Instinktbewegungen und sehr einfache kleine »reflexähnliche«. Wie ich anderen Ortes bereits gesagt habe, hat aber im großen »Parlament der Instinke« jede Instinktbewegung, auch die kleinste durch *Ritualisierung* entstandene, Sitz und Stimme.

Dies gilt besonders für die sogenannten Mehrzweckbewegungen, die wir früher als »Werkzeugreaktionen« bezeichnet haben. Es sind dies einfache, wenig spezialisierte Bewegungsfolgen, die, wie Gehen, Laufen, Fliegen, Nagen, Beißen, fast immer im Dienste anderer spezieller Appetenzen gebraucht werden. Es wäre aber ein Irrtum, zu glauben, daß diese häufig gebrauchten »kleinen« Aktivitäten keine eigene aktionsspezifische Appetenz verursachen. Auch wenn genug zu fressen da ist, nagt eine gefangene Maus fast ununterbrochen; ein Wolf muß auch im engsten Raum in bemitleidenswerter Weise seinen Laufdrang entladen, usw. Die hohe Spontaneität der Mehrzweckbewegungen führt häufig zu Leerlaufhandlungen und manchmal zu pathologischen Erscheinungen.

Da der Ethologe bestrebt ist, die jeweils ein Tier beherrschende Motivation zu ergründen, muß er das Ethogramm der betreffenden Art als System kennen. Die Kenntnis der einzelnen Motivationen, der vielfältigen Bewegungsweisen und ihrer Konkurrenz sind Voraussetzung erfolgreicher ethologischer Analysen.

Die Gesamtheit der einem Tier zur Verfügung stehenden Verhaltensmöglichkeiten bildet ein System, mittels dessen es mit den Bedingungen der umgebenden Außenwelt verzahnt ist. Ethologie und Ökologie lassen sich im Grunde genommen nicht unabhängig voneinander betreiben. H. S. Jennings hat in seinem klassischen Buche »The Behavior of Lower Animals« auf den *Systemcharakter* der jeder Tierart angeborenen Verhaltensweisen hingewiesen. Bei niedersten Organismen, etwa Wimpertierchen, Amöben oder Flagellaten, die die wichtigsten Untersuchungsobjekte dieses Autors waren, wird dem Beobachter deutlich, daß ein Tier nur über eine begrenzte Anzahl von Bewegungsweisen verfügt. Jede davon ist ohne weiteres als die Funktion eines besonderen Mechanismus erkennbar, der immer wieder dieselbe Bewegungsweise bewirkt, höchstens mit erkennbaren Intensitätsunterschieden. Auch die arterhaltende Leistung jedes dieser Mechanismen ist verhältnismäßig leicht und sicher erkennbar. Andererseits ist ihre Zahl zu gering, um Hinweise auf ihr phylogenetisches Werden zuzulassen.

Merkmale der Instinktbewegung

C. O. Whitman und O. Heinroth gelten mit Recht als die Pioniere der vergleichenden Ethologie: Sie waren es, die erkannten, daß Bewegungsweisen ebenso feste Merkmale von größeren und kleineren systematischen Einheiten sein können wie Zahnformeln oder Gefiedermerkmale. Interessanterweise hat keiner von ihnen jemals auch nur eine Vermutung über die physiologische Natur der Instinktbewegungen angestellt. Nur dadurch, daß sie sich fast ausschließlich mit Instinktbewegungen beschäftigten, lenkten sie die Aufmerksamkeit auf deren allgemeine Eigenschaften, vor allem ihre essentielle Spontaneität. A. F. J. Portielje, der langjährige Direktor des Amsterdamer Zoologischen Gartens, war meines Wissens derjenige, der diese Tatsache klar formulierte.

Ich selbst habe im Jahre 1932 eine Arbeit »Betrachtungen über das Erkennen von arteigenen Triebhandlungen bei Vögeln« geschrieben. Obwohl ich damals von den Ergebnissen Erich von Holsts, von endogener Reizerzeugung und zentraler Koordination nichts wußte und die »arteigenen Triebhandlungen« für Auswirkungen von Kettenreflexen hielt, hatte ich erfaßt, daß die Instinktbewegungen eine eigenartige Spontaneität besitzen und außerdem in sehr verschiedenen Intensitätsstufen in Erscheinung treten können. Auch die schon erwähnte »Leerlauf-Aktivität«, nämlich das Hervortreten einer Instinktbewegung ohne Wirkung der adäquaten auslösenden Außenreize, beschrieb ich richtig. Ich erfaßte die Bedeutung der Beobachtung, als ich erlebte, wie ein jungaufgezogener Star in einem großen leeren Zimmer die gesamte Aktionsfolge des Jagens, Fangens, Totschlagens und Fressens von fliegenden Insekten durchführte, ohne daß solche vorhanden waren.

Die vom Zentralnervensystem spontan generierten und koordinierten Reize bilden Ordnungen, die Erich von Holst treffend als »Impulsmelodien« bezeichnet. Das Wiedererkennen einer Impulsmelodie ist keineswegs davon abhängig, daß sie mit voller Intensität, gewissermaßen laut, abgespielt wird. Es gibt alle nur denkbaren Übergänge, die von einer geringen Intensität, bei der die einzelnen Töne eben hörbar anklingen, zum voll intensiven Ablauf der Bewegungsweisen reichen. Wir erkennen jedoch die charakteristische Konfiguration wieder, wie wir eine Melodie erkennen. Selbst wenn uns nur unvollständige Bruchstücke hörbar sind, »weiß« unsere *Gestaltwahrnehmung* sofort, aus welcher Melodie diese Tonfolge stammt.

Unsere Gestaltwahrnehmung ist der dem Menschen angeborene physiologische Apparat, der ihn befähigt, eine Kette oder ein regelmäßiges Miteinander von Reizdaten wiederzuerkennen. Es ist eine Urleistung all unserer Erkenntnis der realen Außenwelt, wenn uns in plötzlichem Aufblitzen bewußt wird: »Das kann kein Zufall sein!« In der Tat ist das Wiedererkennen einer ganz bestimmten Kombination von Außenreizen, die in *ganz derselben Konfiguration* mehrmals auftritt, mit an Sicherheit grenzender Wahrscheinlichkeit in einer Gesetzmäßigkeit der realen Außenwelt verankert und in diesem Sinne kein Zufall. So ist auch Jakob von Uexkülls einfache Definition des Gegenstands zu verstehen: »Ein Gegenstand ist das, was sich zusammen bewegt.« Das bekannte Problem von David Hume, das die Induktion als Erkenntnisquelle scheinbar ausschließt, beruht auf der irrtümlichen Annahme, daß die Außenwelt *nicht strukturiert* sei. Wenn wir in einer Anzahl von Außenreizen immer wieder eine ganz komplizierte festliegende Aufeinanderfolge feststellen, so können wir gar nicht umhin, als Quelle dieser Reize einen körperlichen Mechanismus anzunehmen, dessen innere konstant bleibende Struktur für die genaue Aufeinanderfolge der von uns empfangenen Informationen verantwortlich ist.

Eine Melodie kann kein Zufall sein, es muß stets etwas oder jemand da sein, von dem sie gespielt wird. Die Melodie ist, wie die klassischen Gestaltpsychologen Christian von Ehrenfels und Max Wertheimer richtig gesehen haben, »transponierbar«; d.h., das Wiedererkennen ist weder von der Tonhöhe noch von der Tonqualität oder Lautstärke abhängig und wird selbst durch eine weitgehende Unvollständigkeit der Darbietung nicht verhindert. Für den Physiologen sind diese Tatsachen deswegen von Bedeutung, weil die Impulsfolge einer Instinktbewegung auch unter diesen erschwerenden Umständen erkennbar bleibt. Über die Sicherheit solchen Wiedererkennens mögen dem Fernstehenden Zweifel auftauchen, besonders, wenn er sieht, mit welcher Bestimmtheit wir eine Instinktbewegung benamsen. Woferne er dieses Buch überhaupt ernst zu nehmen beabsichtigt, muß er auf Treu und Glauben hinnehmen, daß wir »die Kogge«, »den Winkelhals«, »das Rollschnattern«, oder was immer er von unseren Bezeichnungen wählen mag, mit an Sicherheit grenzender Wahrscheinlichkeit wiedererkennen.

Dies besagt jedoch nicht, daß wir schlechterdings alle Instinktbewegungen, die einer Graugans zur Verfügung stehen, zu kennen glauben. Wir haben schon mehrmals erlebt, daß eine gesetzmäßige Bewegungsfolge uns plötzlich »in die Augen sprang«, die sich Tausende Male vor unseren Augen abgespielt hatte, ohne daß wir sie bemerkten. Immerhin wären wir über die Entdeckung einer neuen hochdifferenzierten Instinktbewegung der Graugans ebenso erstaunt, wie es etwa ein Entomologe wäre, der in Mitteleuropa eine gänzlich unbekannte Schmetterlingsart fände.

Die rezeptorische Seite

Das Ethogramm beschäftigt sich eben wegen dieser Wiedererkennbarkeit mehr mit den motorischen Äußerungen der Instinktbewegungen als mit den ihnen auf der afferenten Seite gegenüberstehenden rezeptorischen Organisationen. Die sogenannten angeborenen Auslösemechanismen, die dem Organismus Nachricht davon geben, wann und mit welcher Intensität eine bestimmte Bewegungsweise ausgeführt werden soll, sind in der Freilandbeobachtung, die für dieses Buch die wichtigste Wissensquelle bildet, nur mittelbar zugänglich. Selbstverständlich können und müssen angeborene Auslösemechanismen durch Experimente untersucht werden. Niko Tinbergen hat dies getan und ihre Leistungen, vor allem aber ihre Leistungsbeschränkungen sehr gründlich erforscht. Die Kargheit unserer Berichte über die Funktion des angeborenen Auslösemechanismus möge nicht über deren Bedeutung hinwegtäuschen.

Ethogramm und Ökologie

Das Wort Ökologie bedeutet die Lehre von der Wechselwirkung zwischen dem Organismus und den Faktoren der Umwelt, in der er »haust« – »oikos« heißt auf griechisch das Haus. Sowenig wir diese Wechselwirkung verstehen können, ohne den Körper des Tieres, Bewegungsapparat, Fell, Gefieder, Zähne, Krallen, Muskulatur usw., zu kennen, sowenig ist die Funktion aller dieser körperlichen Organe befriedigend zu analysieren, ohne das Ethogramm, den Apparat aller einer Tierart zur Verfügung stehenden Bewegungsweisen, zu kennen. Ein Lehrbuch der Physiologie beginnt notwendigerweise mit der Beschreibung der körperlichen Strukturen, deren Funktion klargestellt werden soll, ein Lehrbuch der Anatomie fängt regelmäßig mit der Darstellung der Knochen und Gelenke an. Es ist nämlich eine gute Strategie der Forschung, mit jenen Gegebenheiten zu beginnen, die bei der Besprechung des Systems und der vielfachen Vernetzung seiner Teile am häufigsten als Ursache und am wenigsten oft als Wirkungen anderer Teile des Systems auftreten.

Das System der Instinktbewegungen und der angeborenen Auslösemechanismen bildet gewissermaßen das Skelett des Verhaltens einer Tierart, in dem sich das Zueinander der Teile verändern kann, wie Skelettelemente es durch Bewegungen der Gelenke tun. Aber die Veränderungen sind immer an Grenzen gebunden, und das Wissen um diese Grenzen, das Wissen davon, was ein Tier *kann* und was es nicht kann, ist eine Voraussetzung für das Verständnis seiner Auseinandersetzung mit den Faktoren seines »oikos«. Die Beschreibung dieses Systems nennt man das *Ethogramm*. Seine möglichst genaue Aufnahme bildet die Voraussetzung der Verhaltensanalyse jeder höheren Tierart. Zu behaupten, es liege ein wirklich vollständiges Ethogramm von irgendeinem Wirbeltier vor, scheint in den meisten Fällen verfrüht.

Das Aufnehmen eines Ethogramms
Fehlerquellen

Die Vertrautheit mit allen Komponenten des Ethogramms einer Tierart ist nicht nur die Voraussetzung für ein tieferes Verständnis ihrer Ökologie. Vielmehr macht es die Spontaneität jeder Instinkthandlung notwendig, das augenblickliche »aktionsspezifische Potential« aller Bewegungsweisen zu berücksichtigen, wenn man die Motivation des Organismus durchschauen will. Bei niederen Organismen, bei denen die geringe Zahl von Bewegungsmöglichkeiten und vor allem die Seltenheit von Überlagerungen und Mischungen die Analyse erleichtern, ist die Motivationsanalyse eine immerhin lösbare Aufgabe, wie die Arbeiten von H. S. Jennings genugsam beweisen. Bei höheren Wirbeltieren stößt das Verständnis der jeweiligen Motivation auf Schwierigkeiten, die hier besprochen werden müssen. Genetisch programmierte Instinktbewegungen können einander überlagern, also gewissermaßen gemischt auftreten. Außerdem erschwert der Vorgang der sogenannten Ritualisation die Analyse dadurch, daß er, wie gleich gezeigt werden soll, neue Motivationen schafft.

Lernvorgänge

Wenn der Hund I. P. Pawlows es lernt, auf ein Klingelzeichen zu speicheln, so wird dabei nur ein unbedingter Reiz durch einen bedingten ersetzt, nämlich der Fleischgeschmack durch ein Klingelzeichen. Wenn dagegen ein Zirkuselefant auf ein Signal hin die Trompete bläst, vollbringt er damit eine Bewegungsweise, deren er in undressiertem Zustande nicht fähig ist. Schon niedere Säugetiere, und erst recht Primaten, sind imstande, eine ganze Menge solcher erlernter, »gekonnter« Bewegungen zu meistern. Das Herumprobieren mit verschiedenen Bewegungsweisen und das schließliche Erlernen der einen, zum Ziele führenden, wird als »operant conditioning« (instrumentelles Lernen, Lernen am Erfolg) bezeichnet. Die Übersicht über die Lernliteratur zeigt deutlich, daß sehr viele Lernpsychologen unter Lernen schlechthin »operant conditioning« verstehen, d. h. einen Vorgang, in dem *eine Bewegungsfolge erworben wird,* und daß dieser Vorgang für die häufigste und typische Form des Lernens angesehen wird.

Es ist daher sicherlich nötig, festzustellen, daß es das Erlernen gekonnter Bewegungsweisen bei Graugänsen wohl nicht gibt. Graugänse lernen Wegdressuren, die in ihrer Gesamtheit der Geographie von Kontinenten gleichkommen, sie lernen Dutzende, vielleicht Hunderte von den Physiognomien ihrer Artgenossen zu unterscheiden, sie lernen ebenso viele Pflanzenarten und deren geschmackliche Qualitäten kennen, sie lernen, daß man auf dünnem Eis nicht landen kann, kurz, sie lernen eine ganze Menge, *aber keine gekonnten Bewegungsweisen.* Martina lernte es nie, beim Treppabgehen ihre Schrittlänge um ein Weniges zu vergrößern. Die einzige Bewegungsweise, die ich an einer anderen Graugans nie gesehen habe und die vielleicht wirklich durch instrumentelles Lernen zustande kam, war das auf S. 36f. erwähnte Durchfliegen meines Mansardenfensters, das enger war als die Flügelspannweite einer Gans.

Die sogenannte Willkürbewegung, das Element, aus dem höhere Wirbeltiere »gekonnte« Bewegungen machen, ist offenbar bei Vögeln kaum vorhanden. W. Beckwith hat in einer leider nie veröffentlichten Versuchsserie getrachtet, Stockenten ein willkürliches Kopfschütteln beizubringen. Man sieht es dem Vogel sehr wohl an, wenn er sich schütteln wird, da das Kopfgefieder sich langsam sträubt. In diesem Augenblick warf Beckwith der Ente ein Brotstückchen zu, um die Schüttelintention zu belohnen. Es gelang ihm zwar, den Enten einige merkwürdig unkoordinierte Halsbewegungen abzulocken, aber nie eine koordinierte Bewegung. Was die Vögel zustandebrachten, war offenbar die nächste Annäherung an eine ihnen unzugängliche gekonnte Bewegung. Leider hat mir Beckwith dieses sehr interessante Ergebnis nur mündlich mitgeteilt.

Als *exploratorisches Verhalten* möchte ich nur das Beknabbern erwähnen, mittels dessen die Gans feststellt, welche der verschiedenen Bewegungsweisen, Rupfen, Abstreifen etc., auf die vorliegende Nahrung paßt. Diese Bewegungsweisen sind jedoch nicht erlernt, sondern sicher programmiert. Alles andere Lernen bestimmt nur die auslösende Reizsituation und formt nicht das ausgelöste Verhalten. Das Erlernte kann zwar einen gewaltigen Umfang gewinnen, eine Gans kann, wie gesagt, eine Unzahl von Individualmerkmalen ihrer Artgenossen erlernen und sich dauernd erinnern, wie sie sozial zu ihnen steht, aber die Bewegungen, die sie ihnen gegenüber ihrer Rangstellung gemäß beobachten läßt, bestehen durchwegs aus programmierten Ausdrucksbewegungen.

Die seltenen einfach motivierten Bewegungsweisen

Am Anfang glaubten Ethologen, daß die verschiedenen einander oft widersprechenden Motivationen instinktiven Verhaltens einander automatisch und prinzipiell ausschlössen. Mein Lehrer Julian Huxley schrieb z. B., der Mensch, wie das Tier, gliche einem Schiff, das von vielen Kapitänen befehligt wird. Beim menschlichen Fahrzeug blieben alle Kapitäne auf der Brücke und gäben gleichzeitig ihre Befehle. Dabei kämen sie manchmal im Vereine zu einer besseren Lösung als einer allein, manchmal aber machten sie durch den Widerspruch ihrer Meinungen jede vernünftige Steuerung des Schiffes unmöglich. Die Kommandanten des Tier-Schiffes hingegen hätten ein »gentlemen's agreement« (eine Übereinkunft) getroffen, wonach alle anderen stumm verschwänden, wenn ein neuer Kommandant sich auf der Brücke zu Wort meldete. Dieses Gleichnis trifft zu, wenn der Mechanismus des sogenannten *Höchstwertdurchlasses* der stärksten unter den in Konflikt stehenden Motivationen zur uneingeschränkten Auswirkung verhilft. In vielen Fällen bezieht sich der Höchstwertdurchlaß auf große Kategorien des Verhaltens, wie die Entscheidung zwischen Nahrungsaufnahme und Sichern. Wir kennen nur einen Fall, wo die doppelte Rückkoppelung im Konflikt festgehalten und dadurch der Höchstwertdurchlaß überfordert oder außer Kraft gesetzt wird, nämlich bei dem nicht seltenen Konflikt zwischen Angriffs- und Fluchtbereitschaft.

Auf einer niedrigeren Integrationsebene treten die Mechanismen verschiedener Instinktbewegungen oft unmittelbar miteinander in Wettbewerb. Der Konflikt kann so weit peripher ausgetragen werden, daß ganze Organe gegeneinander arbeiten, wie z. B. bei dem Cichliden *Etroplus maculatus*, der, mit dem Kopfe gegen den Gegner orientiert, im Konflikt zwischen Flucht und Angriff mit der Schwanzflosse vorwärts, mit den Brustflossen aber rückwärts zu schwimmen trachtet. Dies ist ein Ausnahmefall; meist wird der Kampf zwischen zwei Impulsmelodien im Zentralnervensystem selbst ausgetragen. Wie Erich von Holst zeigt, werden dabei einigermaßen gut funktionierende Schwimmweisen durch eine »relative Koordination« der verschiedenen Impulsmelodien zustandegebracht, die uns eine Vorstellung von dem Wege geben, auf dem in der Stammesgeschichte die »absoluten Koordinationen« entstanden sind, die uns als Schritt, Trab und Galopp von unseren Hunden her vertraut sind.

Die Motivationsanalyse nach Tinbergen

Bei höheren Tieren findet die Überlagerung endogen motivierter Verhaltensweisen in anderer Weise statt. Nikolaas Tinbergen (Abbildung 6) hat schon vor vielen Jahren eine Methode ausgearbeitet, mittels deren man die unabhängigen Antriebe herausfinden kann, die einer aus mehreren Motivationen gemischten Verhaltensweise zugrunde liegen. Man läßt zunächst der eigenen Gestaltwahrnehmung »die Zügel schießen« und versucht, unmittelbar die Wahrnehmung zu beschreiben, die an bekannte Bewegungsweisen erinnert, z. B. an den Vorstoß wie an den Rückzug eines gereizten Ganters. An diese Bewe-

Abb. 6: *Nikolaas Tinbergen (geb. 1907).*

gungsanalyse schließt sich die Situationsanalyse an. Man stellt beispielsweise fest, daß der angegriffene Partner des Ganters manchmal furchterregend wirkt, manchmal aber dem Angriff weicht. Als drittes wird das Verhalten protokolliert, das auf die gemischte Ausdrucksbewegung folgt.

Wenn also ein Ganter die in Abbildung 7 c gezeigte Stellung einnimmt, so »sehen« wir unmittelbar, daß sie ziemlich genau die Mitte zwischen der in Abbildung 7 b und der in Abbildung 7 d gezeigten hält. Wir nehmen also an, daß in dem Vogel Motivationen zum Angriff und zum Rückzug gleichzeitig vorhanden sind. Wenn diese Interpretation richtig ist, muß sie mit der im Augenblick bestehenden Situation übereinstimmen, d. h., der dem Ganter gegenüberstehende Gegner muß ihm ungefähr gleich stark sein (Situationsanalyse). Drittens muß das Verhalten des Vogels ebensooft in Flucht wie in Angriff über-

Abb. 7: *Drohen, von a nach d zunehmend fluchtmotiviert.*

gehen. Der Student, dem man dieses Vorgehen beizubringen versucht, ist erfahrungsgemäß durch dessen Banalität enttäuscht. Er vermeint dadurch nichts zu erfahren, was er nicht vorher sowieso schon gewußt hätte. Für das als Beispiel herangezogene Drohen der Graugans mag dies gelten.

Es gibt aber gemischte Verhaltensweisen, in denen drei oder mehr Motivationen gleichzeitig am Werk sind. Jede kleinste ritualisierte Bewegungsform ist als autonome Instinktbewegung zu werten und mischt mit in dem Verhalten, das wir zu sehen bekommen. Dann ist die Motivationsanalyse durchaus nicht mehr so einfach. Dennoch ist es, wie fast immer beim Versuch, biologische Vorgänge zu analysieren, eine legitime Strategie, sie zu Anfang der Forschung nach Möglichkeit zu simplifizieren. Tinbergen und seine Schüler haben dies zu Anfang ihrer Studien an verschiedenen Möwenarten in konsequenter Weise getan, indem sie den beobachteten Verhaltensweisen nur drei Motivationen zugrunde legten, nämlich die sexuelle, die aggressive und die der Flucht. Beim Paarungsverhalten der Möwen, die von der Motivation her tatsächlich extrem einfach sind, birgt dieses Verfahren keine wesentliche Fehlerquelle. Wenn die Untersucher des Verhaltens dieser Vogelgruppe einen »sozialen Instinkt« ausgesprochen leugneten, so begingen sie keinen wesentlichen Irrtum. Auch die ritualisierten Verhaltensweisen der Möwenartigen sind einfach und klar auf diese Motivationen zurückzuführen und besitzen nur geringe Selbständigkeit im »großen Parlament der Instinkte«.

Wir geraten hier in gewisse Schwierigkeiten der Motivationsanalyse, die uns später bei der Besprechung der Rangordnung innerhalb der Gruppe näher beschäftigen werden. Das Vorstrecken des Halses, wie es etwa in Abbildung 7a oder im Kapitel über die Bewegungsweisen der Rivalen-Aggression, Abbildung 74, dargestellt ist, bleibt nämlich im Bild zweideutig, da die geringe Umorientierung, die das Schnattern, d.h. die soziale Begrüßung, vom Angriff unterscheidet, im Profil nicht zu sehen ist. Aus den Abbildungen 87 bis 89 (S. 240, 241), auf denen der Adressat des Halsvorstreckens dem ausführenden Vogel in tiefster Ruhe gegenübersteht, wird eindeutig ersichtlich, daß dieser ihn grüßt und nicht etwa angreift.

Die Ritualisation

Bei vielen Wirbeltieren – Knochenfischen, Vögeln und Säugetieren – spielt ein phylogenetischer Vorgang eine Rolle, der Instinktbewegungen in ihrer Funktion ändert und sogar neue erzeugt. Julian Huxley hat ihn schon 1914 entdeckt und in seiner Bedeutung erkannt. In den meisten Fällen wechselt die Instinktbewegung ihre Funktion, indem aus einer Bewegungsweise, die ursprünglich der Auseinandersetzung mit der Außenwelt dient, ein *Signal* wird. Der unvoreingenommene Beobachter bezeichnet die zur Ausdrucksbewegung gewordene Instinktbewegung häufig als Zeremonie. Die Funktion ist der anthropomorphen Betrachtungsweise leicht erkennbar. Wenn ein Haubentaucher aus der Tiefe des Sees ein Bündel Nistmaterial heraufholt und seinem Ehegenossen hinhält, so versteht auch der naive Mensch die Botschaft: »Komm, wir wollen miteinander Nest bauen« (Abbildung 8).

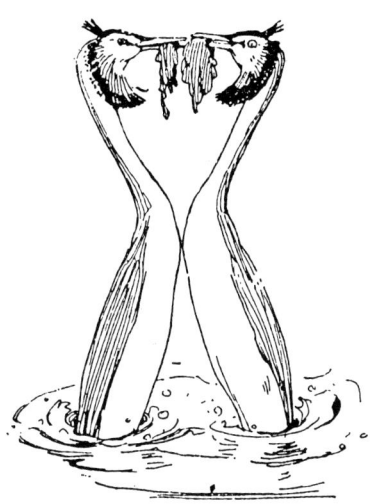

Abb. 8: *Haubentaucher, einander symbolisch Nistmaterial anbietend.*

Zu einem kommunikativen System gehören Sender und Empfänger. Dem ausgesandten Signal muß ein gleicherweise stammesgeschichtlich programmiertes rezeptorisches Korrelat gegenüberstehen, von dem es selektiv aufgenommen und in arterhaltend sinnvoller Weise beantwortet wird. Die Entstehung eines solchen Systems beginnt meist auf der rezeptorischen Seite, nämlich damit, daß eine bestimmte Bewegungsweise »ansteckend« wirkt, was in der vergleichenden Psychologie häufig als »social induction« bezeichnet wird – ein leerer Ausdruck, der allzu leicht vorgibt, eine Erklärung zu sein. Für den vergleichenden Physiologen bedeutet der Vorgang, daß für den Außenreiz ein bestimmtes rezeptorisches Korrelat phylogenetisch vorprogrammiert ist. Wolfgang Wickler bezeichnet diesen Vorgang als Semantisierung (von griech. »sema« – das Zeichen). Begreiflicherweise hat die Semantisierung zur Folge, daß auf alle Bestandteile der betreffenden Verhaltensweisen ein Selektionsdruck ausgeübt wird, der auf ihre Verstärkung, aber auch auf die Eindeutigkeit des Signals hinzielt. Die Folge dieses Selektionsdruckes wiederum ist die sogenannte »*mimische Übertreibung*« sehr vieler Bewegungsweisen. Das klassische Beispiel eines solchen Vorganges der Ritualisierung ist das jedermann bekannte Futterlocken des Haushahnes. Wie bei vielen Vögeln wirkt beim Huhn das Fressen ansteckend, und zwar wird diese Wirkung schon durch das akustische Klopfen des Schnabels auf die Unterlage bewirkt, wie jede Bäuerin weiß. J. Effertz hielt kleine Haushuhnküken auf einer Unterlage, die einen starken Widerhall ihres Pickens von sich gab. Dadurch erzeugte er eine signifikante Zunahme ihrer Freßlust. Die führende Haushenne und ebenso der Hahn verstärken das Pick-Geräusch stimmlich – »tack tack tack, da kommen sie«, sagt Wilhelm Busch.

Ein typischer Vorgang einer Ritualisation ist die Entstehung des sogenannten »Winkelhalses« der Graugans. In seiner vollendeten Form bedeutet er so viel wie den Antrag des Ganters an die Gans, sie auf Schritt und Tritt bei dem alltäglichen Vorhaben der Nahrungssuche zu begleiten. Im unritualisierten Zustande wechselt der Ganter zunächst zwischen Duckmäuserhaltung, die er beim Dahinschreiten mehr oder weniger dauernd beibehält, und dem Vorgang des Nach-unten-Blickens bei der Nahrungssuche. In einem uns vorläufig rätselhaften Vorgang verschmelzen diese beiden Bewegungen, und der Phänotypus der Gesamtbewegung wird gewissermaßen in einer genauen Kopie festgelegt, die nunmehr genotypisch programmiert ist. Die Genetik kennt den Vorgang der Phänokopie, wenn der Phänotypus durch zufälliges Zusammentreffen innerer und äußerer Reize eine gleiche Bewegung hervorbringt, die im Genotypus festlegt. Sehen wir also eine in Duckmäuserhaltung dahinschreitende Gans ein- oder zweimal nach unten blicken und dabei den Schnabel nahezu vertikal abwärts richten, so ist das bedeutungslos. Beobachten wir aber, daß die Kombination »Duckmäuserhaltung mit Nach-unten-Blicken« immer wieder viele Sekunden beibehalten wird und noch dazu mit genauem Parallelgehen der Partner verbunden ist, so müssen wir schließen, daß während dieser Zeit eine *neue Bewegungsweise* »am Ruder« ist. Diese feste Verschmelzung von vorher unabhängigen Bewegungselementen finden wir bei der Ritualisation immer wieder.

Während der Winkelhals als ritualisierte Bewegungsweise von den ihm zugrundeliegenden »unritualisierten« Vorbildern klar geschieden ist, gibt es bei anderen Bewegungsweisen alle nur denkbaren Übergänge zwischen der unritualisierten Bewegungsweise und ihrem ritualisierten Derivat. Das Halseintauchen des Ganters, das in ritualisierter Form zur Begattungseinleitung geworden ist, hat seine Form im Laufe dieses Prozesses nur wenig verändert. Wenn wir sehen, wie ein Ganter nach Schilfwurzeln gründelt, können wir sein Halseintauchen mit gutem Recht für die autochthone Bewegungsweise halten. Schielt er beim Auftauchen des Kopfes einmal nach einer Gans hin, werden wir noch nicht von einer ritualisierten Bewegungsweise sprechen. Die Andeutungen einer Bezugnahme auf ein Weibchen können sich aber häufen, und wir haben kein Mittel, zu quantifizieren, wieviel von den Motivationen eines ursprünglichen Gründelns und einer Balzbewegung in die Mischung eingeht.

Die Prägung

Unter Prägung versteht man einen Erwerbungsvorgang, durch den das Verhalten an ein bestimmtes Objekt gebunden wird. Es ist üblich, aber irreführend, von der Prägung eines Individuums zu sprechen, etwa von der Prägung einer Gans auf den Menschen. Es ist immer nur ein ganz genau umschriebenes Verhaltenssystem, das auf eine bestimmte Art von Objekt fixiert wird. Prägung unterscheidet sich in mehreren Punkten von anderen Erwerbungsvorgängen. Erstens bedarf es keiner Belohnung (reinforcement), vielmehr genügt die bloße passive Exposition des Organismus einer bestimmten Reizsituation gegenüber, um die Bindung an diese zu fixieren. Ein zweites Kennzeichen der Prägung ist ihre Unwiderruflichkeit, oder doch die außerordentlich große Schwierigkeit, das Erworbene rückgängig zu machen. Ein drittes Charakteristikum des Prägungsvorganges ist seine Beschränkung auf ganz bestimmte Entwicklungsphasen, die oft nur wenige Stunden hindurch andauern können. Ein Beispiel von Prägung haben wir schon kennengelernt, und zwar die Nachlaufprägung der jungen Graugans (S. 17). Daß diese Prägung ein Verhalten zeitigt, das viele andere Prägungsvorgänge zur Folge hat, kann hier unberücksichtigt bleiben.

Eine sehr merkwürdige und schwer erklärbare Eigenschaft der Prägung ist, daß sie sich stets auf die Spezies und nicht auf das Individuum bezieht, von dem die prägenden Reize ausgehen. Friedrich Schutz hat Stockerpel auf Brandenten und andere Arten geprägt, indem er sie einige Wochen hindurch in Gesellschaft eines Individuums jener Art heranwachsen ließ. Danach wurden die Versuchstiere unter Hunderten von Anatiden verschiedenster Art auf dem Ess-See freigelassen. Im nächsten Frühjahr wählten die Erpel stets ein Tier der Art, auf die sie geprägt waren, aber *niemals* das Individuum, mit dem sie aufgezogen worden waren.

Das bizarrste Beispiel der Abstraktion der Prägungsart durch das geprägte Individuum bot meine erste von mir selbst aufgezogene Dohle. Als sie nach zwei Jahren geschlechtsreif wurde, verliebte sie sich in ein zartes kleines dunkelhaariges Mädchen, das im nächsten Nachbarorte wohnte. Es ist völlig rätselhaft, wie die Dohle in zwei so verschiedenen Menschen die Art *Homo sapiens* diagnostizieren konnte.

Die Zweiheit der Erwerbungsvorgänge, die früh vollzogene und unwiderrufliche Beziehung auf die Spezies der Pflegeperson und das durchaus reversible Erlernen dieser Person als Individuum, ist für unsere Praxis der Gänse-Erziehung sehr wichtig. Eine Gans, deren Nachlaufreaktion einmal auf einen Menschen fixiert ist, kann ohne weiteres von einem anderen Menschen übernommen werden, besonders wenn die Reaktionen »geshiftet« werden, d. h., wenn die Ersatzperson ein paar Tage lang zusammen mit dem ursprünglichen Pfleger führt. Aber ein Gössel, das auch nur minutenlang einer artgleichen Mutter nachgelaufen ist, kann kaum dazu gebracht werden, dem Menschen zu folgen. Wenn man mit der großen Macht, die Lernen und Gewohnheit sonst ausüben, vertraut ist, staunt man immer wieder über die Endgültigkeit und Unwiderruflichkeit der Prägung.

Das ontogenetische Alter, in dem die Phase der Prägbarkeit eines Verhaltenssystems liegt, scheint keine Beziehung zu jenem zu haben, in dem die betreffende Verhaltensweise zum ersten Male auftritt. Die Prägung kann Monate oder sogar Jahre vor der Auslösbarkeit der Handlung stattfinden, ebensogut auch nur Minuten vorher. So liegt z. B. die Phase, in der die Prägung geschlechtlicher Reaktionen der Dohle stattfindet, lange vor derjenigen, in der sich die Nachfolgereaktionen auf das Elterntier oder den menschlichen Pfleger fixieren.

Die Reize, die ein Objekt aussenden muß, um die Prägung auf sich zu ziehen, sind offenbar bei verschiedenen Tieren und verschiedenen Verhaltenssystemen sehr unterschiedlich. Bei der Stockente muß das Objekt, wie Eckhard Hess experimentell gezeigt hat, ungefähr von Stockentengröße sein und sich von dem Entchen, das sich im psycho-physischen Zustande des Pfeifens des Verlassenseins befindet, mit einer bestimmten Geschwindigkeit fortbewegen. Peter Klopfer hat an der Brautente *(Aix sponsa)* festgestellt, daß die Prägung bereits stattfindet, ehe die kleinen Entchen die Bruthöhle verlassen, und zwar durch den wiederholten Wechsel von »Pfeifen des Verlassenseins« und Stimmfühlungslaut der führenden Mutter. Ein solcher Dialog spielt sehr wahrscheinlich auch bei der Graugans eine Rolle.

Als ich das Institut in Seewiesen neu einrichtete, konstruierte ich einen Apparat, der ohne menschliche Steuerung die Prägung kleiner Graugänse in idealer Weise auf ein Ersatzobjekt lenken sollte. Eine mit Lautsprecheranlage und Kunstglucke ausgestattete Attrappe bewegte sich in einem geräumigen Gehege an einem langen Hebelarm im Kreise. Die dieser Mutterattrappe zugegebenen Graugänschen lernten zwar, die Kunstglucke als Wärmequelle zu benutzen, zeigten aber keinerlei Nachfolgereaktion, während in den Experimenten von E. Hess die Entenküken ähnlichen im Kreis bewegten Attrappen gut nachfolgten. Die Beobachtung meines eigenen Verhaltens gegen die jungen Gänse erbrachte ein Ergebnis, das nicht vorausgesehen zu haben ich mich später schämte. Man antwortet ganz unwillkürlich auf das Weinen des Kükens, und eine der wesentlichen prägenden Eigenschaften ist, daß die Stimme des Prägungsobjektes in *Antwort* auf das Pfeifen des Verlassenseins ertönen muß.

Verhindert man jeglichen Prägungsvorgang nach Möglichkeit durch isolierte Aufzucht des Versuchstieres (sog. Kaspar-Hauser-Versuch), so erhält man Graugänse, die sich vor ihresgleichen scheuen und nichts miteinander zu tun haben wollen. Setzt man zwei solcherart gestörte Graugänse in ein Gehege zusammen, gewöhnen sie sich häufig daran, so weit wie möglich voneinander entfernt in zwei gegenüberliegenden Ecken zu sitzen. Ihre Reaktionen auf Artgenossen sind merkwürdig gesetzlos. Im Erscheinungsbild ähnelt diese Störung derjenigen, die man bei Menschen als »Autismus« bezeichnet. Fritz Riemann, ein Münchner Psychiater, fragte uns einmal nach kurzem Austausch von Erfahrungen: »Sind ihre ›Kaspar Hauser‹ eigentlich *taktlos*?« Helga Mamblona-Fischer und ich sahen uns auf diese Frage hin verblüfft an, denn genau das sind Versuchstiere dieser Art. Sie mißverstehen Ausdrucksbewegungen und machen z. B. Balzversuche auf starke Ganter, die bereits mit intensiven Angriffsgesten auf sie losstürzen. Das mangelnde Verständnis für Ausdrucksbewegungen der Artgenossen wurde anfangs dahin gedeutet, daß der Gans zwar alle Bewegungen des Ethogramms völlig angeboren seien, ihre Bedeutung jedoch erlernt werden müsse. Dies war indessen, wie spätere Erfahrung lehrte, ein Irrtum. Graugänse verstehen Ausdrucksbewegungen und -laute ihrer Artgenossen angeborenermaßen ebenso wie sie sie selbst äußern können, sind also auf keinerlei diesbezügliche Erwerbungsvorgänge angewiesen. Das Sich-Verschließen der Kaspar Hauser gegen alle vom Artgenossen ausgehenden Reize beruht jedoch auf einer tiefgreifenden Störung.

Unsere ursprüngliche Annahme konnte ich durch folgendes einfache, wenn auch mühevolle Experiment widerlegen. Drei bebrütete Grauganseier wurden unmittelbar vor dem Schlüpfen der Gössel drei extrem tierfreundlichen Menschen zur Aufzucht überlassen mit der Auflage, den sozialen Kontakt mit den Küken sehr gewissenhaft zu pflegen, sie aber streng von anderen Gänsen zu isolieren. Die drei Gänse wurden im Alter von etwas über einem Jahr in Seewiesen freigelassen. Sie zeigten nichts von der Taktlosigkeit der Kaspar Hauser und fanden sofort Anschluß an andere Gänse. Entgegen der Wahrscheinlichkeit heirateten zwei von ihnen, Wipa und Inga, einander, was daraus zu erklären war, daß beide in dem Versuch, Anschluß an Menschen zu finden, häufig den Kinderspielplatz aufsuchten und einander so kennenlernten. Eine geringe Prägungsabnormität zeigte Wipa, der auf dem Parkplatz des Mittelstaedt-Institutes in Seewiesen aufgewachsen war. Während er völlig normale sexuelle Reaktionen zeigte, war sein aggressives Verhalten deutlich auf Stoßstangen von Volkswagen fixiert, was später auch zum Tode dieses Vogels führte.

Wir waren bei der Wahl unseres Versuchsobjektes außerordentlich glücklich, denn vom Menschen aufgezogene Graugänse sind in ihrem Triebleben nur insofern beeinflußt, als sie den Menschen als Eltern-Vertreter und später als sozialen Partner annehmen. Selbst nahe verwandte Arten, wie z. B. Saatgänse *(Anser fabalis)*, neigen viel stärker zu Perversitäten, wenn sie vom Menschen aufgezogen werden, und Nonnengänse *(Branta leucopsis)* erst recht. Bei dieser Art unterscheiden sich menschenaufgezogene Individuen oft sehr von jenen, die von ihren biologischen Eltern geführt worden sind.

Ethogramm 1

Das vollständige Ethogramm einer Tierart umfaßt Verhaltensweisen von höchst verschiedenem Umfang (Komplikationsgrad). Diese Komplikationsunterschiede betreffen sowohl die afferente wie die efferente Seite der Verhaltensweisen, d. h. sowohl die eine Bewegungsweise auslösende Reizkombination als auch die Bewegungsweise selbst. Die Kompliziertheit des auslösenden Mechanismus und jene der durch ihn in Gang gesetzten Bewegungsweisen sind völlig unabhängig voneinander. Wir kennen Verhaltensweisen, die aus einer einzigen Instinktbewegung, d. h. also einer einzigen Bewegungskoordination, bestehen, aber durch sehr viele und sehr verschiedene Reizkombinationen ausgelöst werden, wie z. B. das Pfeifen des Verlassenseins, das sogenannte Weinen, oder den Lidschlußreflex: Wenn die Graugans sieht, daß ein Gegenstand die Augenoberfläche berühren könnte, spricht dieses einfache Verhaltenselement an.

Auf der anderen Seite gibt es funktionell einheitliche Verhaltensweisen, in denen viele im Zentralnervensystem programmierte Bewegungsweisen in einer funktionellen Einheit zusammengefaßt sind. Die Auslösung kann dabei ebensowohl einfach als auch höchst kompliziert sein. Es ist völlig unmöglich, zwischen einfachen und vielfach zusammengesetzten Verhaltenseinheiten eine scharfe Grenze zu ziehen. Wir finden vielmehr in fließendem Übergang Verhaltensweisen, die von einfachsten bis zu höchst integrierten Vorgängen überleiten, und zwar ebenso auf der Seite der Auslösung wie auf der der sichtbaren Bewegungsweisen. Die Einheiten des Ethogramms sind daher auch nicht immer *neben*geordnet, sondern z. T. einander *über*geordnet. Dementsprechend gehören auch die deskriptiven Begriffe für die unterschiedlichen Einheiten verschiedenen physiologischen Niveaus an; Erich von Holst prägte den Begriff der niveau-adäquaten Terminologie. Die unterschiedlichen physiologischen Niveaus beziehen sich wiederum auf unterschiedliche *Funktionsziele*. Die Werbung um ein Weibchen oder das Führen von Jungen erfordert Verhaltensweisen höheren Niveaus, als wenn es nur eine lästige Fliege abzuwehren gilt.

Der Schlüpfvorgang

Die ersten Verhaltensweisen, die wir an einer jungen Graugans beobachten können, spielen sich noch im Ei ab. Schon vor dem Schlüpfen tritt das Ungeborene mit den Eltern in Kommunikation, denn der Vater stellt sich zu diesem Zeitpunkt am Nest ein, möglicherweise durch Lautäußerungen der Jungen alarmiert, wenn auch vielleicht durch Vermittlung der Mutter. Während der Brutdauer von 28 bis 30 Tagen wächst der Embryo größtenteils auf Kosten des Eiweißes. Der Dotter wird erst kurz vor dem Schlüpfen und unmittelbar danach in Anspruch genommen. Die Luftkammer wird allmählich größer, und das Gössel füllt schließlich den Raum zwischen ihr, dem stumpfen Ende des Eies und dem nur wenig verkleinerten Dotter aus.

Der Embryo kommt in einer ganz bestimmten Körperstellung zu liegen: Der Hals ist im Nacken weit nach vorne gebeugt, die Nackenbeuge zeigt zum stumpfen Eipol, der Kopf steckt unter dem rechten Flügel in der Achselhöhle, so daß der Schnabel hinten in die Ebene von Schulter und Rücken gelangt, und zwar mit Schnabelrücken, Eizahn und Oberkopf nach rechts an die Eischale gepreßt (Abbildung 9). Ob spiegelbildliche Schlüpflagen vorkommen, wissen wir nicht. Eine Untersuchung liegt nicht vor. Die Schnabelspitze mit dem Eizahn berührt unmittelbar die Schale, und zwar sehr nahe der Stelle, an der die Eihaut ansetzt. Die Nackenbeuge und der Oberkopf liegen an der Luftkammer unmittelbar an. Wenn der Eizahn die Eihaut durchdringt, geraten Schnabel und Nasenlöcher in die Luftkammer. Damit setzt die Lungenatmung ein, gleichzeitig beginnen die Lautäußerungen. Das ungeborne Gössel verfügt in diesem Stadium bereits über den Weinlaut, den Stimmfühlungslaut und den Einschlaflaut. Der Weinlaut wird ausgelöst, wenn das Ei abkühlt und wenn beim Schlüpfvorgang Hindernisse auftreten, z. B. wenn das Gössel durch Eintrocknen einer Eihaut festklebt. Wenn man das Ei in entsprechender Tonhöhe anspricht, antwortet das Gössel zunächst mit einem zweisilbigen, später mehrsilbigen Stimmfühlungslaut. Wenn es nach Abkühlung erwärmt wird, hört man das Trillern des Einschlaflautes. Alle drei Lautäußerungen gibt das Gössel von sich, noch ehe die Schale durchbrochen ist, sowie nur die Nasenlöcher in die Luftkammer gelangt sind.

Abb. 9: *Lage des Kükens im Ei zu Beginn des Schlüpfvorgangs (knapp vor dem Schlüpfen abgestorben).*

Abb. 10: *Die Eischale wird durch Druck des Eizahnes von innen aufgebrochen.*

Der besorgte Pfleger ist geneigt, daraus zu schließen, daß das Gössel völlig geschlüpft sei, und will die Eischale entfernen. Dies darf man keinesfalls tun, da der Dotter in dieser Phase noch ungefähr in der Größe von 2,5 bis 3 Zentimeter Durchmesser vor dem Bauch zutage liegt. Erst wenn das Gössel längere Zeit durch die Lunge geatmet und gepiept hat, durchbricht der Eizahn, von der sich streckenden Nackenmuskulatur gegen die Schale gedrückt, deren Widerstand (Abbildung 10).

Der Eizahn ist ein echter, mit Schmelz überzogener Zahn, den die meisten Reptilien und fast alle Vögel genau auf der Spitze des Rostrums haben. Der landläufige Ausdruck, das Ei sei nun »gepickt«, ist also irreführend, das Tier hat ja keinen Raum für einen Schnabelstoß. Es drückt mit dem Eizahn, der an der Eischale innen fest anliegt, diese nach außen. Die ersten ausgebrochenen Schalenstücke ragen immer nach *außen* vor. Die Bewegung des Nach-außen-Drückens der Schnabelspitze dreht den Embryo auch um seine Längsachse, so daß die Schnabelspitze eine kreisförmige Linie von Bruchstellen in die Schale drückt (Abbildung 11), um dann, wenn »der Wendekreis des Krebses« (wie sich O. Heinroth ausdrückt) durchbrochen ist, durch Streckung des Rückens und Nackens die »nördliche und gemäßigte polare Zone« abzuheben. Dabei fällt der Kopf über den Rand der verbliebenen Schale ins Freie. Selbst zu diesem Zeitpunkt ist der Dottersack der Graugans noch nicht ganz eingezogen, der Nabel jetzt noch nicht völlig geschlossen.

Abb. 11: *Durch Drehung des Gössels wird die Schale ringförmig ausgebrochen.*

Bis zu diesem Punkte war es fast ausschließlich die Streckmuskulatur von Hals, Nacken und Rücken, die die Hauptarbeit des Schlüpfens leistete. Nun beginnt ein kritischer Moment, da sich der Nabelring zum erstenmal auf der Eihaut nach vorne verschiebt. Normalerweise ist der Nabel zu diesem Zeitpunkt schon geschlossen, der Nabelring besteht aber immer noch aus einem breiten Ring embryonalen Gallertgewebes, das allerdings von dem Augenblick an, wo es nicht mehr der Eihaut anliegt, rasch eintrocknet und schrumpft. Schlüpfstörungen an

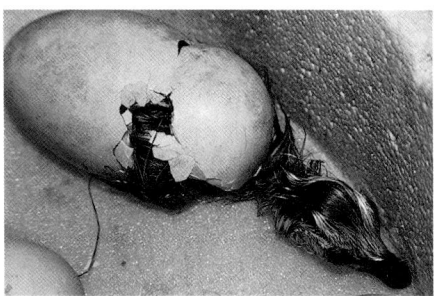

Abb. 12: *Durch Streckbewegungen hebt das Gössel den stumpfen Pol des Eies ab. Im Augenblick, in dem der Kopf frei ist, beginnt das Gleichgewichtsorgan zu funktionieren, der Kopf liegt mit dem Scheitel nach oben.*

dieser Stelle kommen vor. Eine beidbeinige Streckbewegung schiebt den kleinen Vogel nach vorne und weiter aus der Eischale heraus. Der empfindliche Nabelring kommt mit dem Nestmaterial in Berührung und schrumpft nun innerhalb weniger Minuten ganz ein.

Den Kopf kann das Gössel zu dieser Zeit noch nicht heben, wohl aber beginnt es, ihn mit dem Scheitel nach oben im Gleichgewicht zu halten (Abbildung 12). Spricht man das Gössel nun in entsprechender Stimmlage an, so sieht man einen Versuch, den Kopf zu heben, ein Durchstrecken des Nackens; mit anderen Worten, das Gössel versucht bereits zu grüßen. Sobald der Kopf auch nur ein wenig frei getragen werden kann, beginnt die Reaktion des Unterkriechens, d. h., das Gössel, das unbedeckt im Freien liegt, versucht, durch beidbeinige Schiebebewegungen ins Dunkle zu gelangen.

Unmittelbar nach dem Schlüpfen sieht das Gössel nasser aus, als es tatsächlich ist. Dieser Eindruck kommt dadurch zustande, daß jede Daune in einer dünnen Hornscheide eingeschlossen ist, die mit dem Abtrocknen brüchig wird und bei Bewegungen des Kükens abfällt. Die Daunen entfalten sich dann sofort und werden durch die Reibung, die zwischen dem Gefieder der Mutter und dem der Küken entsteht, gewissermaßen elektrisch aufgeladen, so daß die Spitzen des Daunengefieders durch gegenseitige Abstoßung gleich weit voneinander entfernt vom

Körper abstehen (Abbildung 13). Dies bewirkt das flaumige Aussehen und gleichzeitig die wasserabweisende Eigenschaft des Gefieders. Einzeln geschlüpfte Küken muß man mit einem Wattebausch abrubbeln und so die Reibungselektrizität künstlich erzeugen.

Abb. 13: *Mit dem Trockenwerden platzen die Federhüllen ab, und das Daunenküken wirkt um ein Vielfaches größer. Der Eizahn, der erst Tage später abfällt, ist gut zu sehen.*

Da Gänse und viele andere Vögel den Schlüpfvorgang unterbrechen, um Nachtruhe zu halten, läßt sich das Alter nicht genau angeben, in dem ein Gössel auf beiden Beinen stehen und beidbeinig gehen kann. Zumeist sieht man das am ersten Vormittag nach dem Datum des Schlüpfens. Das Gössel, das vor der Gans auf dem Nestrande steht, blickt nach allen Seiten umher und äußert, wenn die Gans längere Zeit stumm und unbeweglich bleibt, das Pfeifen des Verlassenseins. Darauf antwortet die Gans mit dem Stimmfühlungslaut, und damit vollzieht sich binnen kurzem der Vorgang der Prägung, durch den für das Junge die Art, aber noch nicht die Person des Elterntieres festgelegt wird. Graugänse schließen sich in diesem Alter wahllos an andere Grauganskinder und ebenso an

fremde Eltern an. Sie können ebenso dazu gebracht werden, ein nicht artgleiches Lebewesen zu grüßen.
Nach dem Schlüpfen entfernt die Gans die Reste der Eischale. Wenn dieser Vorgang aus irgendwelchen Gründen versagt, kann es vorkommen, daß die stumpfpolige Hälfte der Eischale sich über ein weniger weit gediehenes Ei stülpt und das schlüpfende Gössel erstickt.

Fortbewegung
Laufen und Gehen

Man weiß nicht, ob die Vorfahren der Vögel mit Rechts-links-Schritten gelaufen sind oder ob sie beidbeinig hüpften. Es ist durchaus möglich, daß baumbewohnende Reptilien beidbeinig von Ast zu Ast gehüpft sind, ehe ihnen der Stamm der Vögel entsproß. Ich bin geneigt, das alternierende Laufen für die ursprünglichste Bewegungsweise der Vögel und ihrer Ahnen zu halten. Gegen diese Annahme ließe sich nur die Tatsache anführen, daß wir beim Studium der Ontogenese der Lokomotion bei Vögeln keiner einzigen Art begegnen, die im erwachsenen Zustande beidbeinig hüpft, in vorübergehenden Entwicklungsstadien aber mit abwechselnden Beinbewegungen läuft. Im übrigen ist die Aussage der Ontogenese zweideutig. Wir kennen nämlich Sperlingsvögel, wie Raben und Lerchen, die nach dem Verlassen des Nestes eine kurze Zeit beidbeinig hüpfen, später aber mit abwechselndem Vorsetzen der Beine gehen. Einen wirklichen »Trab« zeigen diese Vögel nicht.

Bei den Gänsen ist ein langsames beidbeiniges Schreiten die gewöhnlichste Form der Lokomotion, wobei nie beide Füße zugleich den Erdboden verlassen. Bei höherer Erregung, z. B. bei Angriff und Flucht, geht es in Laufen über (Abbildung 14). Das Laufen der Anatiden, Hühnervögel und mancher anderer, vor allem der Flachbrustvögel (Ratiten), ist ein echter Trab. Der

Übergang vom Schritt zum Trab ist ebenso deutlich wie bei langbeinigen Säugetieren. Dagegen ist das »Laufen« von Singvögeln kein Trab in diesem Sinne, sondern ein äußerst schneller Schritt. Dabei spielen offenbar die sehr langen und wenig gekrümmten Nägel der Hinterzehen eine Rolle, die bei den schnellsten »Läufern«, wie Piepern, Lerchen, Bachstelzen u. ä., zu finden sind. Ein echtes Traben möchte ich dadurch definieren, daß der Vogel sich bei jedem Schritt vollkommen vom Boden löst, der abstoßende Fuß also den Erdboden verläßt, ehe der nach vorne greifende diesen berührt.

Alle mir bekannten Anatiden, selbst die am meisten ans Schwimmen angepaßten, vermögen einigermaßen zu traben, wenn sie auch bei langsamem Tempo, vor allem im Schritt, mit offensichtlicher Mühe dahinwatscheln. Hochbeinige, aufs Weiden spezialisierte Arten können ganz ausgezeichnet traben; begreiflicherweise ist die Hühnergans *(Cereopsis novae hollandiae)* dazu besonders befähigt. Auch Graugänse vermögen sehr schnell im Trab zu laufen, wobei erwähnenswert ist, daß das watschelnde Hin- und Herdrehen der Längsachse, das man beim Schrittgehen deutlich sieht, beim Trab völlig verschwindet. Das Tempo ist dabei so schnell, daß ein laufender Mann nur mit Mühe nachkommt.

Höchstgeschwindigkeiten beim Laufen beobachtet man vor allem an mausernden Gänsen, die dem Wasser oder einer Deckung zustreben. Solange Arm- und Handschwingen noch in den Blutkielen stecken, haben Gänse eine außerordentlich starke Hemmung, die Flügel überhaupt zu gebrauchen. Die Blutkiele sind offenbar sehr verwundbar, und eine Verletzung kann eine dauernde Mißbildung der betreffenden Feder nach sich ziehen. Verfolgt man eine scheue Graugans, die gerade Schwungfedern mausert, kann es vorkommen, daß sie bis zu mehreren Metern abwärts springt, ohne dabei die Flügel zu öffnen.

Die Verhaltensweisen der schnellen Flucht zu Fuße unter gleichzeitiger Schonung der Flügel bleiben auch bei solchen Gänsen unverändert, die seit langen Jahren durch Amputation

Abb. 14: *Schritt und Trab.*

einer Hand flugunfähig gemacht worden sind. Maximal schnelles Laufen kann man bei ihnen kaum erzielen, wenn sie nicht gerade in der Mauser sind, da vor Erreichen des Maximums die Bewegungsweisen des Auffliegens ausgelöst werden, durch welche der Lauf der Gans jäh unterbrochen wird. Deshalb sind amputierte Gänse, die nicht gerade mausern, leichter zu fangen als mausernde. Die Unterdrückung der Abfliegereaktion durch Lernen, die durch langjähriges Leben in Flugunfähigkeit (wie in fast allen Zoos) erzwungen wird, ist bei Gänsen und Schwänen sehr viel stärker als bei kleineren und »dümmeren« Entenvögeln. Amputierte Krickenten z. B. lernen nie, daß sie nicht fliegen können.

Gänse können auch beidbeinig springen. Wenn ihr ein festes Hindernis den Weg versperrt, das etwa bis zur Höhe des Halsansatzes emporreicht, so nimmt die Gans schon in einer Entfernung von mehreren Schritten darauf Bezug und fixiert die obere Kante mit eingezogenem Kopf und vor Spannung zitterndem Hals. Vor dem Hindernis hält sie an, fixiert seinen oberen Rand beidäugig und springt dann wohlgezielt mit beiden Beinen gleichzeitig hinauf. Handelt es sich bei der vorhandenen Standfläche um eine schmale Kante, springt die Gans auf der anderen Seite sofort wieder hinunter. Auf dicken Felsbrocken und Ästen können Graugänse sehr wohl stehen, auf dünnen Ästen hingegen nur schlecht und unter krampfhaften Balancierbewegungen. Brautenten und Verwandte können das ganz gut, die Spaltfußgans *(Anseranas semipalmata)* habe ich in Slimbridge wiederholt auf Telegraphendrähten ruhen sehen.

Bei sehr dünnen, aber als fest bekannten Hindernissen, wie z. B. eisernen Raseneinfassungen, sieht man das beidbeinige Springen nur selten. Sehr oft aber begegnet man einer anderen Form der Orientierungsreaktion, die deshalb interessant ist, weil die rezeptorische Seite der Raumorientierung dabei genauere Informationen zu geben scheint, als die Motorik des Organismus ausnützen kann. Man sieht der Gans, wenn sie noch einige Meter von dem zu überwindenden Hindernis entfernt ist, die Intention an, dieses zu »übersteigen«. Sie zielt schon von weitem mit gesenktem Kopf und Zitterhals auf das Hindernis, sie »weiß« ganz genau, wo es sich befindet, aber sie wird durch ihre beschränkte Beherrschung der eigenen Motorik zu einer ganz merkwürdigen Bewegungsweise gezwungen. Im Heranschreiten beginnt sie, die Füße höher und höher zu heben, so daß sie manchmal schon vor Erreichen des Hindernisses den Fuß höher hebt, als nötig wäre. Nur durch Zufall trifft der Fuß mit seinem Tritt auf den Oberrand des Hindernisses, ebensooft tritt sie allzu weit wie allzu kurz. Ist der Schritt zu weit, so daß sie mit der Hinterseite des Laufes auf die Oberkante trifft, so behilft sie sich mit einem kleinen Flügelschlag und hüpft hinüber.

Noch eine zweite Fehlleistung der Gans ist für die Analyse ihrer räumlichen Orientierung und der ihr möglichen Anpassung willkürlicher Bewegung interessant. Auch hier leisten die Vorgänge der Raumorientierung offensichtlich *mehr* als die Anpassung der durch sie kontrollierten Motorik. Meine Graugans Martina war mit einiger Mühe sehr wohl imstande, die teppichbelegte und ziemlich breitstufige Treppe in der Halle unseres Hauses hinaufzugehen. Schon als halbwüchsiges Gössel konnte sie ihre Schrittlänge an den Stufenabstand anpassen, aber nur beim Treppaufgehen. Treppabwärts war sie dazu nicht in der Lage. Der Stufenabstand war etwas größer, als es ihrer natürlichen Schrittlänge angemessen gewesen wäre. Sie hätte daher entweder längere Schritte machen oder die mit jeder Stufe ungünstiger werdende Phasenbeziehung durch einen kleinen Zwischenschritt ausgleichen müssen. Eben dies würden baumbewohnende Anatiden, wie Türken-, Braut- und Mandarinenten, ohne weiteres getan haben, nicht aber die in anderer Hinsicht weit »intelligentere« Graugans. Wenn der Phasenabstand zwischen Schritt und Stufenlänge so groß geworden war, daß sie mit dem Fuß die nächstuntere Stufe nicht erreichen konnte, so wußte sie nicht weiter. Sie zog den weit vorgestreckten Fuß, der keinen Halt fand, wieder zurück, aber nur, um ihn gleich darauf wiederum vorzustrecken. Ehe sie flugfähig wurde, weigerte sie sich dann, weiterzugehen, blieb stehen und begann zu weinen. Später überflog sie die schwierige Stelle. Kurz danach wurde ihr das Treppabgehen dadurch erspart, daß sie jeden Morgen das Haus durch mein Schlafzimmerfenster fliegend verließ.

Schwimmen

Die Bewegungen des Schwimmens sind bei der Graugans keineswegs identisch mit denen des Laufens, wie dies bei vielen Säugetieren der Fall ist. Die Bewegungsweisen werden in ihrer Verschiedenheit besonders klar demonstriert, wenn die Gans vom Gehen zum Schwimmen übergeht, also gewissermaßen von Stapel läuft. Sie beugt sich zum Wasser nieder und legt die vorgewölbte Brust auf die Oberfläche, wobei sie den Hals um so weiter zurücknimmt, je größer der Höhenunterschied zwischen der Unterstützung der Füße und der Wasseroberfläche ist. Die Unterschenkel werden von Anfang an so weit horizontal nach hinten gerichtet, daß die Fersengelenke ungefähr in der Höhe der Wasseroberfläche bleiben. Dann übernimmt ziemlich plötzlich der Wasserauftrieb die Unterstützung des Vogels, manchmal mit einem Plumps. Eine erheiternde Beobachtung, die die Analyse dieser Bewegungen erleichterte, machten wir an einem kleinen Wasserlauf, dessen Wasserstand um wenige Millimeter höher war als die Oberfläche eines überbrückenden schmalen Brettes. Eine Graugans benutzte diese Brücke mit einer merkwürdigen Fehlleistung. Sie stieg auf das Brett, legte sich mit den Bewegungen des »Von-Stapel-Laufens« darauf nieder und begann, mit den Füßen an beiden Seiten des Brettes zu rudern. Oskar Heinroth beobachtete eine ähnliche Fehlleistung an Höckerschwänen, die eine wenige Millimeter tiefe Lache auf der Oberfläche festen Eises zu überqueren hatten.

Wenn das Wasser tief genug ist, um den Körper zu tragen, nicht aber, um den rudernden Beinen freien Aktionsraum zu bieten, können sich die Gänse mit sehr geschickten, dem jeweiligen Untergrund und der Wassertiefe angepaßten Bewegungen vorwärtsstaken. In ihrem normalen Lebensraum haben Graugänse wenig mit schnell fließendem Wasser zu tun, und wir haben den Eindruck, daß unsere Gänse gerade diese Bewegungsweise durch Lernen wesentlich verbessert haben. Bei ungehindertem Schwimmen in freiem Wasser werden die Beine abwechselnd bewegt und die Füße so weit nach hinten gestreckt, daß sie beinahe die Wasseroberfläche berühren. In dieser Phase kann die Bewegung unterbrochen werden, so daß die Gans eine zeitlang mit einem nach hinten gestreckten und einem maximal nach vorne an den Leib gezogenen Fuß gleitet. An dem hinten befindlichen Fuße sind die mittlere und die innere Zehe meist aneinandergelegt, während die seitliche Zehe aufwärtssteht, so daß die an ihr befestigte Schwimmhaut eine vertikale Steuerfläche bildet.

Die Frequenz der Beinbewegung erhöht sich bei zunehmender Eile nur bis zu einem gewissen Maße, sie liegt weit unter der des schnellen Laufens. Bei Überschreitung der erreichbaren Schwimmgeschwindigkeit kommt eine andere Bewegungsweise zum Durchbruch: Die Gans versucht den Körper über die Oberfläche zu erheben und durch rasches Treten mit den Füßen gewissermaßen auf der Oberfläche zu laufen. Bei kleinen Gösseln und noch mehr bei kleinen Enten spielt das Oberflächenlaufen eine große Rolle und kann, wenigstens im Verhältnis zur Körperlänge gemessen, über größere Strecken aufrecht erhalten werden. Eine erwachsene Graugans nimmt bei dieser Bewegungsweise die Flügel zu Hilfe, vor allem bei rascher Flucht, z. B., wenn sie soeben von einem Artgenossen besiegt worden ist.

Mit Ausnahme des Höckerschwanes, und möglicherweise der Spaltfußgans, vermögen alle Anatiden zu tauchen. Bei den echten Tauchenten *(Aythyini)* und einigen anderen besonders ans Tauchen angepaßten Formen, wie bei der Gattung *Oxyura*, wird der Flügel auch unter Wasser in der Tragfedertasche geschlossen gehalten. Gänse spreizen beim Tauchen den im übrigen geschlossen bleibenden Flügel im Schultergelenk seitlich ab. Die zwischen dem Unter- und Oberarm sich spannende Haut, das Propatagium, drückt dabei von unten gegen das Wasser und hilft, den Körper, vor allem mit dem Vorderende, nach unten zu drücken. Auch die Füße erzeugen dabei einen starken Druck nach abwärts, die Fersengelenke sind fast auf die Ebene des Rückens gehoben.

Gänse tauchen nur auf der Flucht bzw. beim sogenannten »Spieltauchen«, aber nie nach Nahrung. Futter, das tiefer liegt, als der Schnabel beim Gründeln reicht, bleibt von der Gans unberührt. Eine am Grunde eines Gänseteiches wachsende Vegetation, wie *Elodea,* erscheint daher stets wie in einer bestimmten Ebene abgeschoren.

Sehr viele Vögel, und keineswegs etwa nur Wasservögel, verfügen über eine angeborene Koordination der Flügelbewegung, die dem Schwimmen dient. Sie unterscheidet sich ganz wesentlich von der des Fliegens: Die Flügel werden nämlich nicht um eine Achse bewegt, die mehr oder weniger parallel zu der Längsachse des Körpers steht, sondern um eine rechtwinkelig dazu stehende, annähernd lotrechte Achse von vorn nach hinten. Der schwimmende Vogel öffnet also die Flügel, ohne sie weit über den Rücken zu heben, greift damit weit nach vorn, taucht sie ein und vollführt einen kräftigen, aber verhältnismäßig langsamen, schwanzwärts gerichteten Ruderschlag, der den Vogel vorwärts durchs Wasser treibt. Diese Bewegungsweise sah ich zu meinem Erstaunen wiederholt an meinen Kolkraben, wenn diese am Ufer des Donaustromes badeten. Sie verloren dabei oft den Boden unter den Füßen und trieben vom Ufer ab. In solchen Fällen ruderten sie mit der eben beschriebenen Bewegung und ohne irgendeinen Schrecken zu zeigen zum Ufer und badeten weiter, sobald sie wieder Grund gefaßt hatten.

Diese phylogenetisch offenbar sehr alte Bewegungsweise sieht man bei Anatiden häufig. Man kann sie bei Hausenten, die nicht flugfähig sind, jederzeit hervorrufen, indem man die Enten jagt. Bei Gänsen wird sie regelmäßig in die bunte Folge von Fluchtbewegungen eingeschaltet, die man beim täglichen

Bad beobachten kann. O. Heinroth sagt launig, daß der Vogel, wenn er sich das Gefieder sowieso naß macht, gleich alle Bewegungsweisen übt, die damit untrennbar verbunden sind. Zu einer besonderen Differenzierung ist diese Bewegungsweise bei der südamerikanischen Dampfschiffente *(Tachyeres sp.)* ausgebildet, die ihren Namen von dem lauten Geräusch hat, das sie erzeugt.

Beim sogenannten »Spieltauchen«, das mit großer Regelmäßigkeit in den Mittagsstunden stattfindet, werden die verschiedensten Bewegungskoordinationen der Lokomotion in unregelmäßigen Verkettungen aneinandergereiht (Abbildungen 15, 16, 17). Die Gans taucht weg, häufig, indem sie einen Wasserguß vertikal hoch emporschleudert, taucht wieder auf, schließt ein Stück Oberflächenlauf an, um plötzlich wieder wegzutauchen, wobei sie oft Haken schlägt, d. h. jählings die Richtung ändert. Sie kann auch, fast wie ein springender Fisch, die Oberfläche von unten her durchbrechen, um sofort wegzufliegen oder nach wenigen Metern des Fluges wie eine stoßtauchende Seeschwalbe zu verschwinden. Ich habe niemals einen Angriff eines Seeadlers auf eine schwimmende Gans erlebt, bin aber überzeugt, daß diese Bewegungsfolgen für die Abwehr dieses Feindes »vorgesehen« sind.

Es ist eine Frage der Definition, ob man dieses Gemisch von Flucht- und Badebewegungen als Spiel bezeichnen soll oder nicht. Das rasche Hintereinander von Bewegungen verschiedener Motivation macht den Eindruck eines Spiels, doch tragen die einzelnen Bewegungsweisen, die der Vogel zeigt, zu sehr den Charakter starrer Leerlaufbewegungen, um zu diesem Eindruck zu passen. Auch kann ich darin keine Komponente explorativen Verhaltens entdecken, wie sie zum echten Spiel gehört.

Abb. 15/16/17: *Beim sogenannten »Spieltauchen« folgen verschiedenste Bewegungsweisen der Lokomotion regellos aufeinander.*

Fliegen

Wenigen Menschen, auch scharfen Beobachtern, die größere Vögel in freier Luft dahinfliegen sehen, fällt die Tatsache auf, daß der Vogel auch während der Phase seines Fluges, in der die Flügel sich aufwärts bewegen, *nicht* zu sinken beginnt. Da die sich aufwärts bewegende Tragfläche keine Unterstützung zu bieten scheint, müßte der Vogel dabei mit der Erdbeschleunigung *g* abwärts fallen. Daß er dies nicht tut, beruht auf einem einfachen Sachverhalt: Selbst während der Phase des Aufwärtsschlagens übt der Fahrtwind auf den Flügel noch so viel Druck aus, daß ein Absinken des Vogels verhindert wird. Eine geringe Verdrehung der Flügelfläche im Sinne eines Anhebens ihres Vorderrandes genügt, um diesen Effekt zu erzielen. Der gesamte Flugapparat des Vogels befindet sich also während des Abwärts- wie während des Aufwärtsschlagens der Flügel im Zustand des Gleitens, weshalb ich diese Art des Fluges als *Gleitrudern* bezeichnet habe (Abbildung 18). Die schematische

Abb. 18: *Gleitrudernde Gänse. Während des Bewegungsablaufes sieht man, daß der Körper beim Aufwärtsschlagen der Flügel so gut wie nicht abwärts sinkt.*

Darstellung (Abbildung 19) zeigt die Mechanik des Gleitruderns, wenn der Vogel keine Hebearbeit leistet und genauso schnell abwärts gleitet, wie er es bei Stillhaltung des Flügels täte. Abbildung 20 veranschaulicht die Verhältnisse, die obwalten, wenn der Vogel im Gleitrudern zu steigen trachtet, so schnell es ihm möglich ist. Wie in der vorherigen Abbildung ist die Bahn des Schwerpunktes punktiert dargestellt, die Bahn des Flügelquerschnittes jedoch ausgezogen. Der steigende Vogel leistet also Arbeit, indem er seinen Körper parallel zu seiner Längsachse aufwärtsschiebt, ohne wesentlich zu akzelerieren oder zu bremsen. Der Vogel verhält sich somit wie der Schiläufer in der nächsten Abbildung (21), der mit dauernd gleichbleibendem Fallwinkel gleitet und seine Höhenlage durch Quertreten aufrecht erhält.

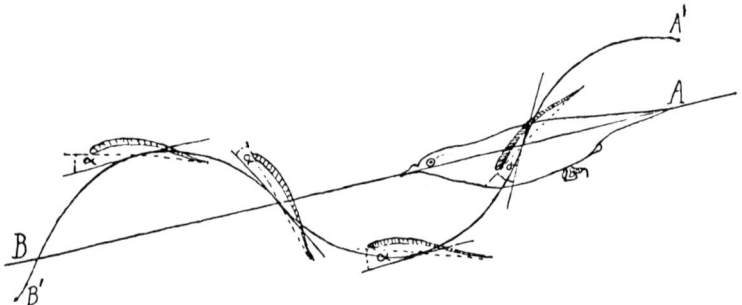

Abb. 19: *Gleitrudern. Schema des »Leerschlagens«. Der Flügel bewegt sich, ohne Arbeit zu leisten, entlang der Sinuslinie A'–B'. Er schließt in jedem Punkt mit der Sinuslinie den Anstellwinkel* α *ein.*

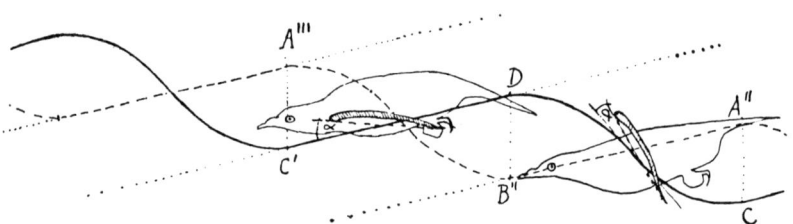

Abb. 20: *Gleitrudern. Schema des steilsten möglichen Anstieges. Punktiert: die Bahn des Schwerpunktes, ausgezogen: die Bahn des Flügelquerschnittes.*

Abb. 21: *Schiläufer, der während des Vorwärts- und Abwärtsgleitens seitlich bergwärts tritt. Gleichnis der Art und Weise, wie beim Gleitrudern die Muskelarbeit in potentielle und nicht in kinetische Energie umgesetzt wird.*

Eine gänzlich andere Mechanik des Vogelfluges, das sogenannte *Rütteln,* wird wirksam, wenn der Vogel des Fahrtwindes entbehrt, z. B. wenn er bei Windstille abfliegt. Dabei wird der Flügel nicht passiv und dem Luftdruck Widerstand leistend hochgehoben, sondern er schlägt aktiv gegen den Luftwiderstand. Dabei öffnen sich die Spalten zwischen den Federfahnen, am weitesten selbstverständlich in der Nähe der Flügelspitze, die sich ja am schnellsten bewegt. Daher ist auch der im körperfernen Teil des Flügels entstehende Vortrieb am stärksten, wie die schematische Darstellung (Abbildung 22) erläutern soll.

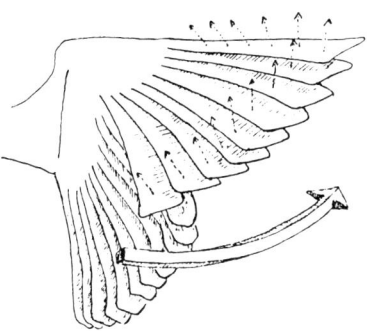

Abb. 22: *Beim Rüttelflug ist der Aufwärtsschlag aktiv, die kleinen Pfeile bezeichnen ungefähr die Richtung des auf der Oberseite jeder Handschwinge lastenden Druckes. Man beachte das Hervortreten der innersten Handschwinge.*

Beim Gleitruderflug treibt der Antrieb den Vogel mehr oder weniger in der Richtung seiner Körperachse vorwärts, der Vortrieb des Rüttelns aber kann mit der Schlagachse geändert und in nahezu beliebige Richtungen eingestellt werden. Man kann an den Proportionen des Vogelflügels gut absehen, welche Rollen die beiden Arten des Fluges in seinem Leben spielen. Die Spezialisten für Rüttelflug haben stets kurze Oberarme und lange Hände mit Handschwingen, der Oberarmknochen dreht sich beim Flügelschlag hauptsächlich um seine Längsachse, die oszillierenden Massen von Muskulatur und Skelett sind möglichst nah an der Schlagachse angeordnet.

Kleinvögel können aus diesen Gründen meist nicht gleitrudern. Nach einem kurzen Rüttelstoß, der sie beschleunigt und aufwärtshebt, schließen sie die Flügel völlig und lassen sich eine Weile wie ein abgeschossener Pfeil fallen, um alsbald einen neuen Rüttelstoß zu vollführen. Offenbar ist ein Dahingleiten mit offenen Flügeln unrationell, da es die Geschwindigkeit

Abb. 23: *Rütteln. Die ganze Hand und jede einzelne Handschwinge sind so verdreht, daß der Vortrieb in der Richtung der Schlagachse nach oben wirkt.*

Abb. 24/25: *Rüttelabschlag. Der Luftdruck liegt voll auf der Unterseite des Flügels.*

Abb. 26: *Rütteln beim Punktlanden.*

stärker abbremst, als es durch Verlieren an Höhe an kinetischer Energie spart. Die einzigen Kleinvögel, die gleiten, sind Schwalben und Segler. Stare tun es ausnahmsweise, wenn ein reiches Angebot an fliegenden Insekten es lohnt, dauernd in der Luft zu bleiben. Ich sah dies beim Schwärmen von Eintagsfliegenartigen (Ephemeriden) über der Donau.

Vögel mit sehr langem Humerus (Oberarmknochen) und von der Schlagachse weit entfernten Handschwingen können so gut wie nicht rütteln. Albatrosse müssen bei völliger Windstille einen langen Anlauf »zu Fuß« nehmen, ehe sie den zum Gleitrudern notwendigen Fahrtwind bekommen. Anderseits ermöglicht ihnen ihre außerordentlich geringe Flächenbelastung schon bei leichtem Wind, sich ohne Rütteln in die Luft zu erheben. Von Sturmvögeln *(Procellariidae)* habe ich gesehen, daß sie beim Vorhandensein einiger Luftströmung ohne Flügelschlag abfliegen, indem sie die Flügel gegen den

Wind spannen und sich mit einigen Ruderschlägen ihrer Schwimmfüße vorwärtstreiben.

Gänse stehen in ihrer Begabung zu den verschiedenen Arten des Fluges etwa im Mittel. Das Gleitrudern wird beim Durchmessen größerer Strecken eingesetzt, das Rütteln beim Abfliegen und beim Bremsen (Abbildungen 23, 24, 25). Da die Achse des Rüttelvortriebes, wie gesagt, in beliebiger Richtung wirksam werden kann, spielt dieser beim Landen, insbesondere beim Landen auf bestimmten Punkten, eine große Rolle (Abbildung 26). Aus Gründen der Energieersparnis aber rütteln Gänse so wenig wie möglich und wählen schon deshalb zum Auffliegen wie zum Landen die Richtung gegen den Wind. Beim Abflug laufen Graugänse für gewöhnlich ein paar Schritte, bevor sie den Rüttelvortrieb voll einsetzen (Abbildung 27). Wenn sie eine freie Wasserfläche zum Abfluge zur Verfügung haben, ersparen sie sich den viel Energie verlangenden Rüttelvortrieb und nehmen, auf der Oberfläche laufend, Schwung (Abbildung 28). Manche langbeinige Vögel tun das in jedem Falle. Dies verführt häufig zu dem Glauben, daß sie nicht rütteln können.

Gänse sind durchaus fähig, in der Not, d. h., wenn sie z. B. in einem von Häusern umstandenen Hof von einem fremden Hund erschreckt werden, aus dem Stande bis zur Höhe eines dreistöckigen Hauses emporzusteigen, wonach sie allerdings deutlich außer Atem sind. Wenn viele Gänse stark erschreckt werden, während sie auf trockenem Boden dicht beisammenstehen, wird fast nur das Rütteln zum Start benützt. Man wundert sich dann, daß Zusammenstöße so selten vorkommen. Wenn wenige Gänse gleichzeitig vom Boden abzufliegen beabsichtigen, rücken sie häufig so auseinander, daß sie in der Linie rechtwinkelig zur Windrichtung auseinanderweichen, so daß also jedes Individuum freie Bahn hat.

In gewissen Übergangsphasen vom Rütteln zum Gleitrudern und umgekehrt hört man bei Graugänsen und ihren nächsten Verwandten – nicht bei Schneegänsen – ein eigenartiges schnarrendes oder ratterndes Geräusch. Am lautesten hörte

Abb. 27/28: *Beim Starten vom Land und vom Wasser wird der Rüttelvortrieb durch die Bewegung der Beine unterstützt.*

ich es bei einer bestimmten Gelegenheit, als ich, bei dichtem Nebel und einbrechender Dämmerung im Boot die Donau hinabgleitend, plötzlich eine Schar von Gänsen dicht über mir hatte, die in panischem Schrecken steil aufzusteigen trachteten. Viele Jahre hindurch wußte ich nicht, wodurch dieses Geräusch wohl verursacht wurde, bis ich den Zusammenhang einst bei günstiger Richtung von Blick und Lichteinfall *sah*: Die oberen Deckfedern der Armschwingen lösen sich, offenbar bei einem Abreißen des Luftstromes an der Flügeloberseite, aus der Fläche des Flügels und stehen senkrecht aufwärts ab. Dabei geraten sie ins Flattern, und dies erzeugt das eben beschriebene Geräusch.

Wenn eine größere Schar von Gänsen geschlossen eine längere Strecke durchfliegt, bildet sich häufig die Formation eines spitzwinkeligen Dreiecks aus, die sogenannte *Keilformation* (Abbildung 29). Es wurde viel darüber diskutiert, welchen Sinn diese Anordnung haben könnte. Ganz sicher zieht die nachfolgende Gans keine aerodynamischen Vorteile aus der Flugarbeit

Abb. 29: *Beim Durchmessen größerer Strecken nimmt die Schar die bekannte Keilformation an. Diese bietet keine aerodynamischen Vorteile, es sei denn, jede Gans vermeidet den Heckwirbel der Voranfliegenden.*

der vor ihr fliegenden. Einleuchtender ist vielleicht die Annahme, daß sie Heckwirbel der anderen vermeidet, indem sie nicht genau hinter ihr fliegt.

Mir selbst liegt eine andere Erklärung nahe. Wenn Gänse schwimmen, folgen sie einander nicht im sprichwörtlich gewordenen Gänsemarsch, sondern jede schwimmt genau so weit neben dem Kurs ihres Vordermannes, daß sie an ihm vorbei freien Blick nach vorne hat. Wenn Gänse auf trockener Erde gehen, wird dies wegen der Unregelmäßigkeit des Grundes kaum deutlich, tritt aber beim Überqueren eines größeren Sees klar zutage. Beim Auffliegen rücken die Gänse genau um so viel seitwärts, wie nötig ist, um jeder folgenden freie Sicht nach vorn an der Spitze des ausgebreiteten Flügels der Voranfliegenden vorbei zu gewähren.

Die im Keil voranfliegende Gans braucht durchaus nicht der Führer zu sein. Das Gesichtsfeld einer Gans reicht so weit nach hinten, daß sie alle anderen im Keile fliegenden sehr wohl wahrnehmen kann. Die ungeheuer kurze Reaktionszeit eines Vogels verbirgt es uns Menschen, welche der im Keile fliegenden Gänse jeweils das »Kommando« zum Abweichen aus der bisherigen Richtung gibt. Beim Schwenken eines Schwarmes von Regenpfeifern oder Krickenten bleibt dies dem menschlichen Beobachter ja auch verborgen.

Abwärtsfliegen

Wenn Gänse in großer Höhe geflogen kommen, was meist nur nach Durchmessen größerer Distanzen der Fall ist, stellen sie schon längere Zeit, bevor sie über dem beabsichtigten Landeplatz ankommen, den Flügelschlag ein und beginnen zunächst mit voll ausgebreiteten Flügeln zu gleiten. Ein Verkleinern der Flügelfläche würde eine große Beschleunigung des Fluges bedeuten, die unmittelbar vor der Landung unerwünscht wäre. Die Vögel müssen sich anderer Methoden bedienen, um ihre Flughöhe zu verringern. Ein spektakuläres Mittel zu diesem Zweck ist der *Rückenflug* (Abbildung 30). Die Gänse werfen sich

Abb. 30: *Um rascher an Höhe zu verlieren, z.B. um von oben stoßenden Greifvögeln auszuweichen, können sich die Gänse im Flug auf den Rücken werfen.*

auf den Rücken, so daß die tragende Fläche von unten her gegen den Fahrtwind ansteht, die Gans also mit doppelter Fallgeschwindigkeit abwärtsstürzt. Dieses Rückenfliegen ist wohl allen flugfähigen Kielbrustvögeln (Carinaten) eigen, bei manchen Taubenarten ist es zu beinahe krankhaften Erscheinungsformen herausgezüchtet worden. Der arterhaltende Sinn der Bewegungsweise liegt sicher im Ausweichen vor Raubvögeln, die von oben her angreifen. Der Kopf bleibt bei der ganzen Bewegung mit dem Scheitel nach oben orientiert. Englische Ornithologen bezeichnen das Rückenfliegen als »whiffling« – ein Wort, das sicher von dem pfeifenden Sausen abgeleitet ist, von dem die Bewegung begleitet wird, und das höchst eindrucksvoll sein kann, wenn eine größere Schar von Gänsen sie gleichzeitig ausführt.

Das Rückenfliegen hat keine bremsende Wirkung. Eine solche wird offensichtlich durch eine Flügelstellung hervorgerufen, die ich als die »*Glocke*« bezeichnet habe (Abbildung 31).

Abb. 31: »*Glocke*«. *Um aus dem raschen Flug abzubremsen, verdreht die Gans die Handschwingen und streckt die Ruder nach vorne.*

Dabei wölben sich die Flügel mit den Spitzen abwärts, im Extremfall zeigen diese sogar etwas nach innen. Die Körperachse richtet sich allmählich auf, und die Füße werden nach unten gestreckt. Etwas später, wenn die Geschwindigkeit in Bodennähe sich der kleinsten Gleitgeschwindigkeit nähert, werden beide Ruder seitlich an das stark gefächerte Steuer gehalten, und die Rüttelbewegung setzt ein, deren Antrieb in jede beliebige Richtung, also auch etwas nach rückwärts, gesteuert werden kann.

Punktlanden

Gänse sind sehr wohl imstande, durch Rütteln ihre Geschwindigkeit bis auf Null zu senken und somit an einem bestimmten Punkte zu landen (Abbildung 32). Rütteln kostet, wie gesagt, viel Muskelenergie, und eine exakte Punktlandung wird von Gänsen nur dort ausgeführt, wo es wirklich nötig ist. Auf einer ebenen Wiese pflegen sie nach der Landung stets noch einige Schritte vorwärtszulaufen, auf einer größeren Wasserfläche bremsen sie noch viel weniger, sondern werden ihre kinetische Energie durch ein oft über viele Meter sich erstreckendes »Wasserschilaufen« (Abbildung 33) los.

Abb. 32: *Um an einem bestimmten Punkt zu landen, muß die Gans in der Luft bis zum Stillstand abbremsen und sich dann lotrecht rüttelnd herablassen.*

Abb. 33: *Beim Einfallen auf dem Wasser braucht die Gans nicht rüttelnd bis zum völligen Stillstand abzubremsen, die Ruder übernehmen diese Funktion.*

Der wirksamste Vorgang eines instrumentellen Lernens bei Gänsen erzeugt keine neue Bewegungsweise, sondern die angepaßte Bemessung einer schon angeborenen. Genaues Punktlanden kann man an Gänsen beobachten, die ein Baumnest angenommen haben. Die Nestbaubewegungen der Anatiden erlauben es ihnen nicht, eine Nestgrundlage auf Bäumen zu bauen, doch sind sie sicherlich aufgrund einer genetischen Programmierung sehr geneigt, größere Nester anderer Vögel anzunehmen. Sie fliegen anfangs das Nest wiederholt vergeblich an, später aber kommt es auch bei unterschiedlichen Windrichtungen kaum vor, daß sie zweimal zum Anfliegen ihres Nestes ansetzen müssen. Heinroth beobachtete, daß Gänse auf der Suche nach einem Nestort den Versuch machten, in dichten Baumkronen zu landen, wobei sie natürlich keinen Halt fanden und durchs Geäst fielen. Als er daraufhin in solchen Bäumen Nestkörbe befestigte, *lernten* es die Gänse nach vielen Versuchen, auf diesen zu landen.

Das Fluchtverhalten

Unter Fluchtverhalten verstehen wir kurz das Anstreben, Herstellen oder Gewinnen einer möglichst großen Entfernung von einem gefährlich scheinenden Objekt. Die geringste Intensität des Fluchtverhaltens besteht im *Sichern*. Die Gans reckt den Hals vertikal in die Höhe und hält den Schnabel genau horizontal (Abbildungen 34, 35). Bei dieser Stellung, dem reinen Sichern, liegt das Auge an seinem höchsten erreichbaren Punkte, nicht etwa die Schnabelspitze – was dann der Fall ist, wenn Imponierverhalten oder Drohen dazukommt. Die sichernde Gans behält ein ihr Fluchtverhalten auslösendes Objekt scharf im Auge und kann auch einen der Warnlaute (siehe S. 193 ff.) ausstoßen.

Ganter sichern häufiger als Gänse. Es gibt gewisse hochrangige Ganter, die wir deshalb als »Sicherganter« bezeichnet haben, weil sie die Tätigkeit des Sicherns zu sehr großen Teilen

Abb. 34: *Sichernder Ganter.*

Abb. 35: *Die Mitglieder einer Gruppe sichern gleichzeitig.*

auf sich nehmen und signifikant weniger weiden als andere Gänse. Es ist nicht uninteressant, daß gerade diejenigen Individuen, die den Artgenossen gegenüber am meisten Mut beweisen, die niedrigste Fluchtschwelle, also gewissermaßen die größte Vorsicht allen außerartlichen Feinden gegenüber, an den Tag legen. Die sichernde Gans zeigt eine erhöhte Bereitschaft zu fliehen, d. h., abzufliegen oder wegzurennen. Zu Jahreszeiten, in denen die Gänse flugfähig sind, beantworten sie stärkere fluchtauslösende Reize mit Auffliegen. Maximal schnelle Fortbewegung zu Fuß habe ich eigentlich nur dann gesehen, wenn ein besonders starker Fluchtreiz, z. B. der »Adlerwarnlaut«, die Gänse antrieb und eine Sicherheit bietende Wasserfläche ganz nahe war.

Analoge Erscheinungen zeigen sehr viele Säugetiere bei hoher Intensität von Lokomotionsbewegungen, besonders im Leerlauf (Spiel). Mit anderen Worten, die Instinkthandlungen der Fortbewegung sind in ihrer höchsten Intensität formgleich mit jenen der verzweifelten Flucht. Wie z. B. jeder Reiter weiß, führt beim Pferd ein Stau des Lokomotionsdranges in wenigen Tagen nicht nur zu einem Hervorbrechen der reinen Lokomotion in Form des sogenannten Durchgehens (engl.: bolting), sondern bei höchster Intensität auch zu Bewegungsweisen wie Bocken und plötzlichem Bremsen mit tiefgehaltenem Halse, deren ursprüngliche Funktion das Abschütteln eines größeren Raubtieres ist.

Im »Übermut« vollführen flugfähige Vögel Rückenflüge, Loopings usw. Bei Besprechung des Spieltauchens (S. 135) haben wir schon erwähnt, daß die dabei beobachteten Bewegungsweisen offensichtlich unter dem Selektionsdruck entstanden sind, Feinden zu entfliehen. Von dem auf S. 146f. beschriebenen Rückenfliegen ist dies mit Sicherheit anzunehmen.

Bei hoher Erregung der Fluchtmotivation kann auch statt Flucht die Reaktion des »*Sich-Drückens*« ausgelöst werden, d. h., der Vogel rennt blitzschnell der nächsten Deckung zu oder duckt sich, wo immer er gerade steht, zu Boden (Abbildung 36). Die hohe Erregung des sympathischen Nervensystems ist in beiden Fällen am Hervorquellen der Augen sichtbar. Die Neigung zum Sich-Drücken ist offenbar von hormonalen Zuständen abhängig, denn auch amputierte Gänse, die nie fliegen können, neigen während der Mauser merklich stärker zu dieser Verhaltensweise.

Abb. 36: *Sich drückender Ganter in deckungslosem Gelände (Flachwasser).*

Fluchtauslösende Situationen

Im Abschnitt über das Ethogramm der Graugans erfahren wir naturgemäß mehr über angeborene Bewegungsweisen als über angeborene Auslösemechanismen. Die fluchtauslösenden Situationen bilden hier insofern eine Ausnahme, als sie auch bei Freilandbeobachtungen leicht zu analysieren sind.

Wie alle höheren Wirbeltiere fürchten sich Graugänse vor allem, was ihnen nicht bekannt ist. Sie haben große Hemmungen zu überwinden, wenn äußere Umstände, z. B. ein intensives Nahrungsbedürfnis, sie zwingen, auf unbekanntem Gebiete zu landen. Seitens des Pflegers, der sie dazu veranlassen will, erfordert es viel Geduld und bereitet großen Ärger, wenn die Gänse ihren Landungsversuch mit vorgestreckten Füßen und Bremsmanövern mit den Flügeln immer wieder im letzten Augenblick aufgeben und erneut durchstarten. Das Vorhandensein einer größeren Wasserfläche wirkt beruhigend, ebenso eine Anzahl an dem unbekannten Ort ruhig weidender Artgenossen. Besonders beruhigend wirkt (allerdings nur auf handaufgezogene Gänse) ein ihnen bekannter Mensch: Menschliche Pflegeeltern haben in diesem Sinne die »Valenz« einer ganzen Herde von Gänsen.

Stark fluchtauslösend wirkt, auch an vertrautem Ort, jedes größere Objekt, das *plötzlich* sichtbar wird, sei es nun ein aus dem Walde auftauchendes Automobil, ein Reiter oder auch ein Artgenosse, der unvermutet an einem Waldrand über dem nahen Horizont sichtbar wird. Jeder Gegenstand, der sich als dunkle Silhouette gegen den Himmel abzeichnet, löst Beunruhigung und Sichern aus (Abbildung 37). Es ist maßgebend für die Flucht vor fliegenden Feinden, daß diese sich, in Eigenlängen gemessen, langsam fortbewegen, wie Tinbergen und ich durch Attrappenversuche in Altenberg feststellen konnten.

Die Form des fluchtauslösenden Objektes ist, wie wir erst später herausfanden, weniger wesentlich als die Häufigkeit seines Erscheinens: Eine schnelle Adaptation vermindert die Wirksamkeit häufig gesehener Objekte. Wir haben mit unseren Gänsen in Grünau keine Experimente mit Flugfeind-Attrappen gemacht, doch wissen wir, daß die selten vorüberkommenden Reiher stärkere Reaktionen auslösen als die fast dauernd sichtbaren Bussarde und Kolkraben. Die ungemein starke Reaktion auf den nur gelegentlich erscheinenden Steinadler bedarf aber wohl noch einer besonderen Erklärung.

Als ein gegen Bodenfeinde gerichtetes Fluchtverhalten fassen wir das intensive Warnen auf, das bei Graugänsen durch pelzige Objekte, wie ein zusammengebündeltes Fuchsfell, hervorgerufen wird. Ebenso wird natürlich auf das Herankommen von Hunden, insbesondere von rotpelzigen, reagiert. Auch

Abb. 37: *Einäugiges Sichern nach hoch fliegendem Objekt, z. B. Greifvogel.*

diese Reaktion schwindet rasch durch Adaptation. Deshalb befürchteten wir in Seewiesen zunächst eine Gefährdung unserer Gänse durch ihre Gewöhnung an meine äußerlich fuchsähnlichen Chow-Chow-Mischlinge. Diese Sorge erwies sich als unbegründet, denn die Gänse kannten meine Hunde bald ganz genau als unschädlich, fürchteten sich aber weiterhin unvermindert nicht nur vor Füchsen, sondern auch vor unbekannten Chow-Chows.

Sehr unheimlich ist Graugänsen alles, was sich unter Wasser bewegt. Wenn man im Wasser watet, muß man sich z. B. sehr davor hüten, einer hinter einem herschwimmenden Gans mit der Ferse gegen den Bauch zu schlagen. Das kann intensive Fluchtreaktionen auslösen.

Putz- und Streckbewegungen

Das Gefieder der Vögel ist ein wundervoller Apparat von großer Komplexität, wiewohl er aus totem Material und nicht aus lebendigen Zellen aufgebaut ist. Er kombiniert Wärmeschutz mit Wärmeregulierung durch Aufrichten der Federn, wodurch die den Körper umgebende Luftschicht stark vergrößert werden kann, ohne daß die äußere Bedeckung leck wird. Daß das Gefieder außerdem bei sehr vielen Vögeln fast völlig wasserundurchlässig ist, stellt uns vor ein Rätsel.

Gerade diese Funktion hat den Vögeln eine große Zahl spezieller Bewegungsweisen angezüchtet, die so alt sind wie das Gefieder selbst. Das hohe phylogenetische Alter der vielfältigen Putzbewegungen ersieht man daraus, daß sie nicht allein an der Graugans, sondern auch an sehr vielen anderen Vögeln beobachtet werden können. Myra A. Mergler hat sie an unseren Gänsen untersucht und in einer Laborarbeit beschrieben. Alle Kielbrustvögel (Carinaten) putzen ihr Gefieder mit nahezu gleichen Bewegungen. Es sind Bewegungskoordinationen, deren jede in zweifacher Ausführung, für die rechte und für die linke Körperseite, angeboren ist. Sie erscheinen z. T. schon vor, manche unmittelbar nach dem Verlassen des Nestes. Man wundert sich immer wieder über die selbstverständliche Geschicklichkeit, mit der die eben erst trocken gewordenen Küken komplizierte Bewegungen vollführen, ganz als ob sie das schon tausendmal getan hätten.

Putzbewegungen

Bei den meisten Putzbewegungen wird die Feder zwischen die Schneiden der Schnabelspitze geklemmt und von der Basis zur Spitze hin durchgezogen (Abbildung 38). Ein Beknabbern der Feder kommt auch vor, besonders solange sie noch im Wachsen und von der Hornscheide umgeben, der Kiel also noch nicht

Abb. 38: *Der Federkiel wird von der Unterseite her durch den Schnabel gezogen.*

zugänglich ist. Auch der Federkiel selbst wird ausführlich beknabbert, und zwar nur an der Unterseite, auch hier von der Basis zur Spitze hin. Wenn die Gans in vornübergebeugter Stellung die Bauchfedern putzt, entsteht leicht der falsche Eindruck, daß die Putzbewegungen »gegen den Strich« erfolgen. Die Feder wird dabei selbstverständlich auch von der Unterseite her angefaßt. Dabei ist die Schnabelspitze gegen den Leib des Vogels, sein Scheitel natürlicherweise nach dem Schwanz hin gerichtet. So grob und wenig gezielt diese wichtigste aller Putzbewegungen scheint, ist sie doch imstande, Federfahnen, bei denen Häkchen benachbarter Radien außer Kontakt geraten sind, wieder zu vereinen, und zwar mit einer Sicherheit und Festigkeit, die an das Schließen eines Reißverschlusses gemahnt. Nach dem Putzen des Kleingefieders streicht die Gans mit dem Unterschnabel und der gründlich eingefetteten Seitenfläche des Kopfes in Längsrichtung über das aufgelockerte Brust- und Bauchgefieder, um es zu glätten.

Zwei besondere Bewegungsweisen dienen der Verteilung des Fettes aus der Bürzeldrüse. Der Schwanz wird nach rechts oder nach links extrem schiefgezogen, die Oberschwanzdecken werden maximal abgespreizt. Nach dieser Vorbereitung entnimmt der Vogel entweder mit dem Schnabel Fett aus der Bürzeldrüse, worauf eine Kratzbewegung folgen kann, mit der die mittlere Zehe das Fett vom Schnabel in rhythmischer Wie-

Abb. 39: *Mit rhythmischem Kratzen wird das Fett auf dem ganzen Kopf verteilt.*

derholung über den Kopf verteilt (Abbildung 39); andernfalls wird der Kopf, in eigenartiger Weise um seine Längsachse rotierend, als Ganzes so über die Bürzeldrüse gerollt, daß alle seine Seiten gründlich mit deren Sekret in Berührung kommen (Abbildung 40). Anschließend wird durch »Kopfabrollen« das Bürzeldrüsensekret auf der Kopfoberseite, den Rückendecken und den Flanken verteilt (Abbildung 41).

Offenbar ist die Reibungselektrizität, die bei diesen und anderen Putzbewegungen erzeugt wird, für die Wasserfestigkeit des Gefieders wesentlich, nach den Experimenten von

Abb. 40: *Durch seitliches Drehen wird der Kopf an der Bürzeldrüse eingefettet.*

Abb. 41: *»Kopfabrollen«.*

Ernst M. Lang in Basel sogar wesentlicher als die Einfettung. Lang hat erwachsenen Stockenten die Bürzeldrüse herausgeschnitten und die Vögel dann wieder auf den großen Zooteich in Freiheit gesetzt. Er konnte überhaupt keine Veränderung gegenüber den Kontrolltieren feststellen.

Für die Annahme, daß elektrische Ladungen eine wesentliche Rolle spielen, spricht eine Reihe von Umständen. Bei dem Gefieder kleiner Küken ist die Wasserfestigkeit deutlich an die Bedingung gebunden, daß die Enden der Dunen in genau regelmäßigen Abständen voneinander stehen. Fotografische Aufnahmen von Tauchenten unter Wasser zeigen häufig, daß Einzelfedern, die aus der geordneten Lage zwischen ihren Nachbarn geraten sind, *naß* werden; d. h., sie sind im Lichtbild wie andere Unterwasserobjekte scharf zu sehen, während die trocken gebliebenen Federn von einer silbrigen Luftschicht bedeckt bleiben.

Für die Wichtigkeit der elektrischen Ladung spricht auch, daß jene Schwimmvögel, die sich fast dauernd auf dem Wasser aufhalten, wie Lappentaucher *(Podicipedidae)* u. a., sich beinahe ununterbrochen putzen. Manche Beobachter haben schon die Vermutung geäußert, solche Vögel hätten Parasiten, da sie sich immerzu »kratzen«. Jeder, der auf einem unserer Seen Haubentaucher beobachtet hat, kennt das plötzliche Aufleuchten des breiten weißen Bauches, wenn der schwimmende Vogel sich weit nach einer Seite rollt, um das Bauchgefieder mit dem Schnabel zu bearbeiten. Diese Form der Gefiederpflege scheint um so notwendiger zu sein, je mehr das Gefieder an dauernden Aufenthalt auf dem Wasser angepaßt ist, denn paradoxerweise verlieren jene Wasservögel, die fast dauernd schwimmen, die Wasserfestigkeit ihres Gefieders am schnellsten. Bei Zwergtauchern ist eine Verminderung der Wasserfestigkeit schon nach einem Transport von wenigen Stunden deutlich zu erkennen. Auch Tauchenten vertragen nur schlecht längere Trockentransporte, die Stockenten oder Gänsen nicht weiter schaden, woferne nur die Oberfläche des Gefieders vor Verschmutzung bewahrt bleibt.

Statt einer sprachlichen Beschreibung sollen die folgenden Abbildungen (42, 43, 44) einige der vielfältigen Instinktbewegungen des Putzens illustrieren.

Abb. 42/43/44: *Einige der vielen Bewegungsformen des Putzens.*

Badebewegungen

Die Instinktbewegungen, die einer Einnässung des Gefieders dienen, sind offenbar ebenso alt wie die Putzbewegungen. So wenig verwandte Vogel-Taxa wie Anatiden und Singvögel haben deutlich homologe Bewegungsweisen. Wallace Craig hat die Ontogenese des Trinkens an der Lachtaube studiert und gefunden, daß sie von einer weit verbreiteten Badebewegung abhängig ist: Wenn die erfahrungslose Taube auf eine größere Wasserfläche stößt, so reagiert sie auf diese zunächst mit einem Schnabelschütteln, bei dem der Schnabel Wasser umherspritzt. Dies ist im späteren Leben die erste Bewegungsweise, auf die Baden folgt. Bei der Jungtaube jedoch löst die Berührung des Schnabels mit dem Wasser das erste Trinken aus. Dieser Übergang von der angeborenen Badebewegung zu der erlernten Kenntnis der Wasserfläche scheint bei vielen oder allen Tauben ähnlich zu sein.

Erfahrungslose Anatiden, die zum erstenmal mit Wasser in Berührung kommen, reagieren zunächst mit Trinken. Wenn, was häufig der Fall ist, Baden folgt, schüttelt der Vogel zunächst den Kopf so, daß Schnabel und Vorderkopf mit der Wasseroberfläche in Berührung kommen. Dabei wird bei Entenvögeln der Kopf gleich anfangs tief eingetaucht und unter Wasser quergestellt, so daß er, wenn er ruckartig wieder aufwärts bewegt wird, einen Guß Wasser auf den Rücken wirft. Gleichzeitig beginnt der Vogel beide Flügel aus dem Schultergelenk abwärts und aufwärts zu bewegen, ohne sie in den übrigen Gelenken zu öffnen. Auch diese Bewegung dient dazu, Wasser über den Rücken zu werfen, während die schaufelnden Kopfbewegungen fortgesetzt werden. Bei ansteigender Intensität wird das Eintauchen des Kopfes eingestellt; der Vogel richtet sich ein wenig auf und hält die Schultern so schräg nach einer Seite hin, daß nun auch der Flügel der anderen Seite über den Rücken weg bis zum Ellbogen ins Wasser eintaucht (Abbildung 45, 46). Gleichzeitig erhöht sich die Frequenz der Bewegung bedeutend, Wasser wird hoch

Abb. 45/46: *Baden: Beide Flügel tauchen ins Wasser, das aufspritzt.*

Abb. 47/48: *Die Gans kippt vornüber und schwimmt einen Augenblick auf dem Rücken.*

Abb. 49: *Kein echtes Gähnen, sondern ein Strecken der Zungenbeinmuskulatur.*

emporgespritzt, und der leicht erkennbare Lärm dieser Bewegung ist weithin zu hören.

Bei noch höherer Intensität zieht der Vogel plötzlich den Hals in den Nacken, kippt den Körper weit nach vorne, während das Steuer fast ebensoweit bauchwärts geknickt wird, und greift nun mit beiden Flügeln, die sich nach wie vor nur im Schultergelenk bewegen, über den Kopf weg rückwärts ins Wasser, das weit umher und emporgespritzt wird. Enten und die meisten anderen mir bekannten Vögel verlieren dabei nicht das Gleichgewicht, sondern richten sich alsbald wieder auf. Gänse aber kippen vornüber (Abbildung 47) und schwimmen nun erstaunlicherweise mit dem Bauch nach oben und mit den Beinen strampelnd auf dem Rücken (Abbildung 48). O. Heinroth berichtet, daß eine von zwei jungen Graugänsen heftig erschrak, als sie ihr Geschwister zum erstenmal in dieser Lage sah.

Bei Abklingen der Badeerregung liegen Enten wie Gänse oft viele Sekunden mit maximal gesträubtem Kopfgefieder und eingezogenem Hals auf dem Wasser und *gähnen*. Das heißt, sie strecken die Kiefermuskulatur, wobei die bei Säugetieren und bei Menschen und auch bei vielen Reptilien begleitenden Atem- und andere Streckbewegungen fehlen. Um Verwechslungen mit dem echten Gähnen zu vermeiden, verwenden wir für diese Bewegung den Ausdruck »Zungenbein-Richten« (Abbildung 49).

Flügeltrocknen, Flügelrichten und Sich-Flügeln

Zu den Badebewegungen möchte ich auch die Bewegungen rechnen, die zum raschen Abtrocknen der Flugfedern, insbesondere der Handschwingen, dienen, sobald der Vogel das Wasser verlassen hat. Anatiden öffnen dabei abwechselnd die Flügel so weit, daß die Handschwingen seitlich abgespreizt werden, und legen sie dann wieder in die Ruhelage zurück. Sperlingsvögel, und zwar auch kleine, schlagen beim Sich-Trocknen abwechselnd mit den Handschwingen, wobei durch die hohe Frequenz der Bewegung ein surrendes Geräusch entsteht.

Unter »Flügelrichten« verstehen wir eine Bewegung, mit der die Gans ihre trockenen Flügel abwechselnd im Schultergelenk leicht anhebt und mit reibenden Bewegungen in die Flügeltaschen zurücksteckt. Ich habe sie in gleicher Weise an Störchen gesehen, die ich durch Federklammern vorübergehend flugunfähig gemacht hatte.

Bei der von O. Heinroth als »Sich-Flügeln« bezeichneten Bewegung richtet sich die Gans maximal hoch auf und vollführt geräuschvolle Flügelbewegungen, die in der Koordination genau dem »Rütteln« entsprechen (Abbildung 50). Oft streckt sich die Gans, wenn sie sich flügelt, bis auf die Zehenspitzen, Junggänse kurz vor dem Flüggewerden heben dabei gelegentlich ganz von der Unterlage ab.

Abb. 50: »*Sich-Flügeln*«*: Die gekrauste Wasseroberfläche beweist, daß der Rüttelvortrieb genau nach oben zeigt.*

Im Anschluß an die Besprechung der Gefiederpflege seien einige Bewegungsweisen aufgezeigt, die im Englischen unter dem Begriff *»comfort activities«* zusammengefaßt werden, wofür sich im Deutschen nur der wenig befriedigende Ausdruck »*Komfortverhalten*« finden läßt.

Sich-Schütteln

Ein ganz kurzes Kopfschütteln kenne ich von Reptilien, und zwar von Eidechsen, doch ist diese Bewegung einmalig und wird nicht rhythmisch wiederholt. Ihre Homologie mit dem Sich-Schütteln der Vögel ist zweifelhaft.

Wenn ein Vogel sich schüttelt, beginnt zuerst das Gefieder sich zu sträuben. Dieser Vorgang läuft von hinten nach vorne ab, fängt also am Kleingefieder des Unterrückens an und läuft dann ebenso wie das rhythmische Hin- und Herdrehen des Körpers um seine Längsachse kopfwärts, mit einem seitlichen Schwanzwackeln beginnend und mit einem Schütteln des vorgestreckten Kopfes endend (»Schüttelstrecken«). Die Schüttelbewegung wird ohne Flügelbewegung ausgeführt (Abbildung 51). Ihre Koordinierung liegt bei Anatiden offenbar allein im Rückenmark, denn, wie O. Heinroth beschreibt, läuft sie selbst dann in der typischen Reihenfolge ab, wenn man einer Gans den Kopf abhackt. Bei einem Sperlingsvogel dagegen erschlafft nach einer solchen »Operation« alsbald der ganze Körper.

Von dieser den ganzen Körper durchlaufenden Schüttelbewegung haben sich Teile gewissermaßen unabhängig gemacht.

Abb. 51: »*Schüttelstrecken*«: *Die Drehbewegung um die Längsachse von Kopf und Hals ist so schnell, daß das Auge unsichtbar wird (Schwanengans-Bleßgans-Mischling).*

Abb. 52: *»Flügelrasseln«. Das Flügelschütteln wird mimisch übertrieben und ist damit sehr lärmend – ein häufiges Konfliktverhalten beim Drohen.*

Gänse wie auch Enten können – in Normalhaltung – den Schwanz allein nach der Seite schütteln, bei beiden ist dies die häufigste *Übersprungbewegung*. Sie tritt schon auf, wenn z. B. das Aussteigen aus dem Wasser eine kleine Schwierigkeit bedeutet; dabei begnügt sich die Ente damit, mit dem Schwanz zu wackeln. Besonders auffällig ist das Schwanzschütteln, wenn der Vogel im Liegen defäkiert, weil er dabei den Schwanz noch leicht anhebt.

Eine Gans kann auch den Kopf seitlich schütteln, und bei dieser Bewegung bestehen Übergänge zum Schüttelstrecken, wie es beim Gesamtschütteln vorkommt. Schließlich hat sich bei den Gänsen auch das seitliche Schütteln der Flügel unabhängig gemacht. Es kommt nicht nur sehr häufig »autochthon« vor, wenn irgend etwas (z. B. Feuchtigkeit) am Flügel haftet, sondern auch oft in auffälliger Übertreibung als Übersprungbewegung: Ein lautes, geräuschvolles Schütteln in Situationen des *Drohens*, das wir als »Flügelrasseln« (Abbildung 52) bezeichnet haben.

Sich-Strecken

Wer je einen Hund gehabt hat, kennt die beiden Streckbewegungen der Säugetiere: das Strecken der Vorderbeine, die weit vom Leibe nach vorn gespreizt werden, während sich die Brust dem Boden nähert, die Hinterbeine aber aufrecht stehenbleiben, und, häufig unmittelbar danach, das Strecken der Hinterbeine mit Durchdrücken der Kreuzregion nach unten. Ich kenne eine antike orientalische Darstellung eines Löwen, die allgemein als die Darstellung einer Rückenmarksverletzung verstanden wird, meiner Meinung nach aber das zuletzt beschriebene Sich-Strecken zeigt.

Die Streckbewegungen der Vögel sind dem Beschriebenen merkwürdig ähnlich, nur können begreiflicherweise nicht beide Beine gleichzeitig vom Boden abgehoben werden. Das Strecken eines Beines nach hinten ist regelmäßig von einem Strecken des gleichseitigen Flügels begleitet (Abbildung 53). Der Fuß gerät dabei in nächste Nachbarschaft der gespreizten

Abb. 53: *Flügelüberstrecken.*

Handschwinge; in der Literatur findet sich die irreführende Angabe, daß der Schwan mit dieser Bewegung die Handschwinge ordne. Grauganskinder verlieren dabei noch das Gleichgewicht.

Eine andere Streckbewegung wird von erwachsenen Gänsen mit beiden Flügeln oder beiden Beinen gleichzeitig ausgeführt. Die Beine werden im Knie- und Fersengelenk maximal nach unten durchgestreckt, so daß der Rumpf des Vogels auffallend hoch zu liegen kommt. Häufig werden gleichzeitig die Flügel im Schultergelenk nach oben gehoben, wobei Ellbogen- und Handgelenke fest gebeugt bleiben (Abbildung 54). Beide Bewegungen treten gelegentlich auch unabhängig voneinander auf. Junge Gänse strecken, auf dem Bauche liegend, beide Beine nach hinten aus.

Abb. 54: *Beidseitiges Flügelhochstrecken.*

Die Streckbewegungen sind meines Wissens bei allen Vögeln, zumindest bei allen Kielbrustvögeln (Carinaten), dieselben. Besonders auffällig ist das Durchstrecken der Fersengelenke bei Sperlingsvögeln, deren Lauf beim gewöhnlichen Sitzen fast horizontal liegt, sich beim Strecken aber bis zur Vertikalen erhebt. Wenn Fersen und Flügel zugleich gestreckt werden, erhält die Bewegung eine merkwürdige Ähnlichkeit mit der für Säugetiere beschriebenen, zumal bei Säugern wie bei Vögeln gleichzeitig der Hals vorgestreckt und der Nacken durchgedrückt werden kann. Obligat ist diese Koordination allerdings nicht.

Abb. 55: *Typische Körperhaltung bei starkem Regen oder Hagel.*

Sich-Kratzen

Alle Tetrapoden (Vierfüßer) besitzen Bewegungsweisen, die dazu dienen, die Oberfläche des Kopfes von anhaftenden Partikeln zu befreien. Das rhythmisch wiederholte Kratzen dürfte eine konvergente Anpassung an das Vorhandensein längerer Hautanhänge (Haare und Federn) sein, die in gleicher Weise gekämmt und offenbar auch elektrisch geladen werden. Selbstverständlich muß der Vogel, während er sich mit einem Fuß am Kopf kratzt, auf dem anderen stehen. Die Bewegung erwacht bei sehr vielen Jungvögeln schon erhebliche Zeit, ehe sie hiezu imstande sind, und zwar bei Nestflüchtern ebenso wie bei Nesthockern.

Eine besondere Form des Kratzens, die wohl allen Entenvögeln (Anatiden) und damit auch der Graugans eigen ist, haben wir im Abschnitt »Putzbewegungen« kennengelernt.

Wie gesagt, richtet sich bei dieser besonderen Form des Kratzens die erste Bewegung nach der Schnabelspitze, mit der der Vogel eben aus der Bürzeldrüse Fett entnommen hat, ehe er dieses über das Kopfgefieder verteilt.

Die physiologische Natur aller Komfortbewegungen bringt es mit sich, daß sie sehr häufig als Übersprungbewegungen auftreten. Es ist daher der Erwähnung wert, daß gerade das Sich-Kratzen, das sicherlich die häufigste Übersprungbewegung des Menschen darstellt, bei keinem Vogel als solche auftritt.

Verhaltensweisen der Nahrungsaufnahme

Alle Vögel haben einen Schnabel, d. h., die Skelette des Unter- wie des Oberkiefers laufen in einem spitzen Winkel zusammen. Die so entstandene Spitze ist bei allen mir bekannten Arten von einer Hornscheide geschützt. Außerdem sitzt im embryonalen Zustand der sogenannte Eizahn darauf, ein aus den histologischen Elementen eines echten Zahnes gebautes Organ. Er fällt kurze Zeit nach dem Schlüpfen von selbst ab, erfüllt aber während des Schlüpfens eine wichtige Funktion, die oft als Picken bezeichnet wird, in Wirklichkeit jedoch einem Drücken von innen gegen die Eischale entspricht.

Das Picken

Alle mir bekannten Vögel verfügen über dieselbe Bewegung der Nahrungsaufnahme, bei der der Schnabel beidäugig gezielt in nächster Nähe des Objektes meist hörbar auf die Unterlage trifft (Abbildung 56), wobei gleichzeitig zwischen Oberschnabel und entweder der entgegenwirkenden Zungenspitze oder der Spitze des Unterschnabels die Nahrung erfaßt und mit einer

Abb. 56: *Beidäugig orientiertes Picken.*

ruckartigen Bewegung des Kopfes in den Mundraum befördert wird. Bei Hühnerküken sind es Oberschnabel und Zunge, bei Gänseküken aber Ober- und Unterschnabel, von denen die zufassende Zange gebildet wird. Die Bewegung, mit der die Nahrung in das Innere der Mundhöhle geworfen wird, entspricht der später zu besprechenden des »Schaufelns«. Sie ist bei Vögeln mit sehr kurzer Zunge besonders ausgeprägt, wie bei manchen Staren und bei Tukanen. Die Schnabelspalte der Tukane entspricht genau der Parabel, auf der der Nahrungsbrocken aus der Schnabelspitze in den Schlund fliegt. Der Vogel braucht bei dieser Art des Fressens den Schnabel nicht weit zu öffnen.

Junge Graugänse picken vor jeder Erfahrung nach allen möglichen Gegenständen ohne merkliche Bevorzugung einer bestimmten Farbe, nur der Kontrast zwischen Objekt und Hintergrund muß möglichst groß sein. Ein Lernvorgang verursacht zwar bei jungen Graugänsen bald eine Bevorzugung des Grün; vom dünnen Grasbewuchs an Wegrändern aber werden sie immer noch stärker angeregt, weil sich dieser im Gegensatz zu den Halmen einer üppigen Wiese vor einem grauen Hintergrund abhebt.

Das Rupfen

Schon bald nachdem die Gössel gelernt haben, nach Grünem zu picken, erwacht eine Bewegungsweise, bei der der Grashalm zwischen Ober- und Unterschnabel festgehalten und gleichzeitig mit einer kräftigen Rückwärtsbewegung von Kopf und Hals abgerissen wird. Bei geringen Graden der Intensität schöpft die Bewegung ihre Kraft aus den Halsmuskeln; bei höchster Intensität, wenn die Gans z. B. tief gelegene Teile von Wasserpflanzen aus dem Boden reißt, ist der Hals der Länge nach ausgestreckt, und die Gans wirft, während die Kiefer fest geschlossen bleiben, ihr ganzes Körpergewicht mit aller Kraft nach hinten. Schilfwurzeln sind zäh, aber die Stärke dieser Bewegung wird dem Beobachter spätestens dann bewußt, wenn die Gans mit der beschriebenen Bewegungskoordination das Tischtuch mit allem, was darauf steht, von einem vollgedeckten Tisch zieht.

Abstreifen und Abschneiden

Eine Bewegungsweise, die hauptsächlich beim Weiden an breitblättrigen Pflanzen und an Schilf angewendet wird, schneidet das scharfkantige Blatt schräg ab, nachdem es in der Richtung von der Basis gegen die Spitze durch den Schnabel gezogen wurde (Abbildung 57). Mit einer meines Erachtens gleichen Bewegung werden die Samen von Grasähren abgestreift. Für die Gans scheint diese Bewegung sehr lohnend zu sein, denn man sieht häufig, daß sie sich an einem Grashalm hoch aufrichtet, um eine Ähre richtig von der Basis her in den Griff zu bekommen. Die Abstreifbewegung geht in die des Rupfens über, wenn die Gans beim Durchziehen eines biegsamen, aber in der Längsrichtung festen Objektes auf knotenförmige Widerstände stößt, wie z. B. Druckknöpfe an der Randleiste eines Regenmantels.

Abb. 57: *Schräges Abschneiden.*

Das Schaufeln

Eine Bewegungsweise, die zuerst von Christa Walter an der Graugans beobachtet wurde, bezeichnen wir als »das Schaufeln«. Die Bewegung dient dazu, Nahrung vom vorderen Teil des Schnabels nach dem Schlunde zu befördern. Sie ist, wie erwähnt, bei Vögeln mit kurzer Zunge ausgebildet, ebenso aber auch bei Entenvögeln, bei denen die Spezialisation der Zunge auf das Seihen andere Funktionen behindert. Bei Gänsen sieht man sie vor allem dann, wenn aus einer größeren Anhäufung von Körnern ein Schnabel voll herausgegriffen und geschluckt wird.

Auch Dinge, die dem Schnabel zu entgleiten drohen, werden mit dieser Bewegung zurückbefördert. Wenn z. B. eine Gans ein größeres Stück von einer Rübe abgebissen hat und nicht verlieren will, bedient sie sich des Schaufelns, besonders wenn andere Gänse sich auf das Rübenstück stürzen wollen, das ihr zu entfallen droht. Da eine Graugans unter natürlichen Umständen kaum jemals den Schnabel in einen Haufen Getreidekörner oder ähnliche gleichgroße Objekte hineinstoßen kann, wird diese Bewegung wohl am häufigsten bei Behandlung größerer Bissen angewendet.

Das Knabbern

Sobald kleine Gössel zu picken beginnen, fangen sie auch an, Gegenstände zu beknabbern. Dies ist eine Bewegungsweise, der man insofern explorativen Charakter zuschreiben kann, als sie vor allem an unbekannten Objekten ausgeführt wird und stets die Möglichkeit einschließt, in eine andere Bewegungsweise überzugehen. Das neugierige Knabbern ist die einzige Bewegungsweise der Graugans, der ich explorativen Charakter und, bis zu einem gewissen Grade, Spielcharakter zuschreiben möchte. Bei Gösseln, denen die menschliche Pflegemutter in frustrierender Weise den Gruß verweigerte, *erlosch* das Knabbern in analoger Weise, wie Harry Harlow an ähnlich frustrierten Rhesuskindern ein Erlöschen allen explorativen Verhaltens festgestellt hat.

Eine besondere Rolle spielt bei handaufgezogenen Graugänsen das Beknabbern bekannter Personen. Woferne der Betreffende Dinge an sich trägt, die diese Bewegungsweise auslösen, wie etwa Schuhbänder oder lange Haare, werden ihm die jungen Gänse bisweilen höchst lästig. Es erscheint unmöglich, ihnen das Knabbern abzugewöhnen, wenigstens nicht, ohne ihre Zuneigung nachhaltig zu vermindern (Abbildungen 58, 59).

Abb. 58/59: *Knabbern als exploratives Verhalten.*

Das Gründeln

Eine weitere Bewegungsweise der Nahrungsaufnahme bei der Graugans ist das Gründeln. Im kennzeichnenden Gegensatz zur Seihbewegung bleibt dabei die Schnabelspitze am selben Punkt, und die Schnabelwurzel wird von links nach rechts hin- und herbewegt, wobei gleichzeitig der Kopf bohrend vorgestoßen wird. Der Hals wird dabei meist ziemlich rechtwinklig von der Wasseroberfläche abwärts gerichtet, so daß die Schnabelspitze in den Bodengrund eingebohrt wird (Abbildungen 60, 61).

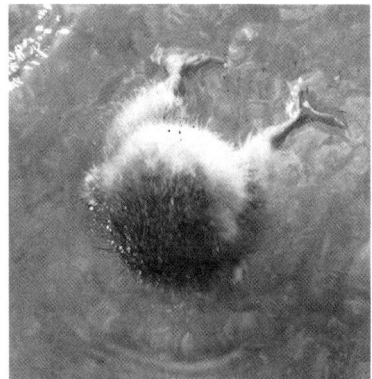 

Abb. 60/61: *Schon in den ersten Tagen gründeln kleine Gössel ganz wie Erwachsene.*

Die Bewegungsweise entwickelt ihre wichtigste Funktion sicherlich beim Erwerb stärkehaltiger Wurzeln und anderen nahrhaften Futters. Es wurden einzelne Elterntiere beobachtet, die Elodea vom Grunde des Teiches heraufbrachten und sie ihre Gössel fressen ließen. Gewöhnlich jedoch trägt die Gans, wenn ihr Kopf nach längerem Gründeln wieder auftaucht, niemals sichtbar saftige Wasserpflanzen im Schnabel. Man sieht aber an der Bewegung der Beine und des Hinterkörpers, daß der Vogel mit ruckartigen Bewegungen starke Widerstände zu überwinden trachtet.

Gründeln ist eine autonome Instinktbewegung. Dies geht

aus einer einfachen Beobachtung und einem ebensolchen Experiment hervor. Mein Gänseteich in Altenberg enthielt keine eßbaren Pflanzen, sondern nur kiesigen Lehmgrund. Dennoch verbrachten die Gänse erhebliche Zeit mit Gründeln und bevorzugten dabei jene Wassertiefe, in der sie den Grund eben noch erreichen konnten. Wenn sie zu gründeln aufhörten, konnte ich sie erneut dazu anregen, indem ich einige Hände voll Maiskörner ins Wasser warf. Dann gründelten sie offensichtlich, »um zu fressen«. Bot ich dagegen so lange Maiskörner am Grunde des Teiches an, bis die Gänse auch dadurch nicht mehr zum Gründeln angeregt wurden, waren sie immer noch bereit, eine Handvoll Körner am trockenen Ufer aufzupicken.

Es waren also zwei unabhängige Motivationen, die die Gründelbewegung hervorrufen konnten; je nach ihrer relativen Stärke war einmal die eine und einmal die andere maßgebend, wie Paul Leyhausen in seinen Ausführungen über die *relative Stimmungshierarchie* dargetan hat.

Das Seihen

Eine Bewegungsweise, mit deren Hilfe viele Entenvögel den Großteil ihrer Nahrung gewinnen, ist das Seihen. Bei ein wenig geöffnetem Schnabel wird die Zunge wie ein Pumpkolben in der Mundhöhle rasch vor- und zurückbewegt, das Wasser wird samt allen darin suspendierten Teilchen nahe der Schnabelspitze eingesogen und seitlich durch das Gitter entlassen, das von den Zähnchen des Schnabels und der Zunge gebildet wird und dazu dient, Nahrhaftes zurückzuhalten (Abbildung 62).

Veränderungen der Schnabelstruktur sind in der Stammesgeschichte von Entenvögeln mehrmals vor sich gegangen, als unter den *Lamellirostres* die Gänseartigen die Lamellen ihres Seihschnabels zum Abbeißen von Pflanzenteilen »umfunktionierten«. Bei Gänsen sind von diesem Seihapparat nur stumpfe Zähnchen an Oberschnabel und Zunge und ihnen entsprechende Höckerchen am Unterschnabel übriggeblieben. Zu-

Abb. 62: *Erwachsene Gänse seihen meist Oberflächennahrung (Wasserlinsen, Mückenlarven).*

Abb. 63: *Durch Seihen nimmt das Gössel die ihm nötigen Steinchen für seinen Kaumagen auf.*

gleich kam es zu einer Reduktion der Seihbewegung der Zunge. In ausgeprägter Form sieht man die Bewegung nur bei ganz jungen Gänsen, die auf diese Weise Steinchen für ihren Kaumagen gewinnen. Kleine Gössel haben eine deutliche Vorliebe für Lachen auf sandigen oder kiesigen Straßen (Abbildung 63). Im Tale der rasch fließenden Alm mit ihrem recht groben Geschiebe wüßte ich auch tatsächlich nicht, wo unsere Gössel Steinchen von passender Größe für ihren Muskelmagen hernehmen sollten.

Ausdrucksbewegungen und -laute

Die meisten Ausdrucksformen der Graugans haben eine einfache zentralnervöse Koordination und werden von den Artgenossen als Signale verstanden. Sie sind von verschiedener Wichtigkeit für den Aufbau der Sozietät, deren Grundlage sie bilden. Ihr »Vokabular« ist auch für den Leser notwendig, der entsprechend der »Anleitung an den Leser« (siehe S. 27) auf sie zurückgreifen sollte.

Der Weinlaut

Der Laut, den wir objektivierend als »das Pfeifen des Verlassenseins« bezeichnen und den wir kurz »das Weinen« nennen, ist nicht nur die erste Lautäußerung, die wir von der Graugans im noch nicht eröffneten Ei hören, sondern auch die Wurzel, aus der sich in einer sicher großteils epigenetischen Entwicklung eine Reihe von Lautäußerungen ausbildet. Über das erste Weinen schreibt Helga Mamblona-Fischer: »Das ist ein hoher, lauter, scharfer, einsilbiger Laut. Er ertönt« (schon vor dem Schlüpfen) »bei starkem Abkühlen des Eies oder bei Schlüpfschwierigkeiten des Gössels, wie z. B. Austrocknen der Eihaut.

Gössel, die beim Schlüpfen häufig weinen, sterben meistens.« Aus diesem Zitat geht hervor, daß nicht nur das Verlassensein den in Rede stehenden Laut auslöst. »Auf das Weinen des Gössels im Ei sieht die Gans unter sich und rückt hin und her, genauso wie später, wenn sie ein geschlüpftes Gössel dadurch zum Weinen gebracht hat, daß sie daraufgetreten ist. Manchmal vollführt sie anschließend Eirollbewegungen. Ammenvögel, wie z. B. Puten, drücken junge Gänse oft tot, weil sie nicht auf den Weinlaut reagieren. Bei den körperlich viel zarteren Fasanenküken geschieht das nie, weil deren Weinlaut dem der Putenvögel ähnelt.«

Der Weinlaut hat offensichtlich die Funktion, die Aufmerksamkeit des Elternvogels in solchen Situationen zu erregen, in denen das Gänschen sich in Bedrängnis irgendwelcher Art befindet (Farbtafel I). Die Gössel beginnen zu weinen, wenn irgendwelche Hindernisse beim Schlüpfen auftreten oder wenn sie etwas weiter als gewöhnlich hinter den führenden Eltern zurückgeblieben sind, sich also verlassen fühlen. Sie weinen aber auch, wenn sie hungrig oder durstig sind. Im letzteren Falle können sie sogar die Führung übernehmen: Wenn eine Gänseschar nahe am Ufer ruht und die Gössel das Bedürfnis zu trinken fühlen, können sie energisch von den Eltern weg zum Wasser laufen, wobei sie laut weinen.

Man geht wohl nicht fehl, wenn man das Weinen als Ausdruck akuter Unlust auffaßt. Mir liegt Hans Volkelts Spekulation nahe, das Erleben von Lust und Unlust sei in jener Entwicklungsphase der Phylogenese entstanden, in der es sinnvoll wurde, ein gemeinsames Vorzeichen für andressierende und abdressierende innere wie äußere Reizsituationen zu schaffen. »Im Sinne der Erhaltung des Individuums unerwünscht« ist die einzige gemeinsame Bezeichnung, die ich für alle jene Situationen auszudenken vermag, in denen das Weinen der kleinen Graugans ausgelöst wird.

Vielsagend sind vielleicht die Situationen, die im Leben flügger Graugänse das Weinen auslösen (Abbildung 64). Einst waren im November zwei im selben Jahr geschlüpfte Ganter

Abb. 64: *Eine flügge junge Gans hat zwar den Stimmwechsel hinter sich, kann aber, wie auch ältere Gänse, in kindliches »Weinen« ausbrechen.*

auf dünnem Eis eingefallen und eingebrochen. Sie versuchten zunächst, auf den Rand des Eisloches zu treten. Als dies immer wieder mißlang, kamen sie nicht auf die naheliegende Lösung, wegzufliegen, sondern brachen in ein lautes Weinen aus, das sehr eigenartig klang, da der Stimmbruch schon vorüber war. Zwischendurch äußerten sie Jammerlaute.

Die zweite Beobachtung wirkte wegen ihrer Analogie zum Menschenleben noch komischer. Eine sehr zahme Große Schneegans *(Anser caerulescens atlanticus)*, die bezeichnenderweise Prinzeßchen hieß, war auf Herankommen zu mir dadurch dressiert worden, daß ich stets eine Handvoll Weizen bei mir trug, von dem ich ihr täglich bei unserem ersten Zusammentreffen anbot. Eines Tages war die Kiste leer, und ich nahm in Ermangelung des Weizens eine Handvoll Hafer. Prinzeßchen kam mir wie gewöhnlich freudig entgegen; als sie aber den Hafer in meiner Hand sah, reckte sie den Kopf empor und begann mit der tiefen Erwachsenenstimme ihrer Art laut zu weinen. Wer Ähnliches erfahren hat, kann meiner tiefen Überzeugung nach das subjektive Erleben höherer Tiere nicht leugnen.

Das Bemerkenswerte am Weinlaut ist die *Vielseitigkeit* seiner Auslösbarkeit. Die gleiche einfach motivierte Instinktbewegung drückt so verschiedene Stimmungskonfigurationen aus wie Enttäuschung über schlechtes Essen und Angegriffen- und Geschlagenwerden. Die Einheit des Symbols für so viele soziale Situationen bildet gewissermaßen den Gegensatz zu der Vielheit der Ausdrucksbewegungen, die der Stimmfühlungslaut in allen seinen Varianten bietet und die letzten Endes die einfache Polarität des Ausdrucks für Zu- und Abneigung, für Bündnis und Gegnerschaft darstellen.

Der Einschlaflaut oder das Trillern

Ein trillernder Laut ist schon aus dem noch nicht gepickten Ei zu hören, wenn dieses so weit auskühlt, daß das Gössel Weinlaute äußert und anschließend wieder erwärmt wird. Dieselbe Abfolge von Lautäußerungen hört man später beim schon geschlüpften Küken, sowie ihm kalt geworden ist und es durch Unterkriechen unter die Mutter oder die Wärmeglucke gewärmt wird. Auch wenn Küken im Schlaf miteinander raufen, hört man das Trillern. Der Einschlaflaut bleibt bis zum Flüggewerden erhalten, bei manchen Individuen auch noch darüberhinaus.

Der Gut-Schmeck-Laut

Dies ist eine einsilbige Lautäußerung, die so selten zu hören ist, daß ich versucht war, sie zu übergehen, wenn nicht ihr Vorkommen bei verschiedenen verwandten Nestflüchtern auf eine gewisse Wichtigkeit schließen ließe. Wenn kleine Hühner kurz nach dem Schlüpfen zu fressen anfangen, hört man einen Laut, in dem das kurze »pip«, das das Küken beim Zupicken äußert, undeutlich verändert wird, und zwar durch einen etwas tieferen Oberton, der es zu einem »puit-puit« werden läßt. Dieser Ton zeigt deutlich, daß das Küken jetzt wirklich frißt. Kleine Stockenten haben einen ähnlichen Laut, der in der Situation der Auslösung und in der Tonführung genau dem der Hühner gleicht und beim Aufnehmen und Fressen von sehr beliebter Nahrung geäußert wird. Wahrscheinlich ist er homolog mit dem »Futterlocken« erwachsener Hühner.

Von Gänsen habe ich diesen Laut nur wenige Male gehört, und zwar immer dann, wenn kleine, wenige Tage oder Wochen alte Gössel schlüpfende Zuckmückenpuppen von der Wasseroberfläche auflasen. Ton und Verhalten waren mir von Enten her innig vertraut; daß sie bei Gänsen vorkommen, hatte ich vorher nicht gewußt. Ich habe auch nur selten beobachtet, daß Gänse mit gleicher Gier animalisches Futter aufgenommen hätten. Dies ist offenbar selten und an nur ausnahmsweise eintretende psycho-physiologische Zustände gebunden.

Der Jammerlaut

Eine selbständige, stets einsilbige Äußerung ist der Jammerlaut. Es ist eine merkwürdige und der Erklärung bedürftige Tatsache, daß der Ausdruck des Jammerns, der Unlust, nicht nur bei sehr vielen Säugetieren und dem Menschen, sondern auch bei unserem Untersuchungsobjekt, der Graugans, eine ähnliche Melodie hat. Der Hund, der an einer Tür winselt, eine verlorengegangene Junggans, die suchend umhergewandert, das Menschenbaby, dessen Saugflasche verstopft ist, ein junger Biber in der gleichen Situation und ein erwachsener Mensch, der in seiner Arbeit gestört wird – sie alle äußern einen Laut, der hochfrequent beginnt, dann für einen Augenblick ansteigt und alsbald absinkt.

Man hört diesen einsilbigen, langgezogenen, reinen Ton schon von ganz kleinen Gösseln, und zwar in denselben Reizsituationen, die das Pfeifen des Verlassenseins auslösen, sowie diese eine gewisse Intensität übersteigen, aber nur kurz dauern. Dabei wird der Hals hoch emporgestreckt, das Kopf- und Halsgefieder liegt eng am Körper an, die Augen treten hervor; der Schnabel bleibt in horizontaler Haltung. Mischformen aus Weinen und Jammerlaut wurden beobachtet; eine langdauernde Wiederholung des Jammerlautes, wie wir sie vom Weinen und vom Distanzlaut kennen, habe ich allerdings nie gehört.

Am häufigsten wird der Jammerlaut geäußert, wenn eine im Kampf unterliegende Gans zu fliehen sucht, vom Sieger aber am Rückengefieder gefaßt und nicht losgelassen wird. Heinroth sagt, daß er den Jammerlaut immer nur von Gänsen gehört habe, die noch mit ihren Eltern in Verbindung waren. Wir halten das für eine Verwechslung mit dem juvenilen Distanzlaut, der anfangs ebenfalls einsilbig auftritt und in dieser Form nur sehr schwer vom Jammerlaut unterschieden werden kann.

In Königsberg hörte ich einst eine junge Graugans, die in dichtem Nebel über der Stadt Kreise zog und dauernd einen langgezogenen kläglichen Ruf äußerte, den ich für einen Jammerlaut hielt. Nach eingehenden Studien über die Ähnlichkeit von Jammerlaut und juvenilem Distanzlaut neige ich jetzt zu der Ansicht, daß es letzterer war, den ich damals hörte. Da beide, Jammerlaut und Distanzlaut, ontogenetisch ganz sicher aus dem Weinen hervorgehen, liegt ein solcher Irrtum allzu nahe.

Das Quängeln und der Fortgehlaut

Begreiflicherweise bestehen enge Beziehungen zwischen der durch die Ungunst der äußeren Situation hervorgerufenen Unlust und der Intention, die Umgebung zu verlassen. Es ist daher nicht verwunderlich, daß bei vielen Tieren der Laut, der allgemeine Unlust ausdrückt, auch eine Absicht zur Ortsveränderung bedeutet. Das Quängeln ist ein Laut oder eine Lautfolge von fallender Tonhöhe, die, ob nun ein Vogel oder ein Säugetier sie hören läßt, als »klagend« empfunden wird.

Beim Haushuhn ist das sogenannte »Singen« der Henne vor dem Legen der Ausdruck des Bedürfnisses nach einem Neste; »Ich möchte mal wohin« beim Unlustquaken der Stockente klingt ebenso, und vom Jagdfasan weiß ich, daß das Lege-Singen der Henne schlechthin dem Weinen des Kükens gleicht.

Eine Gemeinsamkeit zwischen dem nicht-modulierten Fortgehlaut der erwachsenen Graugans und dem modulierten Quängeln der Halbwüchsigen liegt in der auslösenden Situation. Wenn erwachsene Gänse z. B. im Winter um Futter betteln und hungrig den Pfleger umdrängen, so greifen sie auf den allgemeinen unlustbetonten Sinn des Fortgehlautes zurück und sagen ihn intensiv, wobei auch Schnabelschütteln auftreten kann.

Da die Beziehung zwischen Unlust und Weggehen-Wollen allgemein eng ist, liegt es nahe, daß ich früher nach einem Unlustlaut der Graugans gesucht habe, der sich mit dem Stimmfühlungslaut verbinden kann. Die grundlegende Frage ist, ob die Melodie des Jammerlautes sich auf eine Folge von getrennten Stimmfühlungslauten übertragen kann, die dadurch einen klagenden Charakter annehmen, der am besten durch das österreichische Wort »raunzen« wiedergegeben wird. Von jungen Graugänsen hört man Tonfolgen, die nicht nur von jedermann in diesem Sinne verstanden werden, sondern ihre Bedeutung auch durch den Umstand offenbaren, daß sie unmittelbar in Weinen übergehen können. Quängeln ist zumindest stimmungsmäßig dem Weinen nahe verwandt. Wollen kleine Gössel die Mutter zum Mitkommen »überreden«, hört man manchmal Weinen und quängelnden Fortgehlaut hintereinander, mitunter sogar etwas vermischt. Offenbar schwindet die Möglichkeit, Unlust durch Tonfolgen des Stimmfühlungslautes auszudrücken, mehr und mehr mit dem Stimmbruch. An die Stelle des Quängelns, der klagenden Melodien, die aus Stimmfühlungslauten zusammengesetzt sind, tritt nun der eigentliche Fortgehlaut.

Auch dieser ist ein Abkömmling des Stimmfühlungslautes, aber dadurch charakterisiert, daß jeder Ton im Gegensatz zum eben Beschriebenen *genau* die Tonhöhe des vorhergehenden hat. Die erwachsene Gans drückt nun ihre Unzufriedenheit und die Absicht, fortzugehen oder wegzufliegen, dadurch aus, daß sie zwischen die Stimmfühlungslaute immer längere Serien monotoner Fortgehlaute einschaltet, bis diese schließlich vorherrschen.

Außer der Monotonie kennzeichnen diesen spezialisierten Fortgehlaut der Graugans auch seine Abgehacktheit und das Schwinden der beim gewöhnlichen Schnattern deutlich hörbaren Obertöne. Die *Monotonie* aber ist offenbar das wesentliche Merkmal. Dies wurde uns klar, als wir zu hören bekamen, wie unsere Saatgänse sich anschickten, vom Auingerhof zu ihrem Schlafplatz am Almsee zu fliegen. Befragt, was die Gänse nun sagten, antwortete ich ohne Zögern, es sei der Fortgehlaut, obwohl die von mir sonst angegebenen Merkmale des Tonwechsels und des Stakkato bei diesen Gänsen fehlen.

Bei höherer Intensität ist der beschriebene monotone Fortgehlaut von einem seitlichen Schütteln des Kopfes begleitet, das wohl sicher aus der Ritualisation einer Übersprungbewegung entstanden ist. Man kann Gänse, besonders solche, deren Nachfolgetrieb auf den Menschen geprägt ist, sehr gut zum Fliegen anregen, indem man den Fortgehlaut sagt und mit der Hand die Schüttelbewegung des Gänsekopfes nachahmt. Es ist beachtenswert, daß junge Gänse die mit der Hand ausgeführten Bewegungen des führenden Pflegers wie Kopfbewegungen eines Elterntieres interpretieren. Dazu ist es nicht notwendig, daß der Arm emporgestreckt und die Hand im rechten Winkel zum Unterarm gehalten wird, im Gegenteil: Die Handbewegungen sind wirksamer, wenn sie in ungefährer Höhe eines Gänsekopfes ausgeführt werden. Auch bei jungen Brandenten *(Tadorna tadorna)* werden mit der menschlichen Hand nachgeahmte Kopfbewegungen sofort richtig interpretiert.

Diese Vorbereitungen zum Abfliegen gestatten nun eine *Voraussage*. Ich bin schon seit längerer Zeit imstande, anzugeben, ob die Gänse nun wirklich wegfliegen werden oder nicht, habe aber lange Zeit der Beobachtung gebraucht, um mir darüber klarzuwerden, welche Kriterien mir diese Voraussage möglich machen: Es ist die *Geschwindigkeit,* mit der die Phasen ansteigender Erregung aufeinanderfolgen. Man kann die Kurve des Erregungsanstieges extrapolieren, und wenn ihre Phasen im mittleren Teil ihres Anstieges schnell aufeinanderfolgen, kann man mit Sicherheit sagen, daß die Erregung noch höhere Grade erreichen wird. Das Ansteigen der aktionsspezifischen Erregungsart des Abfliegens macht dem Beobachter sehr eindringlich klar, daß dem Tiere die Möglichkeit des *willkürlichen Entschlusses* völlig fehlt. Könnte sie sprechen, würde die Gans nicht sagen: »Ich will fliegen«, sondern: »Es fliegt mich«. Ihr Zustand ist etwa jenem analog, in dem sich ein Mensch mit ansteigendem Nießreiz befindet: Er sucht dann mit den seiner Willkür zur Verfügung stehenden Mitteln alles dazuzutun, um den Schwellenwert der auslösenden Explosion zu erreichen.

Die beschriebenen Ausdrucksbewegungen und -laute wirken nicht nur in höchstem Maße ansteckend, sondern entwickeln auch eine starke Rückwirkung auf den Sender. Wenn die Empfänger der beschriebenen Signale nicht reagieren, also keine Anzeichen von Flugstimmung erkennen lassen, wirkt dies nachweislich stark dämpfend auf den ursprünglich aktiven Sender. Diese gegenseitige Beeinflussung wirkt zwischen Familienmitgliedern stärker als zwischen Fremden, am stärksten natürlich zwischen den Gatten eines Paares.

Der Distanzlaut

Eine erwachsene Graugans, die sich verlassen fühlt, äußert mit hochgerecktem Hals und horizontal gehaltenem Schnabel einen laut trompetenden, ein- bis fünfsilbigen, meist aber dreisilbigen Ruf, dessen Akzent auf der ersten Silbe liegt, die auch höher ist als die nachfolgenden (Abbildung 65). Der Ruf kann

Abb. 65: *Distanzruf: Das Zungenbein ist nicht, wie beim Rollen, herabgezogen, der Hals also nicht verdickt.*

gut mit »gig-gag-gag« wiedergegeben werden. Man bekommt ihn z. B. dann zu hören, wenn die Gans von ihren Gruppengenossen getrennt ist, oder auch, wenn bei Anwesenheit der Jungen der Partner nicht in der Nähe ist. Mit Sicherheit wird er ausgelöst, wenn der bisher abwesende Gatte hoch am Himmel erscheint. Man kann sich darauf verlassen, daß es der Ehepartner ist, der in solcher Situation zu rufen beginnt.

Der Distanzlaut klingt in seiner juvenilen Form dem Jammerlaut äußerst ähnlich und ist wie dieser ein Abkömmling des Weinens. Befreundete Gänse reagieren gut auf die menschliche Nachahmung des Distanzlautes und beantworten ihn auch aus großer Entfernung. Diese sehr spezifische Reaktion ist indessen höchstwahrscheinlich erlernt. Ganz kleine Gössel erschrecken und reagieren wie auf den Warnlaut, wenn ein Elterntier in ihrer Nähe plötzlich den Distanzlaut ausstößt.

Die Distanzlaute der einzelnen Gänse sind individuell deutlich verschieden, so daß auch wir Menschen sehr wohl imstande sind, einzelne Tiere schon von weitem an ihrem Distanzlaut wiederzuerkennen. Auch die Gänse ihrerseits sind durchaus in der Lage, Menschenstimmen individuell zu unterscheiden. Wenn wir auf große Entfernung hin nach den Gänsen rufen, müssen wir verhindern, daß allfällige Gäste sich am Rufen beteiligen. Unbekannte Menschenstimmen haben eine deutlich abschreckende Wirkung auf die Gänse.

Ruft man eine ruhende Gänseschar von weitem an, so antworten sie manchmal mit einem Ruf in dunkler, tiefer Tonlage, den wir den »dunklen Distanzlaut« nennen. Nach einigen Sekunden mischen sich gewöhnliche mehrsilbige Distanzlaute dazwischen. Auch das Rollen in Form des »Rätsellautes« kann dazwischenklingen. Soviel wir sagen können, richtet sich dieser Ruf gewöhnlich an andere Graugänse; deshalb freuen wir uns unreflektiert darüber, wenn wir ihn auslösen. Dagegen vermerken wir es mit deutlichem Mißvergnügen, wenn unser Anruf aus der Entfernung einzelne kurze Warnlaute zur Antwort erhält, was besagt, daß die Vögel den Beobachter nicht als Artgenossen anerkennen, sondern in die Kategorie der Gefahren einordnen.

Ob es Übergänge vom einsilbigen »dunklen Distanzlaut« zum gewöhnlichen Distanzlaut und zum Rollen gibt, vermögen wir nicht zu sagen, weil immer zu viele Vögel durcheinanderrufen. Die gewöhnlichen Distanzrufe können sich unbeschränkt oft wiederholen. Dagegen scheint uns, daß jeder Vogel nur einmal mit dem einsilbigen Distanzruf auf einen bestimmten Reiz antwortet. Der dunkle Ruf weht nur ein einziges Mal wie eine Welle über eine Schar ruhender Gänse hin und wird dann von anderen Lautäußerungen abgelöst.

Der Hauchlaut

Über die Bedeutung dieser Lautäußerung können wir ebensowenig etwas Sicheres aussagen wie über ihre Verursachung. Es handelt sich um ein stimmloses, einsilbiges »Hauchen« bei halbgeöffnetem Schnabel. Man könnte sich vorstellen, daß es ein gewöhnlicher Stimmfühlungslaut ist, bei dem das Stimmorgan gerade so wenig angeblasen wird, daß kein richtiger Ton entsteht.

Am häufigsten hört man den Laut von der weiblichen Gans unmittelbar nach dem Schlüpfen der Jungen, aber auch schon vorher, wenn aus dem Ei heraus kindliche Lautäußerungen ertönen. Ebenso »haucht« die Gans, wenn sie z. B. unvermittelt im Gras ein Ei vor sich findet. Handaufgezogene Gänse beiderlei Geschlechts äußern den gleichen Hauchlaut vor dem gefüllten Futterkübel, ehe sie anfangen zu fressen, oder beim Anblick einer menschlichen Hand nahe vor ihren Augen.

Gelegentlich wird beobachtet, daß eine Gans auf den Boden »haucht«, ohne daß ein sichtbares Objekt vorhanden wäre, indem sie die betreffende Stelle mit hervorquellenden Augen fixiert und sich ihr wie gebannt zu nähern trachtet, während sie gleichzeitig ängstlich davor zurückschreckt. Der Konflikt zwischen Anziehung und lokalem Schrecken ist in einer solchen Situation deutlich sichtbar. Was die Reaktion allerdings zu bedeuten hat, wissen wir nicht.

Die Warnlaute
»Gog« und »Gig-gog«

Die Graugans verfügt über drei verschiedene Warnlaute, zwischen denen Übergänge nicht bestehen und deren jeder von den Artgenossen in einer anderen spezifischen Weise beantwortet wird. Der häufigste, der sogenannte kurze Warnlaut wird am besten mit »gog« wiedergegeben. Meist ist er der Ausdruck einer nur milde beunruhigten Stimmung, der die Aufmerksamkeit der Artgenossen erregt; er heißt gewissermaßen: »Alle aufpassen!« Der »Gog«-Laut wird oft in extremer Sicherstellung mit hoch erhobenem Kopf ausgestoßen (Farbtafel IV/1), manchmal aber wird er auch im Liegen geäußert, wenn der Störungsreiz nicht einmal genügt, um die Gans zum

Aufstehen zu bewegen. Bezeichnend für diesen Laut ist die Orientierung zum auslösenden Objekt hin. In seiner zweisilbigen Form ertönt er in verschiedenen Stimmlagen, so daß er wie »gig-gog« klingt. Das »Gig-gog« stammt meist von zwei Gänsen oder, besser gesagt, zwei Gantern, die den Warnlaut alternierend äußern. Von Gantern hört man ihn öfter als von Gänsen, am häufigsten äußern ihn die als »Sicherganter« bekannten Individuen.

Ursprünglich glaubte ich, die Häufigkeit der »Gog«-Laute, die regelmäßig dem abendlichen Abfliegen der ganzen Schar vorangehen, hätte mit der allgemeinen Beunruhigung zu tun, die von der fortschreitenden Dämmerung verursacht wird, analog dem abendlichen Warnen der Amsel. Diese Annahme lag nahe, weil ich den Laut zuerst bemerkte, wenn die Gänseschar sich abends anschickte, vom Institut zu ihrem Nächtigungsplatz am Almsee etwa 8 Kilometer weit zu fliegen. Erst später sah ich, daß keine Korrelation zwischen der Häufigkeit des »Gog«-Lautes und der Tageszeit besteht.

Der »Gog«-Laut begleitet auch eine Verhaltensweise, die in der Jägersprache »Hassen« heißt.

Das Hassen

Das Zeitwort »hassen« darf nicht dazu verführen, den psychophysiologischen Vorgang, der nun zu schildern ist, mit der Emotion des Hasses in Verbindung zu bringen. Merkwürdigerweise haben die hassenden Tiere anscheinend in jenem Augenblick keine Angst vor dem Raubtier, auf das sie hassen. Kleinvögel hassen auf Eulen, Enten hassen auf Füchse oder Fuchsattrappen. Schwalben, Bachstelzen und andere wendige Vögel haben den in freier Luft fliegenden Greifvogel offenbar nicht zu fürchten. Im Englischen wird die beschriebene Reaktion als »mobbing« bezeichnet, was sehr schön zum Ausdruck bringt, daß eine Menge schwächerer Wesen gemeinsam ein stärkeres bedrängt, wie dies beim Hassen ja tatsächlich der Fall ist. Die Tätigkeit selbst kennen wir von Vögeln, aber auch in ganz ähnlicher Weise von Knochenfischen. Sie besteht in allen Fällen in einem Scheinangriff auf einen Feind; nur ausnahmsweise wagt es das potentielle Beutetier, den Räuber wirklich anzugreifen. Ein arterhaltender Zweck ist offenbar schon dann erreicht, wenn dem Räuber die Jagd gründlich dadurch verleidet wird, daß hassende Wesen hinter ihm herlaufen oder -schwimmen und seinen jeweiligen Aufenthaltsort lauthals hinausposaunen. Bei langlebigen und lernfähigen Tierarten mag dies zur Folge haben, daß gewisse vom Raubtier bedrohte Örtlichkeiten »in Verruf geraten«. »Hier gibt es häufig Füchse«, signalisieren Gänse mit wiederholten »Gog«- bzw. »Gig-gog«-Lauten.

Wenn sich ein Raubtier, z. B. ein Fuchs, in Wassernähe befindet, so daß Gänse und Enten ihm auch schwimmend folgen können, tun sie dies mit großem Eifer und wagen sich oft erschreckend nahe an ihn heran. Diese mutige Folgereaktion wird bekanntlich in den holländischen Entenkojen (das englische Wort »decoy« ist durch verständnislose Kürzung aus dem Ausdruck »eendekoj« entstanden) zum Fangen von Wasservögeln ausgenützt. Ein kleiner Hund, oft mit einer Schabracke aus Fuchsfell versehen, spielt wohldressiert die Rolle des Raubtieres. Heute werden verschiedene Entenkojen, vor allem in England, von Ornithologen zum Zwecke der Beringung von Wasservögeln benützt.

Der »Gog«-Laut ist der in seiner Auslösung am wenigsten selektive Warnlaut. Das Objekt des »Gog«-Lautes und der Haßreaktion im allgemeinen ist niemals ein artgleicher Rivale, sondern entweder eine von außen drohende Gefahr oder ein Artgenosse, der durch unnormales Verhalten (z. B. bei Krankheit) aus dem Rahmen fällt und so des Charakters eines Rivalen verlustig geht. Auch der bekannte Tierpfleger kann Hassen auslösen (Farbtafel V/1), wenn er sich »anstößig« benimmt, z. B. eine Gans einfängt und beringt. Ein kleines oder auf dem Wasser schwimmendes Raubtier (Farbtafel V/2) löst den »Gog«-Laut ebenso aus wie eine Graugans, die unter Einfluß eines Narkotikums steht, was wir beobachten konnten, als wir versuchten, unberingter Tiere durch entsprechend präparierte Brotbrocken habhaft zu werden. In solchen Fällen kann der »Gog«-Laut Artgenossen anziehen und zu einer großen Eskalation des Hassens führen, die sogar die Schar zum Auffliegen bringen kann, wobei unerwünschterweise der narkotisierte Vogel mitgerissen wird. Einmal wurde beobachtet, wie eine solche Eskalation dazu führte, daß einzelne »Adlerwarnlaute« ausgestoßen wurden. Nie habe ich gehört, daß ein derart verhaltensgestörter Artgenosse den leisen oder ernsten Warnlaut auslöst, was wahrscheinlich die Haßreaktion unterbrechen würde.

Der Vollständigkeit halber sei erwähnt, daß manche Verhaltensforscher jeden hochintensiven tätlichen Angriff der Graugans mit dem Ausdruck »hassen« bezeichnet haben.

Der leise oder »ernste« Warnlaut

Der eigentliche Warn- oder, besser gesagt, Schreckruf ist ein kurz ausgestoßenes nasales »gang«. Heinroth erzählt, daß er in seiner Jugend diesen Ton »besonders, als ich den Stimmwechsel noch nicht ganz durchgemacht hatte, so gut nachahmen konnte, daß ich Gänseherden damit in Verzweiflung brachte, denn die Tiere stürmten daraufhin gewöhnlich in eiliger Flucht erschreckt auf das nächste Wasser«. Diese Warnung wird häufig nur sehr leise hervorgebracht, besonders wenn das Paar kleine Junge führt und einer der Eltern etwas Verdächtiges entdeckt hat.

Bei sehr geringer Intensität zeigen sich die Tiere nicht sehr erschrocken und fliehen nicht immer, sind aber in erhöhter Alarmbereitschaft und bereit zur Flucht. Der leise Warnlaut wird insofern ernster genommen als der »Gog«-Laut, als sofort allgemeines Schweigen eintritt und alle Gänse intensiv sichern, oft viele Minuten, bis dann ziemlich plötzlich ältere Gänse durch Schnattern Entwarnung geben.

Befindet sich die Schar auf offenem Gelände fern jeder

Deckung und jeder Wasserfläche, so kommt es oft vor, daß die ganze Schar auffliegt und »himmelt«, d. h. so schnell wie möglich Höhe zu gewinnen sucht. Offenbar sind die Gänse vor ihren natürlichen Flugfeinden am sichersten, wenn sie einen möglichst großen Luftraum unter sich haben, um darin ihre wundervollen Rücken- und Zickzackflüge auszuführen. Flugunfähige mausernde Gänse oder solche, die kleine Junge führen, streben auf den ernsten Warnlaut hin der nächsten Wasserfläche oder der nächsten Deckung zu.

Bei Gösseln, deren Nachfolgereaktion auf den Menschen oder auf eine Attrappe geprägt ist, kann man durch die verschiedensten Laute die Fluchtreaktion auslösen. Sie schießen blitzschnell unter die Attrappe und drücken sich hier zu Boden, sowie man durch einen eingebauten Lautsprecher den leisen Warnlaut nachahmt. Die Reaktion ist indessen sehr wenig selektiv; als meine Mitarbeiter die von mir an einem Bambusstock befestigte und bewegte Attrappe an ein Radio anschlossen und plötzlich laute Tanzmusik aus dem Lautsprecher ertönte, reagierten sämtliche Gössel genau wie auf den Warnlaut, wobei es besonders merkwürdig wirkte, daß sie nicht von dem Schreckreiz fort, sondern zu ihm hin flohen.

Als ich in meinem ersten Versuch aufrecht stehend den Warnlaut äußerte, sammelten sich die Gössel nicht dicht bei mir, sondern in einem gedrängten Häufchen einige Dezimeter vor meinen Füßen. Hier wirkte offenbar derselbe Mechanismus, mittels dessen die Gössel ihre Entfernung zum führenden Elterntier einhalten. Diese bemessen sie nämlich nach der Höhe, in der seine obere Kontur erscheint.

Die Reaktionen auf nachgeahmte Warnlaute schwinden durch Reizadaptation in erstaunlich kurzer Zeit. Dasselbe hat Robert Hinde an der Warn- und Haßreaktion gefunden, die beim Buchfinken durch eine Steinkauzattrappe ausgelöst wird. Die Gründe für dieses Schwinden einer zweifellos lebenserhaltenden Reizbeantwortung kennen wir nicht. Man kann nur vermuten, daß die Monotonie der Versuchsbedingungen daran teilhat.

Der Adlerwarnlaut

Diese Form des Warnlautes wurde von uns nur wenige Male, meist bei dem seltenen Auftauchen eines Jungadlers im Almtal, gehört. Der Laut gleicht dem »leisen oder ernsten« Warnlaut weitgehend, ist aber außerordentlich lautstark und weit zu hören. Er wird von allen Gänsen sehr ernst genommen und mit sofortiger Flucht auf größere Wasserflächen oder in dichte Deckung beantwortet. Ein einziges Mal hörten wir den Adlerwarnlaut auch, als eine große Schar von Gänsen sich mobbend um eine Mitarbeiterin versammelt hatte, die eine Graugans beringte.

Die Reaktion der Graugänse auf den Steinadler ist durch ihre Selektivität merkwürdig. Sie reagieren überhaupt nicht auf die vielen über dem Almtal kreisenden Bussarde, unterscheiden also die Komplexqualität der Adlersilhouette sehr wohl von der des gar nicht so verschiedenen Umrisses eines Bussards. Allerdings äußerten sie den spezifischen Laut der Adlerwarnung, als sie zum erstenmal die im Naturwildpark sich ansiedelnden Reiher am Himmel erblickten. Die Reaktion schwand jedoch sehr rasch. Die wirklichen Adler, die gelegentlich vom Dachstein her unser Tal besuchen, kommen wohl zu selten, um eine entsprechende Adaptation zu verursachen.

Daß bei einer extremen Erregungssummierung auch die Auslösung des gewöhnlichen »Gog«-Lautes schließlich zur Äußerung des Adlerwarnlautes führen kann, wurde schon erwähnt.

Das Zischen

Im Anschluß an die Warnlaute sei das nicht sonantische Zischen besprochen, das durch starkes Emporschieben des Kehlkopfapparates und gleichzeitiges gewaltsames Ausstoßen von Luft zustande kommt (Farbtafel IV/2). Zischen ist wahrscheinlich die urtümlichste Lautäußerung, die sich bei luftatmenden Wirbeltieren entwickelt hat. Viele von ihnen, die sich beim Abwehrverhalten »aufblasen«, zischen, wenn die Luft wieder entweicht. Meist richtet sich das Zischen nicht gegen Artgenossen, sondern auf fremde Feinde, wie etwa kleine, eben noch bekämpfbare Raubtiere. Einmal wurde ich Zeuge einer leider fotografisch nicht festgehaltenen Situation, in der eine sehr zahme Graugans und ein kleiner roter Kater einander anzischten und damit die »Internationalität« dieses Ausdruckslautes dokumentierten.

Die zischende Gans orientiert den Kopf stets beidäugig fixierend genau gegen ihr Objekt hin. Erwähnenswert ist, daß Gänse auch gegen ihre eigenen Jungen zischen, wenn diese in Rangordnungskämpfe verwickelt sind (Farbtafel XIII/4). Wir glauben, daß hier das Zischen durch die Situation »Küken von Kleinraubtier angegriffen« ausgelöst wird, wobei aber das Raubtier von den hocherregten Gänsen gewissermaßen »halluziniert« wird.

Die Verhaltensweisen der Fortpflanzung

Zu dem System der Verhaltensweisen, die der Fortpflanzung dienen, gehören viele noch nicht erwähnte Lautäußerungen und Bewegungsweisen. Einige davon sind jedoch hochritualisiert und kommen ausschließlich in ihrer Funktion als Verhaltensweisen der Fortpflanzung vor. Sie zeichnen sich dadurch aus, daß sie nicht durch Ausbildung bedingter Reflexe (conditioning) an andere als die phylogenetisch programmierten Reizsituationen angeschlossen werden können. In diesem Sinne gehören sie zu den »einfachsten« Instinktbewegungen. Viele dieser Bewegungsweisen, die nur bei der Begattung oder nur beim Nestbau beobachtet werden, sind beiden Geschlechtern *potentiell* verfügbar, das zentralnervöse Programm ihrer Ausführung ist beim Männchen wie beim Weibchen gleichermaßen ausgebildet. Dies ist bei vielen Wirbeltieren so, z. B. bei

Fischen, und zwar auch bei solchen, bei denen ein starker sexueller Dimorphismus des Verhaltens vorherrscht. Auch an Gantern kann man Nestbaubewegungen beobachten, doch nur in geringer Intensität. Gelegentlich sieht man männliche Tiere ausmulden, seltener zurücklegen. Im Prinzip aber baut nur der weibliche Partner am Neste.

Die Nestsuche

Im Vorfrühling beginnt ein fest gebundenes Gänsepaar, sich für potentielle Nistplätze zu interessieren. Der Ganter begleitet die Gans auf Schritt und Tritt, beteiligt sich aber nicht merklich an der speziellen Wahl des Nestortes. Beide sondern sich von der Schar ab und gehen weit umher. An einer für den menschlichen Beobachter schwer voraussagbaren Stelle beginnt die Gans schließlich, ein Nest anzulegen. Anziehend wirken Örtlichkeiten, die für gewisse Instinktbewegungen, wie das »Zurücklegen« und die »Ausmuldebewegung«, günstige Bedingungen bieten. Der Nestort soll außerdem nahe am Wasser liegen und teilweise gedeckt sein, gleichzeitig aber freie Sicht gewähren. Dies ist häufig auf Inseln mit dünnem und niedrigem Bewuchs der Fall.

Manchmal jedoch verzichten die Gänse völlig auf Sicht und bauen in Nistkästen, die von uns als Inseln im Wasser errichtet worden sind. Eine Einsicht in die Möglichkeiten, zum Nest zu gelangen, die ein Fuchs oder ein sonstiges Raubtier hat, ist der Gans sicherlich nicht gegeben. Sehr viele Nester sind allzu leicht zugänglich, z. B. im Wald, zwischen Baumwurzeln, wo sich natürliche Mulden anbieten, oder im Schilf, auf Bülten etc. (Farbtafeln VI, VII).

Noch vor der Eiablage bleibt die Gans oft eine Zeitlang auf dem Nistort liegen und kontrolliert, nach Ansicht Heinroths, auf diese Weise die Störungsfreiheit des Ortes. Trotzdem kann es vorkommen, daß die Vögel eine Stelle für störungsfrei halten, die es tatsächlich nur in den frühen Morgenstunden ist, und das Nest z. B. an einem tagsüber dauernd begangenen Weg anlegen.

Häufig werden anfänglich mehrere Nistplätze in die engere Wahl genommen. Da die Nestbaubewegungen nur wenig von äußeren Bedingungen abhängen, werden der Standort und das genaue Zentrum des Nestes oft erst durch das Legen des ersten Eies bestimmt.

Das Zurücklegen

Man sieht häufig junge Gänse beiderlei Geschlechts schon Heuhalme oder sonstige Pflanzenteile mit dem Schnabel erfassen und über die Schulter weg nach hinten legen (Farbtafel VIII/2). Selbst wenn Gänse, die durchaus nicht mit Nestbau beschäftigt sind, gründeln, kommt es vor, daß sie das aus der Tiefe geholte Pflanzenmaterial über die Schulter zurücklegen. Dies sahen wir regelmäßig im Jahre 1930 an Gantern, die das Halseintauchen als Begattungseinleitung ausführten. Begattungseinleitendes Halseintauchen mit anschließender Zurücklegebewegung haben wir seither nicht wieder zu Gesicht bekommen.

Wenn weibliche Gänse im Vorfrühling in Fortpflanzungsstimmung geraten, wird das Zurücklegen häufiger. Sobald sich die Gans dann auf einen Nestort festgelegt hat und die anschließend zu besprechende Ausmuldebewegung an einem Orte immer wieder ausführt, beginnt die Orientierung zu diesem Nestort eine Rolle zu spielen. Die Gans legt nunmehr nur dann zurück, wenn sie mit dem Kopfe vom Nestzentrum weggerichtet steht oder liegt. Diese Orientiertheit bewirkt, daß nun alles Nestmaterial auf das Nestzentrum zuwandert.

Anatiden sind grundsätzlich nicht imstande, Material von weither zum Neste zu tragen. Als Heinroth seinen Gänsen durch Anbringen von Nistkörben in Bäumen bei der Fortpflanzung behilflich sein wollte, versuchten diese nur solche Gegenstände zurückzulegen, die sie im Nestzentrum stehend erreichen konnten, wie Rindenstückchen und kleine Zweige. Diese »Beschränktheit« der Anatiden ist insofern bemerkenswert, als andere, in Vielzahl und Anpassungsfähigkeit der Bewegungsweisen keineswegs höherstehende Vogelarten, ja, sogar Fische, beim Nestbau durchaus einsichtiges Verhalten beobachten lassen. Ein Bleßhuhn legt einen passenden Schilfhalm ganz selbstverständlich auch mit einer vorwärts gerichteten Kopfbewegung in sein Nest, der Brunnenbauer *(Opistognathus sp.)*, ein den Gobiiden nahestehender Fisch, mauert seine Röhre mit einsichtigem Verhalten: Er legt die mühsam herbeigebrachten Steine regelmäßig an die »richtige« Stelle, an der sie am meisten fehlen. Die Anhäufung großer Mengen von Pflanzenteilen, wie wir sie in den Nestern von Schwänen vorfinden, kommt ausschließlich durch die Zurücklegebewegung zustande. Zurücklegen und Ausmulden sind die einzigen Nestbaubewegungen der Anatiden, so unglaublich dies beim Anblick eines hochaufgetürmten Schwanennestes auch zu sein scheint.

Die Ausmuldebewegung

Die Bewegung besteht darin, daß der Vogel sich gewissermaßen »auf alle Viere« erhebt, indem er mit den Füßen nach hinten und mit beiden Handgelenken, d. h. mit den Flügelbugen, nach vorne und außen drückt (Farbtafel IX/3). Gleichzeitig liegt ein erheblicher Druck zwischen den Flügelbugen, wo der Vogel seine Brust nach vorn und an den Boden preßt. Mit dieser Bewegung, die immer nach dem Niedersetzen am Nestort ausgeführt wird, höhlt der Vogel das Nestzentrum allmählich muldenförmig aus, indem er Material nach fünf Seiten hin aus der Mulde entfernt und am Rande festdrückt.

Die Ausmuldebewegung ist wohl allen mir bekannten Vögeln in gleicher Weise zu eigen, dem Kanarienvogel ebenso wie dem Huhn oder dem Nachtreiher. Viele Vögel, auch die Graugans, führen sie stets aus, wenn sie sich zum Brüten niederlassen.

Die Eirollbewegung

Wie viele andere bodenbrütende Vögel verfügt die Graugans über Bewegungsweisen, die dazu dienen, ein aus der Nestmulde geratenes Ei in diese zurückzubefördern. Die im oder nahe beim Neste stehende Graugans geht mit vorgestrecktem Hals langsam und vorsichtig vorwärts, bis die Schnabelspitze das Ei berührt. Dann wird unter Aufrechterhaltung des Schnabelkontaktes der Schnabel über das Ei weg an dessen Hinterseite geführt, und nun wird dieses, während beide Unterkieferäste dem Ei anliegen, in die Nestmulde zurückgerollt (Farbtafel IX/1, 2).

Die Bewegungen, die der Hals samt dem Kopfe dabei ausführen, sind mit großer Wahrscheinlichkeit als eine Erbkoordination zu betrachten, da sie in bezug auf Form und Kraft weitgehend festliegen. Dagegen werden die Seitenbewegungen des Kopfes, die das Ei während des ganzen Vorganges auf der Unterseite des Schnabels im Gleichgewicht halten, nachweislich von Berührungsreizen gesteuert, die vom Ei ausgehen. Der Weg, auf dem das Ei durch diese Bewegung transportiert wird, reicht nur von dem Punkt, an dem die Gans mit dem Unterschnabel Kontakt zum Ei aufnimmt, bis zu jenem, an dem das Ei am Fußrücken und an den Rudern der vorgebeugt stehenden Gans zum Stillstand kommt. Die Gans geht dann »beruhigt« ins Nestzentrum zurück. Wenn aber das Ei immer noch auf dem Nestrand oder jenseits davon sichtbar ist, wiederholt sich der Vorgang. Die Gans ist also nicht imstande, das Ei auf der Unterseite des Schnabels zu balancieren und dabei so weit nach rückwärts zu schreiten, bis es in der Nestmulde angelangt ist. Sehr viele bodenbrütende Vögel können ebendies sehr wohl. Zur Auslösung der Eirollbewegung genügt es, daß der betreffende Gegenstand glatte Flächen mit nur kleinen Unebenheiten besitzt. Größere werden von der Gans sofort mit dem Schnabel ergriffen und beknabbert. Dies tut die Gans leider auch sehr oft, wenn man ihr ein bereits gepicktes Ei unterlegt, an dessen Öffnung die Schale mit scharfen Kanten hervorspringt. Die Bewegungsweise des Eirollens wird wahrscheinlich durch die vom schlüpfenden Jungen geäußerten Töne gehemmt.

Niko Tinbergen hat im experimentellen Teil unserer Arbeit über die Eirollbewegung die zentralkoordinierten Bewegungen von den taxienmäßig gesteuerten getrennt. Wie er zeigte, beruht die sagittale und arbeitsleistende Bewegung auf zentraler Koordination, während die seitlichen Gleichgewichtsbewegungen als Taxien zu betrachten sind. Der Ablauf in der Sagittalen ist formkonstant und stockt vor jeder ihm aufgezwungenen Änderung. Wie die Form, ist auch die bei der Bewegung aufgewendete Kraft nahezu konstant. Objekte, die etwas leichter waren als ein Gänseei, wurden angehoben; vor nur wenig schwereren stockte die Bewegung, obwohl ein Gänsehals in anderen Situationen ein Vielfaches der zur Eirollbewegung notwendigen Kraft aufbringen kann.

Der Taxis-Charakter der seitlichen Bewegungen offenbart sich zunächst darin, daß sie bei Leerlaufbewegungen völlig wegbleiben. Ebenso fehlen sie, wenn man der Gans statt eines Eies einen annähernd gleichschweren Holzwürfel anbietet, der nicht seitlich aus der Bahn läuft, weil er auf den Unterkieferästen der Gans im Gleichgewichte ruht.

Man kann den Reiz, der die orientierende Gleichgewichtsbewegung auslöst, auch steuern, indem man die Bahn, auf der das Ei gerollt wird, durch »Schienen« festlegt. Wir legten zwei Schilfbündel so, daß sie vom Ei nicht in die Nestmulde, sondern schräg an dieser vorüberführten. Die Gans rollte das Ei auf dieser Bahn nur so weit, bis der dem Nestzentrum nächstgelegene Punkt erreicht war; dann verließ der Schnabel das Ei und führte auf Leerlauf in die Nestmulde zurück.

Der angeborene Auslösemechanismus, der das Einrollen eines Eies bewirkt, ist wenig selektiv. Das vorangehende Appetenzverhalten, d.h. also das orientierende Vorstrecken des Halses, spricht auf jedes ganzflächige und optisch annähernd ganzrandige Objekt an. Seine Größe kann innerhalb weiter Grenzen variieren. Ein Osterei aus Pappe, das etwa 25 Zentime-

TAFEL I
Weinendes Gössel: Alle Merkmale, die menschliche Emotionen auslösen, sind leicht übertrieben dargestellt.

TAFEL II
1. *Auingerhof: Institutsgebäude und Aufenthaltsort der Gänse im Herbst und Winter.*
2. *Almsee: Brut- und Mausergebiet.*
3. *Teichanlage in Oberganslbach: Aufzuchtgebiet und Sommerweide.*

TAFEL III
1. Bei raschem Schwimmen folgen die Gänseküken den Eltern im sprichwörtlichen »Gänsemarsch« nach.
2. Unmittelbar nach Verlassen des Nestes halten die Gössel untereinander enger zusammen als mit den Eltern.

TAFEL IV
1. »Gog«-Laut, der häufigste Warnruf der Graugans.
2. Zischen: Unter weitem Empordrängen des Zungenbeins wird der Luftweg zwischen Zunge und Gaumen verengt. Man beachte das durch Sympathikusreizung hervortretende Auge.
3. Nestgeschrei: Die Gans blickt beidäugig zu der Störung hin.

TAFEL V
1. Der Angriff eines Saatganters auf M. Martys löst zunächst den »Gog«-Laut aus, dessen ansteckende Wirkung bis zum Hassen eskaliert.
2. Graugänse, einige Saatgänse sowie eine Schar Hausgänse hassen gemeinsam auf einen Fischotter, von dem nur ein heller Wasserwirbel sichtbar ist.

TAFEL VI
1. Nest auf einer Insel.
2. Nest im Walde.
3. Nest in einer Brutkiste.
4. Bei Störung am Nest duckt sich eine scheue Gans.

TAFEL VII
Typische Nistplätze am Almsee.
1. Bedecktes Nest in dünnem Bewuchs.
2. Offenes Nest auf einer Bülte.

TAFEL VIII
1. *Fertiges Gelege in dem mit Daunen ausgepolsterten Nest.*
2. *Zurücklegebewegung der Gans an dem von ihr gewählten Nistplatz.*

TAFEL IX

1./2. Eirollbewegung: Das Ei wird während des Zurückrollens ins Nest auf den Unterkieferästen des Schnabels im Gleichgewicht gehalten.
3. Ausmulden des Nestes.
4. Das Eiwenden gewährleistet eine gleichmäßige Bebrütung des Geleges.

TAFEL X
1. Zur Brutpause deckt die Gans das Gelege erst mit Daunen, dann mit weniger auffälligem Nestmaterial ab.
2. Nach der Rückkehr auf das Nest stopft die Gans zur besseren Wärmeisolation Nestmaterial unter sich ein.
3. Die Jungen werden unter den Flügeln der Muttergans gehudert.

TAFEL XI

1./2. Flügelbugkampf: Die Ganter fassen einander an der Schulter, versuchen den Gegner abwärts zu drücken und schlagen mit dem im Karpalgelenk gebeugten Flügel auf ihn los.

TAFEL XII
1./2. Flügelbugkampf: Die hornige Schlagwarze am Karpalgelenk der Vögel ist deutlich sichtbar.

TAFEL XIII

1./2./3. Intrafamiliärer Rangordnungskampf der Gössel. Die Bewegungskoordination ist dieselbe wie beim Flügelbugkampf erwachsener Gänse. Man sieht im ersten Bild den zur Balance weit nach hinten gestreckten Flügel.
4. Eltern zischen mit beidäugigem Fixieren auf ihre kämpfenden Kinder.

TAFEL XIV/XV
1./2. Die Bewegungsfolge des Triumphgeschreis: Der Ganter kehrt nach dem Angriff zu Wasser oder zu Lande rollend zu seiner Gattin zurück und endet mit gepreßtem Schnattern.

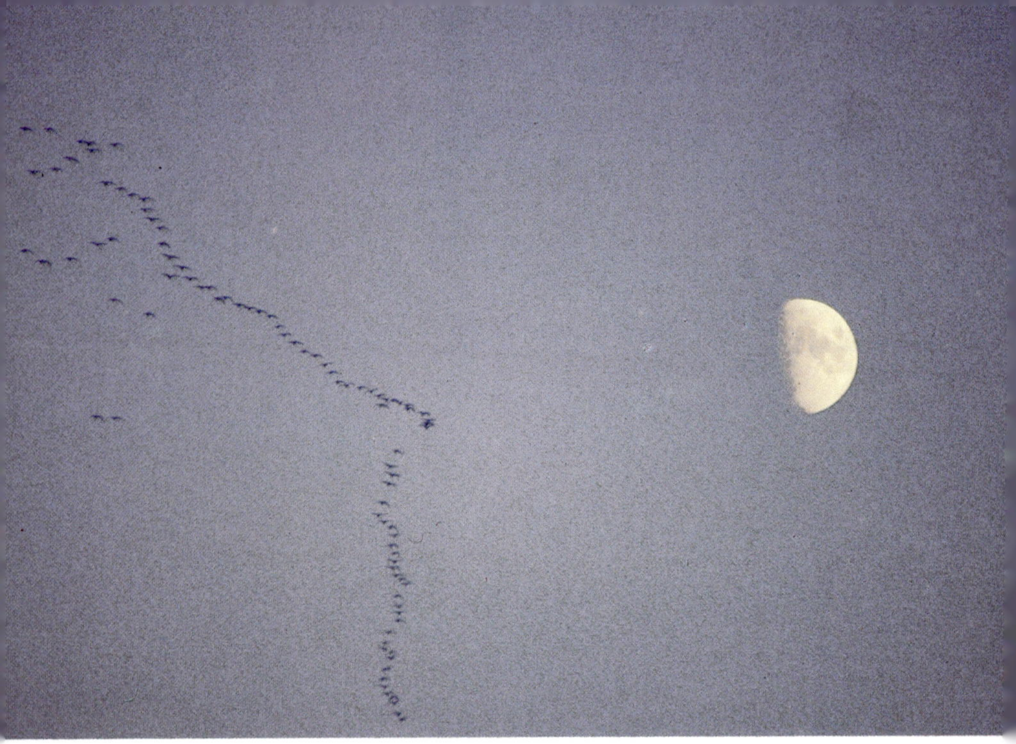

TAFEL XVI
1. Wanderschar in Keilformation.
2. Auflösung des Keils bei der Landung.

ter lang war, wurde zunächst angenommen, aber nach wenigen Versuchen durch das Klemmen der Bewegung, das offenbar sehr frustrierend wirkte, abdressiert. Der Auslösemechanismus kann demnach durch Lernen selektiver gestaltet werden.

Auspolstern und Bedecken des Geleges und Eiwenden

Während des Brütens findet man das Gelege meist in einen Daunenkranz eingebettet, der durchaus den Eindruck macht, als ob er von einer »fürsorglichen« Mutter angelegt wäre (Farbtafel VIII/1). Man liest auch, daß sich die Gänsemutter die Daunen aus der eigenen Brust rupfe. Solches Verhalten haben wir nie beobachtet; wohl aber sieht man häufig, wenn die Gans nach dem Bade zu dem fast vollendeten Gelege zurückkehrt, daß Daunen auf das Nest fallen. Ein Einstopfen der Daunen nach der Rückkehr auf das Nest haben wir nie gesehen.

Hingegen haben wir viele Male beobachtet, daß die Gans vor einer längeren Brutpause das Gelege sorgfältig mit Nestmaterial bedeckte, und zwar so, daß die Innenseite des Nestwalles, also die Daunen, auf die Eier zu liegen kam, während peripheres Nestmaterial, also unscheinbare Ästchen und Blätter, einen äußeren Wärmeschutz und gleichzeitig einen Sichtschutz bildete (Farbtafel X/1). Diese Bewegung wird offensichtlich optisch genau kontrolliert und fortgesetzt, solange noch helle Eioberflächen oder Daunen sichtbar sind. Schon das erste Ei wird sorgfältig bedeckt, wenn die Gans das Nest verläßt.

Wenn sie nach der Brutpause zurückkommt, »weiß« die Gans offenbar nicht ganz genau, wo das Zentrum des sorgfältig verborgenen Nestes zu suchen ist. Sie geht schon mehrere Schritte entfernt mit immer vorsichtigerem Niedersetzen der Füße, sie »geht wie auf Eiern«, und zwar so lange, bis sie tatsächlich auf ihnen steht. Zuerst findet der Schnabel mit einer kleinen Wendebewegung die Eier, dann legt sich die Gans in einer vorsichtigen Ausmuldebewegung nieder. Es folgen einige besonders intensive Ausmuldebewegungen und häufig auch

Bewegungen des *Eiwendens* (Farbtafel IX/4). Beim Zurückkommen auf das Nest wendet die Gans auch die Eier des unvollständigen Geleges, später tut sie dies mehrere Male täglich. Wenn die Gans nach der Brutpause wieder fest sitzt, stopft sie regelmäßig mit geschlossenem Schnabel das Nestmaterial ein (Farbtafel X/2).

Das Nestgeschrei

Das Nestgeschrei ist eine Lautäußerung, die durch Ritualisierung mehrerer leicht erkennbarer Komponenten, nämlich Distanzlaut, Warnlaut, Fortgehlaut und Rollen, zu einer genügend unverwechselbaren Einheit verschmolzen ist, um dem menschlichen Ohr unter allen Umständen als »dasselbe« kenntlich zu sein. Die bekannte »Wachsamkeit« der Hausgänse beruht auf ihrer Bereitschaft zum Nestgeschrei! Bei manchen von ihnen dominiert es stark über andere Lautäußerungen und wird durch die verschiedensten Reize, vor allem aber durch leicht beunruhigende, hervorgerufen. Wir können mit Sicherheit behaupten, daß es das Nestgeschrei war, durch welches die kapitolinischen Gänse vor den anstürmenden Feinden gewarnt haben.

Ein Kennzeichen für eine weitgehende Ritualisierung ist, daß das Nestgeschrei bei einer anderen Unterart der Gattung, nämlich bei der domestizierten Höckergans *(Anser cygnoides dom.)* in geradezu dramatischer Weise hypertrophiert ist. Die hochgezüchteten Haushöckergänse, von denen Heinroth sagt, sie sähen aus, »als fielen sie vor Hochmut hintenüber«, äußern das Nestgeschrei mit einer Ausdauer, die einem schwer auf die Nerven fällt.

Das Nestgeschrei ist variabel und individuell gut wiedererkennbar. Seine eigentliche Funktion ist das Herbeirufen des Gatten durch eine im Brutgeschäft gestörte Gans (Farbtafel IV/3). Der Ganter antwortet dann mit Distanzlaut und kommt eilig herbeigeflogen, wobei er meistens rollt, woferne es ihm mit der Verteidigung der Gattin ernst ist. Eine genaue Analyse der in das Nestgeschrei integrierten Komponenten würde einen guten Schlüssel zur allgemeinen inneren Motivationslage des Weibchens ergeben.

Das Brüten

Nachdem sie das letzte Ei gelegt hat, beginnt die Gans zu brüten. Der Ganter hält sich von der unmittelbaren Nähe des Nestes fern; nur wenn die Gans das Nestgeschrei ausstößt, kommt er angeflogen und verteidigt sie um so heftiger, je schwächer der störende Gegner ist. Die nordischen Gänse, deren Nestfeinde im wesentlichen nur Vögel und Eisfüchse *(Alopex sp.)* sind, zeigen sich viel schneidiger als Grauganter, die gegen den großen Rotfuchs *(Vulpes sp.)* ja ohnehin nicht viel ausrichten können.

Nicht immer, wenn die Gans auf den Eiern sitzt, brütet sie. Während der Legezeit liegt sie manchmal auf dem Neste, aber mit angelegtem Bauchgefieder und ohne die Eier zu erwärmen. Für einen Nestflüchter mit vielen Jungen ist es wesentlich, daß diese zugleich schlüpfen und bereit sind, das Nest zusammen zu verlassen. Eckhard Hess hat an der Stockente nachgewiesen, daß akustische Signale der schlüpfenden Küken sich von Ei zu Ei übertragen und eine genaue Synchronisation ihrer Aktivität sichern. Wir vermuten, daß bei der Graugans ähnliche Vorgänge eine Rolle spielen.

Während der eigentlichen Brutzeit sitzt die Gans sehr ruhig und oft auch in Schlafstellung. Von Zeit zu Zeit unterbricht sie ihre Ruhe, um die Eier zu wenden und sich nachher mit einer ausführlichen Ausmuldebewegung wieder hinzulegen. Gerade bei guten, erfolgreich schlüpfenden Bruten haben wir gesehen, daß die Eier mit der gepickten Seite nach oben liegen; der Vorgang des Wendens muß also mit Beginn des Schlüpfvorganges abgebrochen werden, nur wissen wir nicht, durch welche Reize dies geschieht.

Während der Brutpausen zeigt die Gans ein kennzeichnendes hastiges Verhalten. Sie weidet mit eigenartig eiligen Rupfbewegungen. Man sieht gelegentlich, daß sie über Stellen, auf denen nichts wächst, hinwegeilt und dort im Leerlauf rupft. Ebenso nervös wirken ihre Bewegungen, wenn sie dann badet und sich putzt, ehe sie aufs Nest zurückkehrt. Nach jeder Brutpause festigt die Gans ihr Nest durch die sogenannte »Stopfbewegung«, indem sie, schon im Sitzen, den Nestrand unter sich drückt.

Diese notwendigen Unterbrechungen des Brütens dauern von Individuum zu Individuum unterschiedlich lange, auch die Lage des Nestortes und seine Entfernung vom Weideplatz wirken sich auf die Länge oder Kürze der Brutpausen aus. An Gänsen, die in Nistkisten inmitten eines Sees brüteten, haben wir gefunden, daß sie an manchen Tagen überhaupt nicht vom Nest wegkamen. In Zusammenhang mit dieser Einschränkung der Bedürfnisse magert die brütende Gans stark ab, ihre Füße werden blaß; eine Gans, die unbemerkt gebrütet hat und eines Tages die Brut aufgibt, ist an diesen Zeichen deutlich erkennbar. Ich habe den (nicht bewiesenen) Eindruck, daß Gänse manchmal durch Entkräftung gezwungen sind, das Brutgeschäft aufzugeben. Mit fortschreitender Brutzeit nehmen Häufigkeit und Dauer der Brutpausen ab, und in den letzten 24 Stunden vor dem Schlüpfen der Gössel verläßt die Gans das Nest gar nicht mehr.

Das Verhalten der Gänse einem Menschen gegenüber, der sie beim Brüten stört, hängt vom Grade ihrer Zahmheit ab. Sehr scheue Gänse fliehen ohne Nestgeschrei, zahme, die in keinem Bindungsverhältnis zum störenden Menschen stehen, fliehen unter Ausstoßen eines lauten Nestgeschreis, und sehr zahme, an den Pfleger gebundene, behandeln ihn freundlich. Eine besonders zahme Gans hob den Flügel ab, um mich ein Gössel darunterstecken zu lassen. Sehr zahme Gänse, die dem störenden Menschen nicht besonders freundschaftlich verbunden sind, verteidigen das Nest zischend mit ausgebreiteten Flügeln und greifen wohl auch mit Flügelbugschlägen an.

Das Verhalten des Ganters bei einer Störung durch Menschen hängt ebenfalls von seinem Zahmheitsgrade ab. Nur sehr zahme Ganter greifen in seltenen Fällen den Menschen in Nestnähe an, die meisten beschränken sich darauf, heranzukommen und laut in das Nestgeschrei des Weibchens einzustimmen.

Wenn die Gans ihre Brutpause einlegt, gesellt sich der Ganter regelmäßig alsbald zu ihr, schreit mit ihr Triumph und begleitet sie nach der Pause bis nahe zum Nestplatz zurück. Der Ganter Benjamin, der mit zwei voneinander kaum zu unterscheidenden Schwestern (Verena und Röschen) verpaart war, führte die jeweilige Gans regelmäßig nach Verenas Nest zurück, um sie, wenn es sich um Röschen handelte, im letzten Moment anzugreifen und fortzujagen. Dies veranlaßte mich zu der Meinung, daß er die beiden ebensowenig unterscheiden konnte wie ich.

Während des eigentlichen Brütens kommt der Ganter niemals nahe ans Nest, trachtet aber, Blick- und Rufkontakt mit der Brütenden aufrechtzuerhalten. Vom Schlüpfen der Jungen wird er in irgendeiner Weise informiert, denn er erscheint am Nestrand, wenn die ersten Köpfchen unter der Mutter auftauchen. Wir wissen nicht, ob er die Jungen hört oder ob die Mutter ihn benachrichtigt.

Die Hemmung, schnell zu gehen

Eine Eigenschaft, die die Graugans bei Verlassen des Nestes zeigt und die sehr wesentlich für das Zusammenhalten der Kükenschar ist, besteht darin, daß sie sich nur langsam fortbewegt. Eine Hausgans, die stark hinkte, wurde eben dadurch zu einer besonders guten Mutter. Das Langsamgehen ist eine Fähigkeit, die beim Ganter durch Lernen verstärkt werden kann. Eine Gans, die mit zwei aneinander gebundenen Gantern ein Trio bildete, führte ihre Jungen leidlich gut, doch war sie immer versucht, den beiden Gantern nachzulaufen, was eine gewisse Unruhe in die Familie brachte. Erst als sich die beiden Ganter anscheinend auf das Langsamgehen umgestellt hatten, gab es keine Schwierigkeiten mehr.

Das Hudern

Solange die Gössel noch klein sind, genügt ihre eigene Wärmeerzeugung nicht, um ihre Körpertemperatur konstant zu halten. Sie müssen von Zeit zu Zeit aufgewärmt werden (Farbtafel X/3). Verschiedene Vögel nehmen zu diesem Behufe verschiedene Stellungen ein, kleinere Vögel mit vielen Jungen werden von diesen regelrecht hochgestemmt. Wenn man unter ein huderndes Rebhuhn seitlich Einblick erlangt, sieht man einen Wald von Beinchen, die das Gewölbe des mütterlichen Bauches tragen. Auch bei Gänsen kommt es vor, daß hudernde Mütter halbwüchsiger Kinder mit etwas abgehobenem Bauche verharren und sich nicht hinlegen können.

Wie stark die Gänse beim Hudern die Flügel abheben, hängt von der Intensität des allgemeinen Dranges zum Hudern ab. Eine sehr zahme Gans erbrachte den Nachweis, daß das Flügelabheben aktiv erfolgt: Wenn ich ein Gössel in der Hand hielt und es ihr von seitlich vorne näherte, hob sie den gleichseitigen Flügel an. Die Gössel ihrerseits lernen nach meiner Beobachtung nur allmählich, daß man von hinten gegen den Strich des Gefieders leichter unter die Mutter gerät als vom Bug her. Man sieht oft erfahrene, etwas ältere Gössel ganz zielbewußt den Hinterrand des mütterlichen Flügels abheben.

Das Hudern wird offenbar stark durch die Ausdrucksbewegungen und -laute der Küken beeinflußt, denn nur so kann man erklären, daß bei warmem Wetter sehr viel weniger gehudert wird als bei Kälte und Regen. Einschlaflaute und, bei stärkerem Bedürfnis, Weinlaute der Küken lösen bei der Mutter das Hudern aus. Gewöhnlich erlischt die Bereitschaft, die Gössel zu hudern, wenn sie etwa drei Wochen alt sind; bei Schlechtwetter mit Temperaturen unter 7 Grad Celsius dürfen auch vier Wochen alte Gänschen noch unterkriechen. Später verweigert die Muttergans das Hudern, indem sie aufsteht; die Gössel bilden dann sogenannte »Schlafhaufen«.

Der Vater beteiligt sich in der Regel nicht am Erwärmen der Jungen. Ein Ausnahmefall ist deshalb von besonderem Interesse, da er zu bestätigen scheint, daß Lernen beim Hudern eine erhebliche Rolle spielt. Die Mutter einer Gänsefamilie (die »Wilden«) wurde im Jahre 1982 unmittelbar nach dem Schlüpfen der Jungen vom Fuchs gerissen. Der Vater blieb dicht bei den Gösseln und verteidigte sie bestens gegen Angriffe anderer Gänse. Als sie unterkriechen wollten, legte er sich zunächst bloß hin, die Jungen drängten sich an ihn heran und orientierten sich bei ihren Versuchen, unterzukriechen, interessanterweise gegen den Strich seines Gefieders. Als sie dabei zufällig unter einen Flügel gerieten, hob er diesen ab, und die Küken krochen darunter. Der Ganter erlernte auf diese Weise allmählich vollständig die Verhaltensweise des Huderns. Das Merkwürdigste aber folgte noch: Im nächsten Jahr, 1983, hatte der »Wilde« eine neue Gattin gefunden, und obwohl diese Gans tadellos huderte, tat der Ganter dies *auch*. Zwei Gänseeltern nebeneinander ihre Gössel hudern zu sehen ist ein höchst seltener Anblick.

Kogge, Bogenhals und Halseintauchen

Während der »Winkelhals« den Antrag zu dauerhafter Paarbindung bedeutet, sind die nun zu beschreibenden Verhaltensweisen ausschließlich Aufforderung zur Begattung und besitzen keinerlei weitere Bedeutung für das Zusammenleben der Partner. Der Bogenhals ist in seiner Eigenschaft als Imponierhaltung, die auch von unreifen jungen Gänsen häufig ausgeführt wird, nicht ganz leicht zu interpretieren. Zweifellos zeigt er Paarungsbereitschaft an, gleichzeitig bedeutet er eine Demonstration von Männlichkeit, von »Sich-groß-Machen«; doch habe ich nie eine auslösende Wirkung dieses Verhaltens im

Sinne einer Kampfaufforderung gesehen. Auch wenn das Weibchen, was manchmal geschieht, auf diese intensiven Bewegungen antwortet, läßt dies keine Rückschlüsse auf eine spätere Paarbildung zwischen den beiden zu.

Der Hals des schwimmenden Vogels nimmt eine außerordentlich »elegante« Bogenform an, bei der das Gefieder eine besondere Einstellung zeigt, wodurch die Rillen des Halsgefieders die Bogenform des Halses markant unterstreichen. Wir glauben, daß sich die ritualisierte Bewegungsweise des Bogenhalses aus dem beidäugigen Fixieren des Teichgrundes unmittelbar vor dem Gründeln ableitet. Befindet sich die Gans in erhöhter Begattungsstimmung, wird der Bogenhals mit Halseintauchen kombiniert. Zweifellos ist das Halseintauchen durch Ritualisation aus dem Gründeln entstanden und durch alle denkbaren Übergänge mit diesem verbunden, woraus sich die schon erwähnten (S. 112) Schwierigkeiten der Motivationsanalyse ergeben. Diese Bewegungsweisen finden sich in geringerer Ausbildung auch beim Weibchen. Die Partner führen sie in der Regel auf dem Wasser schwimmend aus.

Mit steigender Erregung werden das Halseintauchen und die Bogenstellung intensiver, die Bewegungen immer schneller, und manchmal wird der Kopf wie beim Baden unter Wasser quergestellt, so daß er beim Auftauchen eine Wasserwelle über den Rücken des Vogels wirft. Wir kennen aber auch Fälle, bei denen ein intensives, zur wirklichen Begattung führendes Halseintauchen in die Nestbaubewegung des Zurücklegens überging, wobei der Vogel kleine, vom Grunde heraufgeholte Gegenstände benutzte.

Meistens nimmt der Ganter, zumindest zu Beginn des Halseintauchens, eine besondere Form des Imponiergehabens an: Er schwimmt merkwürdig hoch auf dem Wasser und hat besonders Hinterkörper und Schwanz emporgerichtet, was etwas an die Form altertümlicher Segelschiffe erinnert und deshalb von uns »die Kogge« genannt wird. Die Flügel werden dabei im Schultergelenk etwas angehoben und ein wenig entfaltet (Abbildungen 66, 67, 68).

Abb. 66/67/68: *Kogge, Bogenhals und Halseintauchen. Bei höherer Erregung folgt Begattung.*

Begattung und Begattungsnachspiel

Nachdem das Halseintauchen immer heftiger geworden ist, orientieren sich die Partner so aneinander, daß das Weibchen rechtwinkelig vor dem Bug des Männchens liegt, allmählich immer flacher im Wasser mit etwas Schlagseite zum Männchen hin. Der Ganter steigt auf und vollzieht die Begattung, während er mit dem Schnabel das Nackengefieder des Weibchens festhält (Abbildungen 69, 70, 71).

Daraufhin gleitet das Männchen nach rückwärts ins Wasser, beide Partner wenden sich einander zu und heben Kopf, Hals und geschlossene Flügel hoch empor (Abbildungen 72, 73). Dieses Nachspiel ist um so intensiver, je weniger die Partner miteinander vertraut sind. Bei lange verheirateten Gänsepaaren entfällt es fast völlig, zuerst auf seiten des Weibchens, das nunmehr unmittelbar zu Badebewegungen übergeht.

Kogge, Bogenhals und Halseintauchen sieht man sehr häufig schon bei einjährigen Gänsen, gelegentlich sogar eine Begattung, obwohl die volle Geschlechtsreife erst mit etwa zwei Jahren erlangt wird. Im Gegensatz zu den leisesten Anfängen eines »Triumphgeschreis« lassen solche Begattungsbeziehungen keinerlei Schlüsse auf eine künftige Paarbildung zu.

Abb. 69/70/71/72/73: *Begattung mit Nachspiel.*

Ethogramm 2

Wir wenden uns nun jenen Verhaltenssystemen zu, bei denen eine komplexe soziale Rückkoppelung mit Artgenossen stattfindet. Die Sozietät der Graugans besitzt eine äußerst komplexe Struktur, die in den Wechselwirkungen des Verhaltens sämtlicher Sozietätsmitglieder zum Ausdruck kommt. Der Stimmfühlungslaut in allen seinen verschiedenen Formen und in der Wechselwirkung zwischen den »Persönlichkeiten« der Sozietät ergibt eine Vielfalt recht unterschiedlicher sozialer Funktionen, die das Wesen dieser Struktur ausmachen.

Stimmfühlungslaut und Bindung

Als »Wi«-Laut bezeichnet Helga Mamblona-Fischer einen zwei- bis mehrsilbigen Laut, dessen Lautstärke wechselt. »Das Gössel äußert ihn, wenn ein abgekühltes Ei erwärmt wird, während des Schlüpfvorganges, wenn das Gössel die Schale durchpickt, wenn man die trockene Eihaut anfeuchtet und vor allem bei Geräuschen.« Da die menschliche Stimme in ihrer Tonlage annähernd der Gänsestimme ähnelt, kann man den »Wi«-Laut durch Sprechen sehr gut auslösen, auch bei Gösseln, die noch im Ei eingeschlossen sind. »Je lauter man spricht – innerhalb gewisser Grenzen – desto lauter und vielsilbiger (bis zu 4 Silben) ist die Antwort. Wenn im Brutapparat mehrere Gänseeier gepickt sind und aus einen Ei der Wi-Laut ertönt, so antworten Gössel aus anderen Eiern ebenfalls mit dem Wi-Laut. Je mehr Wi-Laute ertönen, desto lauter sind die Antworten.«

Aus dem »Wi«-Laut wird später der Stimmfühlungslaut, das

Schnattern der Graugans mit allen seinen Variationen. Es sei noch hinzugefügt, daß der Stimmfühlungslaut zuerst zweisilbig ist, aber bald mehrsilbig hörbar wird. Die kindliche Vorstufe des Schnatterns ist unmittelbar nach dem Schlüpfen durch jedes größere und stimmbegabte Objekt auszulösen. Nach wenigen Tagen, meist schon am dritten Tage nach Verlassen des Nestes, ist der Stimmfühlungslaut nur durch die Eltern und kurz darauf durch die persönlich bekannten Geschwister auslösbar. Die Selektivität seiner Auslösbarkeit wird also zunächst durch Prägung so weit erhöht, daß die Reaktion nur auf Artgenossen anspricht, kurz darauf aber so weit, daß sie sich nur noch auf wenige Individuen, zuerst die Eltern, dann die Geschwister, bezieht.

Es bleibt der Begriffsbildung überlassen, ob man den Stimmfühlungslaut als einen Ausdruck der Bindung an bestimmte Artgenossen oder als eine Instinktbewegung auffassen will, deren *Appetenz* den Vogel mit großer Kraft zu der triebbefriedigenden Endsituation treibt, die in der Kommunikation mit dem Partner besteht. Man kann die Wichtigkeit kaum überbetonen, die das Gebundensein im gemeinsamen Stimmfühlungslaut oder Schnattern besitzt. Robert Yerkes hat einmal von Menschenaffen gesagt: »*Ein* Schimpanse ist gar kein Schimpanse.« Dieses Prinzip, das in analoger Weise auch für den Menschen gilt, hat für die Graugans eine ähnliche Bedeutung. Eine Gans, die der Kommunikationsmöglichkeit mit Artgenossen beraubt ist, ist ein zu nahezu völligem Verstummen verdammter, bemitleidenswerter Krüppel.

Die Rolle der Persönlichkeit

Die bemerkenswerte Zunahme der Selektivität, die darin besteht, daß eine Instinktbewegung erst auf nahezu jeden Organismus anspricht und späterhin an einen oder einige wenige

Artgenossen gebunden ist, macht das Individuum in seinen sozialen Beziehungen *unersetzlich*.

Von geisteswissenschaftlicher Seite wird erfahrungsgemäß das Wort »persönlich« bemängelt. »Persona« bezeichnet ursprünglich die »Maske«, d. h. die Rolle, die der Schauspieler im antiken Drama spielt und die ihn kennzeichnet. Und eben die Rollenverteilung ist in der Struktur der Graugans-Sozietät geradezu beispielgebend ausgedrückt. Das Wesen der Persönlichkeit ist doch sicherlich dort gegeben, wo diese Rolle, die das Individuum in der Wechselwirkung der Artgenossen übernimmt, nicht ohne weiteres von einem anderen übernommen werden kann. Die konstitutive Eigenschaft der »Person« liegt wohl zweifellos darin, daß sie *nicht austauschbar* ist.

Die Bindung, die das gemeinsame Äußern des Stimmfühlungslautes zwischen zwei Individuen erzeugt, ist von verschiedener Stärke. Die Gatten eines Paares sind durch eine Reihe von zusätzlichen, noch zu besprechenden Zeremonien enger aneinander gebunden als Geschwister, obwohl auch Geschwister oft über Jahre nach dem Flüggewerden zusammenhalten, miteinander gehen und fliegen.

Die Spannung des »Gummibandes«, durch das zwei Individuen zueinander hingezogen werden, läßt sich oft recht gut an der Entfernung bemessen, in der die beiden sich voneinander aufhalten. Das »Miteinander-Gehen« ist bei sehr verschiedenen Lebewesen oft das erste Anzeichen sich anspinnender Beziehungen. Helge Böttger hat gezeigt, daß die Entfernung voneinander, in der zwei Individuen zur Ruhe kommen, ein brauchbares Maß für ihre Gebundenheit ist. In der Tat läßt sich folgern, daß anziehende und abstoßende Kräfte miteinander dann ins Gleichgewicht kommen, wenn zwei Tiere sich hinsetzen oder hinlegen. Wir können die Bindung nicht besprechen, ohne ihrer anziehenden Kraft gleichzeitig die abstoßende Wirkung der Aggressivität gegenüberzustellen.

Aggressivität

Zwischen Bindung und Aggressivität bestehen merkwürdige Beziehungen. Es ist von offensichtlicher arterhaltender Zweckmäßigkeit, wenn die Individuen einer Art einander abstoßen und sich auf diese Weise möglichst gleichmäßig über den zur Verfügung stehenden Lebensraum verteilen. Aggressivität und die aus ihr entspringende Territorialität sind einer der wichtigsten Mechanismen der »Dispersion« der Einzelwesen. Wir kennen viele Tierarten, deren Einzelwesen einander abstoßen und bei denen die Erscheinung der Bindung nicht vorkommt. Umgekehrt jedoch ist uns keine Tierart bekannt, die der dispergierenden Aggressivität völlig entbehrt, aber der individuellen Bindung fähig ist.

Ein besonderer Selektionsdruck wirkt offensichtlich auf die Vorgänge des individuellen Sich-Erkennens, wenn zwei Artgenossen in der Brutpflege für ihre gemeinsamen Nachkommen zusammenwirken. Unter diesen Umständen wurde es für die Art vorteilhaft, die Aggressivität zwischen den zwei Individuen, denen die Elternrolle zukam, völlig auszuschalten, sie allen außenstehenden Individuen gegenüber jedoch voll aufrechtzuerhalten, ja, auf die Spitze zu treiben. Bei paarbildenden Fischen ist dies erwiesenermaßen der Fall, vor allem sind die Mechanismen der Aggressivität und ihrer Entschärfung zwischen den Partnern gut bekannt. Bei Fischen, die Rosl Kirchshofer untersuchte, führt das individuelle Sich-Erkennen zu einem Phänomen der gegenseitigen Anziehung: Wenn alle Individuen einander abstoßen, kommt ein Minimum der Abstoßung einer Anziehung gleich. Die einander entgegenwirkenden Kräfte der Anziehung und Abstoßung, die »biphasic processes underlying approach and withdrawal«, wie Theodore C. Schneirla es ausdrückt, kommen hier voll zum Tragen.

Jede Graugans steht somit zu jeder anderen in einem Konflikt zwischen Anziehung und Abstoßung. Erstere ist minimal zwischen erwachsenen, aber einander völlig fremden Gänsen. Wenn diese allein aufeinander angewiesen sind, zeigen sie immerhin einen schwachen Zusammenhalt. Am stärksten ist die Bindung zwischen Familiengenossen, vor allem zwischen den Gatten eines Paares, wie überhaupt zwischen solchen Individuen, die ein gemeinsames Triumphgeschrei ausgebildet haben.

Bewegungsweisen der Rivalen-Aggression

Das *gerade Vorstrecken* des Halses (Abbildung 74) ist bei Anatiden offenbar stammesgeschichtlich urtümlicher Ausdruck der Aggression. Bei manchen Arten, so bei *Tadorna sp.*, zeigen schon frischgeschlüpfte Küken bei Auseinandersetzungen mit Geschwistern ein drohendes Vorstrecken des Halses. Die dauernden Auseinandersetzungen zwischen Gänsefamilien bringen es mit sich, daß man in einer größeren Gänseschar immer viele Individuen mit vorgestrecktem Halse sieht. Oft beobachtet man familienführende Ganter, die den Ihren in der Schar Platz verschaffen, indem sie mit drohend vorgestrecktem Hals

Abb. 74: *Gerade vorgestreckter Hals: reine Aggression ohne Furcht.*

vorpreschen. Die Häufigkeit des Drohens wird jedoch leicht überschätzt, da, wie wir später sehen werden, ein Halsvorstrecken mit geringer Umorientierung auch als Geste der friedlichen Begrüßung Verwendung findet.

Die Stellung des gerade vorgestreckten Halses wird indessen auch dann modifiziert, wenn zu der reinen Drohung, die er ausdrückt, andere Motivationen, vor allem die der Flucht, hinzukommen. Trifft der vorstoßende Ganter auf ernstlichen Widerstand eines annähernd gleich starken Gegners, so zeigt sich die Fluchtmotivation zunächst deutlich in der Halshaltung (Abbildung 75). Der Hals wird in der Sagittalen, d. h. in der Mittelebene, *rückwärts gestaucht*, so daß er einen Bogen nach oben bildet, während der Kopf horizontal auf den Gegner gerichtet bleibt. Je nach der relativen und absoluten Stärke von Flucht- und Angriffsmotivation, die hier in Konflikt stehen, gibt es eine Anzahl von kennzeichnenden Halsstellungen, die schon auf S. 111 besprochen und in Schemazeichnungen wiedergegeben wurden (Abbildung 7).

Abb. 75: *Drohhals, im Nacken etwas abgebogen: leichte Einmischung von Fluchtmotivation.*

Im extremen Falle kann die Drohhaltung, die durch das Zurückstauchen des Halses bewirkt wird, zu einer eigenartigen Stellung führen, die von uns zunächst in etwas irreführender

Weise als der »*Elefantenhals*« bezeichnet wurde (worunter der hängende Elefantenrüssel zu verstehen ist). Der Vogel steht dabei sehr aufrecht mit abgespreizten Flügeln da und hält den Hals fast senkrecht nach unten, den Kopf dem Gegner zugewendet (Abbildung 76). Dies bedeutet, daß der Ganter zwar nicht weiter vorstoßen, keineswegs aber weiter zurückweichen wird, sondern seinen Standort durch Flügelbugschläge zu verteidigen beabsichtigt.

Abb. 76: »*Elefantenhals*« *(Saatgans).*

Wenn zwei Ganter in Stärke und Motivation so weit im Gleichgewicht sind, daß keiner weicht, kommt es zum *Flügelbugkampf.* Die Kontrahenten stehen einander gegenüber, jeder packt den anderen mit dem Schnabel, meist an der Schulter, und sucht ihn abwärts zu drücken. Dabei bäumt er sich hoch auf, gleich, ob der Kampf im Wasser oder auf trockenem Boden stattfindet. Im nächsten Augenblick schlägt er mit einem Flügel auf den Gegner los. Dieser Flügel wird nur vom Körper abgehoben, bleibt jedoch im Ellbogengelenk halb, in den Karpalgelenken ganz gebeugt, so daß die hornige Schlagwarze stark hervortritt. Der andere Flügel wird ganz entfaltet und in einer asymmetrischen Bewegung gerade nach hinten gestreckt. So wird der eine Flügel gewissermaßen zur Faust, der andere hält das Gleichgewicht (Farbtafeln XI, XII). Die Stärke des Schlages wird oft unterschätzt. Einem Wärter des Berliner Zoologischen Gartens hat ein Höckerschwan mit einem solchen Schlage beide Unterarmknochen gebrochen.

Ganter können im Fluge besonders wirksam mit dem Flügelbug nach dem Gegner schlagen. Ob sie dabei den Rivalen mit dem Schnabel festhalten, vermag ich nicht zu sagen, da sich der Vorgang zu schnell abspielt. Zwar habe ich selbst einmal einen wahrhaft betäubenden Flügelbugschlag von einem fliegend angreifenden Kanadaganter *(Branta canadensis)* auf den Kopf erhalten, kann jedoch nach dieser Erfahrung nur sagen, daß der Ganter nach dem Manöver weiterflog, ohne den Boden berührt zu haben, nicht aber, ob er mich mit dem Schnabel an den Haaren gepackt hatte. Von zwei im Fluge kämpfenden Graugantern wurde einst einer vom Schlag seines Gegners so an der Halsseite getroffen, daß das Nervengeflecht des Flügels *(Plexus bracchialis)* völlig gelähmt war, denn er stürzte ohne die geringste Flügelbewegung gute 10 Meter ab, zum Glück in tiefes Wasser, aus dem er mit schlaff nachschleifenden Flügeln herauskletterte.

Der Flügelbugschlag ist in seiner nervlichen Koordination schon bei den Jungen wenige Tage nach dem Schlüpfen voll ausgebildet. Es ist rührend anzusehen, wenn ein solches Flaumenbällchen den einen Flügel zur Balance nach hinten ausstreckt, den anderen im Handgelenk einknickt und zuckende Bewegungen damit vollführt, wiewohl der Flügel in diesem Entwicklungsstadium nicht einmal bis zur Brustmitte des Gössels reicht, geschweige denn den Gegner treffen kann (Farbtafel XIII/1, 2, 3).

Wenn Flucht- und Angriffsmotivation miteinander in Konflikt geraten, kann dies zu einer anderen Drohstellung und letztlich zum Flügelbugkampfe führen. Der Hals wird dann noch etwas mehr vorgestreckt und der *Nacken noch stärker durchgedrückt,* wobei der Hals sich in paralleler Haltung dem Boden nähert (Abbildung 77). In dieser Stellung wird die Richtung des Drohens vom Gegner abgewendet. Dabei können

Abb. 77: *Extrem durchgedrückter Hals: starke Hemmung durch Fluchtmotivation.*

Abb. 78: *Breitseits-Drohen mit nahe am Boden vorgestrecktem Hals.*

sie sich breitseits nähern (Abbildung 78), bis sie *parallelstehen*. Plötzlich folgt dann der Austausch von Flügelbugschlägen und auch Zupacken mit dem Schnabel. Eine solche drohende Annäherung habe ich nur zwischen hochrangigen Gantern gesehen, die an sich selten miteinander kämpfen. Ebensogut kann in der oben geschilderten Situation einer der Gegner den Mut verlieren und durch *Überspringen* des andern seine Flucht einleiten. Dieselben Bewegungsweisen, aber kaum je tätliche Kämpfe sieht man bei Graugantern, die ganz kleine Junge führen. Im Juni 1986 beobachtete ich zwei Ganter, die in der beschriebenen Weise seitlich aneinander heranrückten. Ich hatte nie zuvor einen Kampf zwischen diesen beiden hochrangigen Gantern gesehen und war daher sehr gespannt. Sie rückten einander immer näher, die Hälse wurden immer stärker und näher dem Boden vorgestreckt, beider Augen schienen aus den Höhlen treten zu wollen. Ich erwartete jeden Augenblick den Ausbruch eines wütenden Kampfes – als das Ganze plötzlich erstarrte. Wie versteinert blieben die Gegner stehen; erst nach einiger Zeit löste sich die Verkrampfung, und sie gingen still auseinander. Kurz darauf sah ich die Gattinnen der beiden wenige Meter voneinander in aller Ruhe mit ihren Kükenscharen weiden.

Eine weitere, wenig intensive und auch seltene Form des Drohens kommt dann vor, wenn ein Ganter plötzlich vor einem anderen Angst bekommt, besonders wenn er sich vorher in Imponierstimmung befunden hat. Das gewissermaßen »überraschte« *Zurücknehmen des Kopfes* ist in Abbildung 79 wiedergegeben.

Wann immer Impulse wirksam werden, die zum Vorstrecken des Halses führen, diesen aber Fluchtmotivationen gegenüberstehen, die ein Rückziehen des Halses auslösen, tritt ein starkes *seitliches Zittern des Halses* auf, das in der Beugestelle des zurückgezogenen Halses auffälligste Amplituden erreicht. Diese Bewegungsweise beruht immer auf einem Konflikt zwischen zwei Motivationen, der sich sehr weit peripher im Zentralnervensystem abspielt. Häufig sieht man das Halszittern, wenn eine nicht ganz zahme Gans sich anschickt, Futter aus der Hand des Pflegers anzunehmen, aber nicht wagt, den Kopf weit vorzustrecken; ebenso kann man es beobachten, wenn eine Gans den Hals vorstreckt, um eine andere zu beißen, vor der sie ein wenig Angst hat. Schließlich tritt es auch in Situationen auf,

Abb. 79: *Überraschtes Zurücknehmen des Kopfes (Gans rechts im Bild).*

in denen ein Zugreifen mit dem Schnabel nicht intendiert ist, nämlich wenn eine Gans ein Hindernis, auf das sie hinaufsteigen oder -springen will, beidäugig fixiert. Beim Halszittern ist eine starke Sympathikusreizung aus dem Hervorquellen der Augen und dem knappen Anliegen des Halsgefieders ersichtlich.

Eine merkwürdige Bewegungsfolge, die immer mit Halszittern eingeleitet wird, nennen wir das *Drüber-Wegstoßen*. Der Vogel nähert sich beidäugig fixierend langsam und leise einem ruhenden Artgenossen oder auch einem anderen Lebewesen. Dann holt er mit dem Kopfe weit nach hinten aus und stößt blitzschnell mit Kopf, Oberhals und geschlossenem Schnabel gezielt, aber doch deutlich gehemmt über die obere Begrenzungsfläche des Objektes weg. Früher habe ich geglaubt, daß Gänse diese Bewegung nur schlafenden Artgenossen gegenüber ausüben, was sich jedoch als Irrtum erwies. Eine der verschiedenen versuchsweisen Deutungen besagt, daß der Vogel den schlafenden Artgenossen veranlassen wolle, seinen Kopf aus dem Schultergefieder hervorzunehmen und sich so »zu erkennen zu geben«. Kleine Gössel stoßen nur über Geschwister weg; es scheint, daß auch später ein gewisser Bekanntheitsgrad für die Auslösung der Reaktion wesentlich ist. Meist zielt die Bewegung über das Rückengefieder eines Artgenossen weg, manchmal über menschliche Körperteile, wie etwa den Arm, Fuß oder gegebenenfalls den Rücken eines im Gras liegenden Pflegers. Niemals haben wir das Drüber-Wegstoßen toten Objekten gegenüber gesehen, immer nur gegenüber solchen, die sich im Augenblick zwar ruhig verhielten, aber doch als beweglich und lebendig bekannt waren. Offenbar ist die Bewegungsweise stammesgeschichtlich sehr alt, da sie Gänse- wie Entenartigen gleichermaßen zu eigen ist.

Das Demutsverhalten

Jene Verhaltensweisen, die das Individuum möglichst wenig kampfauslösend machen sollen, sind wahrscheinlich bei vielen Tieren von der Funktion der kampfauslösenden Mechanismen gewissermaßen in negativem Sinne seligiert. Bei Fischen ist die Darbietung der Breitseite mit hoch aufgerichteten medianen Flossen und ruckweisen Bewegungen die stärkste Herausfor-

Abb. 80: *Duckmäuserhaltung: Völliges Fehlen von Angriffsbereitschaft.*

derung zum Kampf. Die demütigste besteht umgekehrt darin, daß der Fisch sich optisch möglichst schmal und klein macht, indem er sich auf die Seite legt, die Flossen faltet und sich langsam schleichend bewegt.

Bei Graugänsen bedeutet das drohende Vorstrecken des Halses eine an den Gegner gerichtete Herausforderung; im Gegensatz dazu wird der Hals in der Demutsstellung möglichst weit zurückgezogen, so daß der Kopf auf den Rücken des Vogels zu liegen kommt (Abbildung 80). Für diese Stellung hat sich der Ausdruck *»Duckmäuserhaltung«* eingebürgert. Verschüchterte, besonders verwitwete Gänse gehen manchmal monatelang in Duckmäuserhaltung einher. Die Demutsstellung kann noch verstärkt werden, wenn ein drohender Artgenosse dicht herankommt: dann wird ihm nämlich, ohne daß die übrige Haltung verändert würde, der Hinterkopf zugekehrt. Die Duckmäuserhaltung ist kennzeichnend für in der Rangordnung tiefstehende und nicht kampfbereite Individuen.

Abb. 81: *Dicker Hals: Der Vogel (links im Bild) wird nicht angreifen, kann aber auch nicht fliehen.*

Eine andere, sehr merkwürdige Stellung von Körper und Hals, die wir auch als Demutshaltung aufzufassen geneigt sind, sieht man dann, wenn Ganter angegriffen werden und nicht zu kämpfen wünschen. Dies drückt sich darin aus, daß der Ganter den Hals hoch emporhebt und das Halsgefieder sträubt (Abbildung 81). Den dick erscheinenden Hals sahen wir besonders, wenn ein von einem Rivalen angegriffener Ganter aus irgendwelchen Gründen, z. B. Nähe des eigenen Nestes, nicht wegkonnte. Nach unserer vorläufigen Meinung drückt der »*dicke Hals*« die Absicht aus, weder zu fliehen noch zu kämpfen: »Ich will weg, aber ich kann nicht.«

Abb. 82: *Totale Unterwerfung nach langem Kampf.*

Rangordnung

Ein Mechanismus, der in besonderem Maße der Entschärfung der Aggressivität dient, ist die Rangordnung. Vor vielen Jahren hat Th. Schjelderup-Ebbe an Haushühnern die sogenannte »peck-order« entdeckt: Entscheidende Kämpfe zwischen Individuen finden nur ein oder wenige Male statt, und hinfort weicht der Geschlagene dem Sieger kampflos. Im allgemeinen sind stärkere Individuen übergeordnet und schwächere untergeordnet, doch gibt es auch kreisförmige Anordnungen. Solche halten sich oft jahrelang, und dies besagt, daß sich ein einmal besiegtes Individuum mit seiner subdominanten Stellung zufriedengibt und nicht wieder aufmuckt. Ohne jeden Zweifel *entschärft* die hergestellte Rangordnung die Aggressivität. Dieser offensichtlich arterhaltend nützliche Mechanismus findet sich bei nahezu allen höheren Tieren, bei Crustaceen, Insekten, Fischen, Vögeln und Säugetieren. Bezeichnenderweise ist die einmal festgelegte Rangordnung bei geistig weniger hochstehenden Tieren stabiler als bei höherstehenden: Bei Fischen bleibt oft der körperlich Stärkere jahrelang in subdominanter Stellung, bei Wildschweinen genügen einige Tage der Trennung, um den eben Besiegten neue Hoffnung schöpfen zu lassen.

Das Zusammenleben in einer rangordnungsmäßig geschichteten Gesellschaft führt zu einer Gewöhnung der Mitglieder aneinander, durch die sich die Schwelle der Aggressivität, die sie gegenseitig auslösen, *erhöht*. Mit anderen Worten, Angehörige einer Sozietät greifen Unbekannte intensiver an als solche, die ihnen lange bekannt sind, sei es als »Vorgesetzte« oder als »Untergebene«. Dies führt im Extremfall dazu, daß Mitglieder kleiner Gruppen einander im Kampfe gegen Fremde beistehen. Die Männchen der Cichliden *Haplochromis desfontainesii* (deren Weibchen an keinen festen Standort gebunden sind) bauen ihre Laichgruben in den Teichen der Oase Gafsah außerordentlich dicht aneinander. Dies hat zur Folge, daß jedes territoriale Männchen sich allmählich so sehr an seine nächsten

Nachbarn gewöhnt, daß es diese weit weniger intensiv angreift als Unbekannte. Wie R. Kirchshofer feststellte, greifen diese Männchen Fremde höchst aggressiv und manchmal auch in gemeinsamer Aktion an. Das ist höchst sinnvoll, da der bekannte Nachbar ja schon eine Nestgrube besitzt und als territorialer Eroberer nicht gefährlich ist.

Die Rangordnung zwischen den Familien

Die Rangordnung, die innerhalb eng geschlossener Gruppen von Graugänsen besteht, wird dadurch kompliziert, daß die Gruppen- und Familienmitglieder einander beistehen. Das Verhältnis von Angreifen und Fliehen zweier Gänse kann also davon abhängen, ob und wie viele Gruppengenossen des einen oder anderen Streiters anwesend sind. Oft werden Auseinandersetzungen zwischen Familien dadurch provoziert, daß eines der Kinder einen Vorstoß gegen eine andere Familie wagt und von dieser nun bedroht wird, worauf sich seine Familienmit-

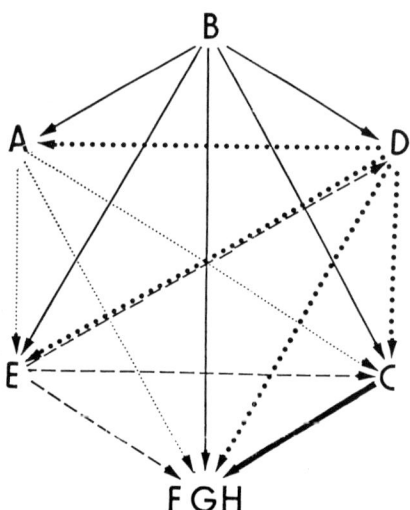

Abb. 83: *Rangordnungsbeziehungen zwischen 8 Familien. Die Pfeilrichtungen geben an, welche Familie ranghöher ist (z. B. →: B ist ranghöher als A, ...).*

Abb. 84/85: *Ein Gössel greift ein fremdes Küken an, vertreibt es und kommt grüßend zur eigenen Familie zurück.*

glieder in die Auseinandersetzung einschalten (Abbildungen 84, 85). Ermittelt man die Rangordnungsverhältnisse zwischen den Familien im Jungenaufzuchtgebiet der Graugänse, so ergibt sich ein ziemlich konstantes Verhältnis von Angriff und Flucht zu dominanten und untergeordneten Individuen, wie in Abbildung 83 wiedergegeben ist.

Angelika Tipler-Schlager schreibt dazu: »Die Richtungen der Pfeile symbolisieren die Richtung von Angriff bzw. Flucht der Kombatanten. Es wurden dabei auch die in unserem Ethogramm sichtbaren Kriterien (aggressives Verhalten, reaktives und spontanes Ausweichen) verwertet. Erwies sich eine Gruppe über einen längeren Zeitraum als dominant, wurde dies als klare Rangordnung angesprochen. Entscheidend für klare Rangordnungsbeziehungen ist das Verhältnis aggressiver Verhaltensweisen zu Fluchten. Gänse von höherem Rang flüchten viel seltener als rangniedere oder solche, deren Rangordnung unklar ist. Aggressivität ist nicht mit Überlegenheit oder Ranghöhe korreliert. Die Ranghöhe einer Familie ist nicht vom Alter der Jungen abhängig, wie Heinroth 1924 annimmt. Auch spielen Anzahl und Geschlecht der Gössel keine Rolle. Die Reihenfolge der Ankunft« (der Familien im Aufzuchtgebiet) »hat keinen Einfluß auf die Ranghöhe der Familie.«

Die von Heinroth betonte Tatsache, daß Paare mit kleinen Jungen meist auf ihrem Teiche die Oberhand haben, bedarf einer zusätzlichen Erklärung, die nur durch Langzeitbeobach-

Abb. 86: *Flügelbugkampf zweier Ganter: Die dazugehörigen Familien nehmen mit Rollschnattern am Kampfe teil, werden aber kaum je tätlich.*

tungen gefunden werden kann. Es wäre notwendig, den Einfluß der früheren Rangstellung der Elterntiere auf die Beziehungen zwischen den Familien festzustellen.

Letzten Endes, man möchte sagen, in letzter Instanz, wird die Rangordnung durch den Flügelbugkampf zwischen zwei ihre Familien anführenden Gantern entschieden. Findet ein solcher statt, kommen die Mitglieder der Gänseschar herbei und sehen den Kämpfenden zu; je länger der Kampf dauert, desto mehr Gänse sammeln sich an (Abbildung 86). Interessanterweise aber kommt es selten vor, daß sich eine von ihnen einmischt. Wir haben nur wenige Fälle zu Protokoll, in denen mit Gantern verpaarte männliche Individuen gelegentlich zu deren Unterstützung eingriffen, und zwei Fälle, in denen die Partnerinnen von Gantern dies taten.

Die Rangordnung innerhalb der Familie

Heinroth hatte behauptet, daß innerhalb einer Gänsefamilie absoluter Friede herrsche und daher von einer Rangordnung nicht gesprochen werden könne. Ich selbst habe 1951 geschrieben: »Bei Anatiden, insbesondere bei Gänsen, bleibt die ranglose Vertraulichkeit (der Gössel) bis tief in den Herbst hinein erhalten, um erst dann einer Rangordnung Platz zu machen.«

Daß selbst gute Beobachter die Entwicklung der Rangordnung bei Gösseln übersahen, liegt wohl daran, daß sie unerwartet früh beginnt. Erst Sybille Kalas-Schäfer entdeckte im Frühsommer 1971, daß junge Gänse nach dem Schlüpfen zwar anonym fest aneinander kleben, sich aber nach ungefähr 6 bis 8 Tagen einen erbitterten Rivalenkampf liefern. Dieser Kampf wird meist nach einer längeren Ruhepause beim Aufwachen ausgetragen, gleichsam, als ob die gegenseitige Nichtbeachtung während des Schlafes eine schon bestehende Gewöhnung rückgängig mache. Bei Gösseln, die von ihren Eltern aufgezogen werden, finden die Kämpfe häufig nachts oder in tiefer Dämmerung statt und entziehen sich dadurch der Beobachtung.

Von Menschen geführte Gössel kämpfen meist in der Morgen- und Abenddämmerung. S. Kalas-Schäfer beobachtete sie im Dämmerschein der abgeblendeten Wärmelampe.

In bezug auf die Physiologie der Bewegungsweisen und ihre Entwicklung sind diese ersten Gösselkämpfe insofern aufschlußreich, als ihre Bewegungskoordination bis ins einzelne dem Flügelbugkampfe erwachsener Gänse gleicht. Besonders deutlich sind das Wegstrecken des zur Balance ausgebreiteten Flügelchens und das Einknicken des schlagenden Flügels im Handgelenk, wo Monate später die hornige Schlagwarze sitzen wird (Farbtafel XIII/1, 2, 3).

Merkwürdig ist die Reaktion der Eltern auf die kämpfenden Kinder. Sie schauen zwar intensiv und beidäugig hin, greifen jedoch niemals ein. Wir sind der Meinung, sie suchen nach einem Kleinraubtier, von dem ihnen die Gössel angefallen zu sein scheinen, sie »halluzinieren« ein solches gewissermaßen. Für diese Annahme spricht, daß sie dabei häufig den Schnabel öffnen und zischen (Farbtafel XIII/4).

Der Ausgang dieser ersten Kämpfe bestimmt weitgehend die Rangordnung der Geschwister; gleichzeitig ändert sich die Stellung des gegen den Partner ausgestreckten Halses. Während dieser vor Beginn der Rangordnungskämpfe stets dem Geschwister gerade entgegengestreckt wird, drückt sich die in den Kämpfen neu entstandene Rangordnung in der *Richtung* des Halsvorstreckens aus. Indem das Gössel den Stimmfühlungslaut intensiv äußert, streckt es den Kopf nicht gerade gegen das Geschwister hin, sondern schräg an ihm vorüberzielend. Diese Abweichung entspricht dem Grade, in dem das Individuum sich seinem Gegenüber *unterlegen* fühlt. Sybille Kalas-Schäfer hat diese Abweichung als das »ausweichende Grüßen« bezeichnet. Dieses kann sehr wohl die Antwort auf eine aggressive Verhaltensweise sein, wird aber auch geäußert, ohne daß eine auf den Grüßenden gerichtete aggressive Verhaltensweise vorausgeht. Selbstverständlich muß in solchen Fällen auch der aggressive Partner ein Familienmitglied sein, mit dem man den Stimmfühlungslaut austauscht. Wie Sybille

Kalas-Schäfer feststellen konnte, bleibt die durch die Kükenkämpfe der ersten Lebenswochen festgelegte Rangordnung bis zum Flüggewerden bestehen.

Wenn die Gänse etwas größer und im Stimmbruch sind, kommt ein weiteres Kennzeichen des Über- oder Untergeordnetseins zum Tragen, nämlich die unterschiedliche *Intensität* des Grüßens. In Situationen, die ein sehr intensives Grüßen auslösen, grüßt der Übergeordnete stärker als der Untergeordnete. Dagegen ist bei wenig intensiver Motivation beider die Äußerung des Untergeordneten lauter.

Einen Ausnahmefall bildet folgende Begebenheit, die ich beobachtete, nachdem die ursprüngliche Pflegerin einer Schar von vier Gösseln ausgefallen war und ich die Betreuung übernommen hatte. Die höchstrangige der vier Gänse hieß Resi, die schwächste Mitzi. Kurz nach dem Flüggewerden erzielten die beiden einen gemeinsamen Sieg über zwei Junggänse einer vergleichbaren Schar. Mitzis Sieg war auffälliger, sie verbiß sich in das Rückengefieder des Unterlegenen und wurde von ihm quer über den Teich geschleppt, während Resis Gegner plötzlich wegtauchte und sie allein am Platze blieb. Mitzi, die also sehr stark motiviert war, kehrte laut grüßend quer über den Teich zu Resi zurück, die sich ihrerseits zum Baden anschickte, wie es Gänse nach Kämpfen regelmäßig tun. Als nun die heraneilende Mitzi der Resi ihren Triumph in die Ohren schrie, wurde diese böse und biß nach der Untergeordneten, die alsbald verstummte. Ausgesprochen erheiternd wirkte die nun folgende Szene: Während Resi badete, verfiel Mitzi prompt in ein triumphierendes Grüßen, sobald Resis Kopf unter der Wasseroberfläche verschwand, und verstummte bescheiden, wenn er wieder sichtbar wurde.

Die zwischen Gösseln entstehende Rangordnung ist keineswegs durch Größe und Alter noch auch durch die individuelle Intensität aggressiven Verhaltens bestimmt. Jane Packard hat an vier von ihr aufgezogenen Gösseln in Stichproben alle Verhaltensweisen sozialer Interaktion ausgezählt, die auf den sechs möglichen Wegen zwischen vier Individuen gezeigt werden können. Sie stellte also fest, welches Tier was wie oft zu welchem anderen »sagte«. Hierbei ergaben sich erstaunliche individuelle Unterschiede; z. B. grüßte ein Gössel signifikant häufiger und intensiver als jedes andere. Vor allem aber ergab sich nicht die erwartete Korrelation zwischen individueller Aggressivität und Ranghöhe. Eine weibliche Junggans zeigte eine besonders hohe Schwelle der Auslösung von Fluchtverhalten und war gleichzeitig sehr wenig aggressiv. Dieses unaggressive, aber furchtlose Individuum wurde von Gösseln vergleichbarer Scharen auffallend wenig angegriffen und floh wesentlich seltener als sehr viel aggressivere Gössel. Es entstand in dieser Arbeit gewissermaßen eine kleine Charakterologie der Graugans, die von Jane Packard in Diagrammen wiedergegeben wurde.

Ebensowenig, wie Rivalenaggressivität als solche mit einer hohen Rangordnungsstellung einhergeht, bildet ein klares Rangordnungsverhältnis ein Hindernis für Bindungsverhalten. Sybille Kalas-Schäfer stellte fest, daß Geschwister, zwischen denen eine klare und scharfe Rangordnung herrschte, besser zusammenhielten als solche, die einander in Kämpfen genau gewachsen waren und eine feste Rangordnung nie ausbilden konnten. Zwischen diesen blieb eine gewisse Aggressivität bestehen und verhinderte einen allzu engen räumlichen Kontakt. Sybille Kalas-Schäfer ist der Ansicht, daß die feste Rangordnung eindeutig eine arterhaltende Funktion besitzt, indem sie die auf dem Einzelindividuum lastende soziale Spannung herabsetzt.

Verschiedene Formen des Stimmfühlungslautes

Die verschiedenen Formen des Stimmfühlungslautes sind zwar insofern voneinander unabhängig, als sie sowohl für unterschiedliche soziale Wechselbeziehungen kennzeichnend als auch akustisch deutlich voneinander zu unterscheiden sind;

anderseits sind sie durch so viele Übergänge miteinander verbunden, daß ein gemeinsamer Begriff angemessen ist. Alle Formen des Stimmfühlungslautes kann man als »das Schnattern« bezeichnen; selbst das Rollen darf im weiteren Sinne diesem Begriff zugeordnet werden.

Wir können am Stimmfühlungslaut zwei Parameter der Veränderung beobachten: erstens den Intensitätsanstieg, der vom leisesten Stimmfühlungslaut bis zur intensiven Begrüßung mit Halsvorstrecken und unter Umständen bis zum Triumphgeschrei emporsteigt, zweitens aber eine qualitative Abänderung, die offenbar unter Zunahme der Aggressivität vom flüssigen Schnattern zum Rollschnattern bzw. Gruppenrollen führt.

Das Grüßen

Wenn der Kontakt zwischen zwei sozial aneinander gebundenen Gänsen durch äußere Faktoren unterbrochen wird, sei es durch räumliche Trennung, sei es durch Ablenkung aufgrund eines Außenreizes, der sie zum Sichern veranlaßt, so verstummt für den Augenblick der Stimmfühlungslaut. Ist die Störung vorüber, nehmen die Gänse den Stimmfühlungslaut in etwas intensiverer Weise wieder auf, als sie ihn vor der Unterbrechung geäußert hatten. Da diese Erscheinung auch bei einer Wiedervereinigung getrennter Partner auftritt, liegt es dem Beobachter nahe, sie als »Begrüßung« zu bezeichnen. Selbstverständlich ist die Bezeichnung nur in bestimmten Fällen richtig; die Gänse »grüßen« ja auch, nachdem beispielsweise ein vorbeifahrender Lastwagen sie einen Augenblick lang zum Sichern veranlaßt hatte.

Bei einem solchen Wiederhervorbrechen des zeitweilig gehemmten Stimmfühlungslautes wird der Hals besonders weit vorgestreckt und im Nacken durchgedrückt. Stimmfühlungslaute mit Vorstrecken des Halses (»Schnattern«) unterliegen einer breiten Skala, sowohl was die Intensität der Bewegungsweise als auch was die Richtung des Halsvorstreckens betrifft, die ja, wie wir wissen, vom Rangordnungsverhältnis der Partner abhängt (Abbildungen 87, 88, 89).

Abb. 87/88: *Beim Grüßen zielt der Hals an dem begrüßten Artgenossen vorüber, die Abweichung ist bei intensiver Begrüßung besonders deutlich.*

Abb. 89: *Wenn die Familie nach dem Sieg über eine andere Gruppe gepreßt schnattert, können sich die Köpfe von Eltern und Kindern bei intensivem Grüßen beinahe berühren.*

Flüssiges Schnattern und gepreßtes Schnattern

Von jungen, in dichter Schar den Eltern folgenden Gösseln hört man eine besondere Form des »Wi«-Lautes, für die Sybille Kalas-Schäfer den Ausdruck »flüssiges Schnattern« gewählt hat, weil die außerordentlich schnell aufeinander folgenden Silben ineinander überfließen.

In der individuellen Entwicklung ist das flüssige Schnattern der Vorläufer des gepreßten Schnatterns und funktional auch des Rollschnatterns. Flüssiges Schnattern ist also kennzeichnend für Situationen, in denen die Eltern begrüßt werden, aber auch für solche, in denen sie einer anderen Familie Widerstand leisten. O. Heinroth hat dies sehr wohl als etwas qualitativ Besonderes erkannt und als »Familienpalaver« bezeichnet, bei dem die Kinder in das Schnattern der Eltern einstimmen. »Für den menschlichen Beobachter«, sagt Heinroth, »wirkt ein solches Familienpalaver begreiflicherweise ungemein komisch.« Wer die Ausdrucksweisen der Aggressivität der Graugans kennt, sieht, daß die Jungen in dieser Zeremonie das Schnattern der Eltern unterstützen, indem sie die Hälschen fast immer gegen die fremde Familie gerichtet halten, obwohl sie meist hinter ihren Eltern Schutz suchen. Immerhin wurde einmal von einem erst fünf Tage alten Gössel ein ernster Angriff auf ein Mitglied der rivalisierenden Familie beobachtet. Ein solcher tätlicher Angriff erfolgt stets stumm.

Das gepreßte Schnattern behält die hohe Silbenfrequenz und das intensive Halsvorstrecken auch nach dem Stimmbruch bei. Charakteristisch ist für diese Lautäußerung weiter, daß die relativ leisen Töne unter hohem Atemdruck hervorgepreßt werden. Ein bemerkenswertes Phänomen stellt sich ein, wenn nach der Familienauflösung die erwachsenen Jungen wieder Anschluß an die Eltern suchen, was nicht allzu selten vorkommt, besonders wenn die Eltern im betreffenden Jahr keinen Bruterfolg hatten. Um die Eltern wieder für sich zu gewinnen, können die vorjährigen Jungen dann erstaunlicherweise das flüssige Schnattern zwar nicht ganz mit Kinderstimme, aber doch in einer viel höheren Tonlage äußern, sich also gewissermaßen für Küken ausgeben. Im nächsten Augenblick können sie mit tiefen Tönen, die ihrem Lebensalter entsprechen, auf andere Artgenossen Bezug nehmen. Eine solche »willkürliche« Veränderung eines Ausdruckslautes ist uns sonst von Anatiden völlig unbekannt.

Den Übergang vom Familienpalaver bzw. vom flüssigen Schnattern zum Rollschnattern haben wir an sehr selbstsicheren und aggressiven, menschenaufgezogenen Junggänsen aus nächster Nähe beobachtet. Mit dem Stimmbruch mischen sich zwischen die raschen Töne des flüssigen Schnatterns allmählich tiefere und rauhere, die höchstwahrscheinlich einer weiteren selbständigen Lautäußerung, dem sogenannten Rollen, zuzuordnen sind.

Das Rollen mit Schnattern

In gewisser Hinsicht ist also das Rollen an die Ausdrucksweise des Schnatterns gebunden. Zweifellos ist das Rollen von der Gegenwart eines Individuums abhängig, dessen Persönlichkeit auch als Stimmfühlungs- bzw. Schnatterpartner in Frage käme. Man hört nämlich Rollen nur einem solchen Artgenossen gegenüber, mit dem man, wie Helga Mamblona-Fischer sagt, »…im Verhältnis des gemeinsamen Stimmfühlungslautes steht oder dem man ein solches Verhältnis zumindest antragen möchte«. Helga Mamblona-Fischer nimmt an, daß beim Rollen stets eine widersprüchliche Motivation von Bindung und Aggressivität vorhanden sei.

Wenn man z. B. im Dunkel der Nacht eine jenseits einer größeren Wasserfläche ruhende Graugansschar anruft, in der man allerdings einige »gute Bekannte« haben muß, so antwortet einem eine Serie von ungemein lauten, kurz trompetenden Schreien. Zunächst neigte ich zu der Ansicht, daß dieser in unserem Institutsjargon als »Rätsellaut« bezeichnete Ruf den Warnlauten zuzuordnen sei, doch sahen wir später, daß auf dieses einsilbige Rollen nach einigen weiteren abgehackten Tönen ein regelrechtes gepreßtes Schnattern wie beim Triumphgeschrei folgte. Partner von Ganterpaaren wenden dabei die Schnäbel einander zu und lassen das gepreßte Schnattern ohne Übergang folgen.

In ziemlich reiner Form hört und sieht man das Rollen bei jungen Gantern, die eben das erste Lebensjahr überschritten haben und nun beginnen, durch Imponiergehaben und Angriffe gegen bestimmte Gänse um die Gunst eines Weibchens zu werben. Mit hoch erhobenem Kopf, weit geöffnetem Schnabel und heruntergezogenem Zungenbein, was den Hals sehr dick erscheinen läßt, wendet sich der Ganter meist gegen einen Geschlechtsgenossen oder, mangels eines solchen, auch gegen einen Scheingegner (siehe Martin, S. 41) und stößt ein »lautes, sich überschlagendes (obertonreiches) Geschrei aus. Auf langgezogene Laute, die in Klang und Spektrogramm Ähnlichkeit mit Warnlauten und Distanzlauten zeigen, aber länger sind als letztere, folgen in unregelmäßigen Abständen kurze, abgehackte Töne, die dem Schnattern bzw. dem Stimmfühlungslaut ähneln«. So beschreibt H. Mamblona-Fischer den einleitenden Teil des Triumphgeschreis. Es »wird intensiver«, fährt sie fort, »d. h., die Töne werden lauter, höher und länger, und der Hals wird stärker durchgedrückt, wenn der Ganter nach einem Vorstoß gegen den Gegner wieder zurück zum Weibchen eilt. Dabei nimmt er eine stärker ausgeprägte Imponierhaltung ein: er öffnet weit die Flügel, drückt die Brust heraus und spreizt das Schwanzgefieder. Manchmal legt er die Strecke zum Weibchen sogar fliegend zurück. Kurz vor dem Weibchen verlangsamt er sein Tempo; das Rollen nimmt ab und geht allmählich in ein Schnattern über, in das das Weibchen einfällt« (Abbildung 90). An diesem Zitat ist nur das Wort »allmählich« zu korrigieren. Zwischen dem letzten Laut des Rollens und dem Beginn des Schnatterns liegt stets eine kurze, aber charakteristische Synkope.

Abb. 90: *Bewegungsfolge beim klassischen Triumphgeschrei.*

Die Beziehungen des Rollens zum Schnattern sind also mehrfach. Erstens sind die beiden mischbar: Die abgehackten, wenn auch nicht rhythmisch aufeinanderfolgenden Laute, die zum Ende längeren Rollens hin gleichmäßig zu hören sind, beziehen, meiner Meinung nach, ihre Anordnung vom Schnattern. Zweitens ist das Rollschnattern einer Gruppe höchstwahrscheinlich eine Überlagerung von gepreßtem Schnattern und Rollen; von letzterem bezieht es die Tonlage und die Stärke, von ersterem die rasche Silbenfrequenz, die Haltung der maximal vorgestreckten Hälse und deren Konvergenz. Drittens ist die Aufeinanderfolge von Rollen und Schnattern durch eine der wichtigsten Zeremonien der Gänsesozietät rituell aneinander gebunden: Das klassische Triumphgeschrei besteht aus der Aufeinanderfolge von aggressivem Rollen und bindungsmotiviertem Schnattern. Und schließlich glaube ich Übergänge zu kennen, die zwar nicht vom Rollen zum Schnattern führen (beim Triumphgeschrei liegt immer eine kleine Pause zwischen dem Ende des Rollens und dem Beginn des gepreßten Schnatterns), aber umgekehrt. Eine sehr zahme Gans, die im Triumphgeschrei-Verhältnis zu einigen ihrer Beobachter steht und diesen gegenüber ein völlig richtiges gepreßtes Schnattern äußert, läßt sich in voraussagbarer Weise dadurch erzürnen, daß man ihr ein Brotstück immer schwerer erreichbar macht und schließlich in unerreichbarer Höhe vorhält. Dann mischt sich in zunehmendem Maße unverkennbar Rollen in ihr Schnattern, gleichzeitig beißt sie fester zu. Die persönliche Erzürnung des Vogels gegen den Menschen ist deshalb besonders interessant, weil »normale«, nicht durch Bindungsmotivationen bewegte Gänse beim Futterbetteln den Fortgehlaut äußern.

Das Triumphgeschrei und seine bindende Wirkung

Was der Beobachter einer Gänseschar am häufigsten und eindrucksvollsten zu hören bekommt, ist das Triumphgeschrei, und es erweist sich als der wichtigste Faktor, der innerhalb der Schar die einzelnen Paare zusammenhält und damit die Infrastruktur der Schar bestimmt. Die durch Ritualisation entstandene feste Koppelung von Rollen und gepreßtem Schnattern ist offenbar wesentlich für die Bindung zwischen den Partnern eines Paares, die diese Zeremonie ausführen. So verschieden das Zusammenfinden einzelner Gänsepaare auch vor sich gehen mag, stets ist das gemeinsame Triumphgeschrei der Partner das Endergebnis der Paarbildung. Beobachtet man solche Paare mit ihren Jungen, etwa Mercedes und Florian oder Sinda und Blasius, so kann man in ihrem Verhalten zueinander wenige Unterschiede finden. Die Motivation, die jeder dieser Vögel empfindet, mit seinem Partner Triumph zu schreien, scheint von überwältigender Stärke zu sein.

Heinroth beschreibt das Triumphgeschrei folgendermaßen: »Der einfachste Fall ist der: Ein Gänsepaar mit Jungen oder ohne Junge kommt in die Nähe eines fremden Artgenossen. Der Ganser rennt oder schwimmt mit vorgestrecktem Hals wütend auf den fremden Vogel los, und dieser nimmt dann gewöhnlich Reißaus. Sofort kehrt sich der Angreifer um, eilt schleunigst zu seiner Gattin zurück (Farbtafel XIV), und nun stoßen beide ein lautes Triumphgeschrei aus. Ein Schmettern geht in ein leises eigenartiges Schnattern – etwa durch ein sehr nasales fortlaufendes Gang-gang-gang-gang-gang wiederzugeben – über. Die Tiere sehen dabei aus, als wollten sie jeden Augenblick übereinander herfallen, und schreien sich die lauten Rufe direkt in die Ohren, noch immer den Kopf nur wenig über den Erdboden haltend.« (Abbildungen 91, 92)

Das so beschriebene »klassische Triumphgeschrei« beginnt in den meisten Fällen mit einem hohen, durchdringenden Laut, dem sich unmittelbar das Rollen anschließt. Nach einer kleinen Pause, die nur selten ausbleibt, folgt darauf das gepreßte Schnattern (Farbtafel XV). Man kann spekulieren, daß vielleicht der ritualisierte Zusammenhang, die »Kohäsion« von Rollen und Schnattern, das Individuum dazu treibt, mit dem Partner, mit dem es soeben gerollt hat, nunmehr auch zu

Abb. 91/92: *Ganter, der mit klassischem Triumphgeschrei zur Gans zurückkommt.*

schnattern, die Zeremonie also zu Ende zu führen. Daß die ritualisierte Verbindung von Rollen und Schnattern indessen nicht absolut zwingend ist, haben wir schon erfahren.

In Heinroths Beschreibung ist bereits die Tatsache erwähnt, die wir bei Besprechung des Stimmfühlungslautes angeführt haben. Der Ausdruck »in die Ohren schreien« deutet an, daß das grüßende Vorstrecken des Halses nicht wie bei der Drohung direkt gegen den Partner, sondern an ihm vorüber kommentiert wird.

Das Rollschnattern oder Gruppenrollen

Aus dem »Familienpalaver« und dem flüssigen Schnattern entwickelt sich ein anderes ritualisiertes Verhalten, das Helga Mamblona-Fischer als eine besondere Form des Triumphgeschreis auffaßt. Ich möchte es begrifflich vom »klassischen Triumphgeschrei« trennen, weil hier nicht die Aufeinanderfolge der beiden Elemente ritualisiert ist, sondern ihre gleichzeitige Entladung. Beim eigentlichen Triumphgeschrei erfolgt nach dem Angriff zuerst durch das Rollen eine Entladung aggressiver Motivation und, durch eine Pause scharf davon getrennt, der plötzliche Übergang zum gepreßten Schnattern, der wohl einem Kontrastphänomen der umschlagenden Stimmung von Aggressivität auf Bindungstrieb entspricht. Das gepreßte Schnattern entspringt sicher einer Motivation, bei der Aggressivität überhaupt nicht mitspielt.

Beim Rollschnattern sind dieselben Komponenten wie beim klassischen Triumphgeschrei beteiligt, jedoch besteht hier die Ritualisation, wie schon gesagt, darin, daß beide Motive gleichzeitig ausgedrückt werden. Während beim Triumphgeschrei die Gänse einander, mit gekreuzten Köpfen gegenüberstehend, »in die Ohren schreien«, sind beim Gruppenrollen die Köpfe einerseits auf die gegnerische Gruppe gerichtet, anderseits so nahe beieinander wie möglich (Abbildung 93). Deshalb habe ich diese Ritualisierung früher als die »Zeremonie der konvergierenden Hälse« bezeichnet.

Das Gruppenrollen tritt vor allem im Herbst und Winter auf, wenn viele Familien oder »Triumphgeschrei-Gesellschaften« auf dem Herbstzuge in einer Schar zusammenhalten. Helga Mamblona-Fischer sagte darüber: »Die so auf kleinem Raum zusammengedrängten Vögel beginnen schon beim geringsten Aufmerksamkeit erregenden Anlaß zu rollen, wie z. B. bei

Abb. 93: *Die Zeremonie der konvergierenden Hälse oder das Gruppenrollen: Die Gruppe unterstützt den links im Bilde stehenden Ganter, der sich darauf zu einem neuen Angriff gegen die fliehende Familie entschließt.*

Ortswechsel oder Stellungsänderungen von Artgenossen, Aufgeschrecktwerden durch ein Geräusch u. a. Sie nehmen dabei meist Imponierhaltung ein, wölben die Brust vor, sträuben Hals- und Schwanzgefieder und halten den Hals senkrecht oder schräg empor (Abbildung 94). Oft beginnt das Rollen damit, daß ein einzelner Ganter Warnlaute ausstößt: alle anderen Gruppenmitglieder fallen dann sofort mit Rollen ein. Sie stehen dabei Gruppe gegen Gruppe gewandt, mit nach oben gehaltenen Hälsen. Die Nachbargruppen beginnen daraufhin ebenfalls zu rollen, und in der dichten Schar der Gänse pflanzt sich das Geschrei wie eine Kettenreaktion von Gruppe zu Gruppe fort.«

Unter der Motivation des Rollens reckt die Gans den Hals lotrecht nach oben, die von Helga Mamblona-Fischer beschriebene Schrägstellung entsteht durch Einmischung der auf das Gegenüber gerichteten Drohstellung, entspricht also einem Gemisch von Rollen und Drohen. Der Kehlkopf ist tief nach unten gezogen, so daß der Mundhöhlenbogen zwischen den Unterkieferästen und weiter abwärts stark hervortritt, was eine

Abb. 94: *Rollen mit gewölbter Brust.*

Verdickung des Halses bewirkt. Dabei entstehen an der Oberfläche zwei Längslinien zwischen dem Schlundkopf und der Nackenmuskulatur.

Sehr oft kommt es beim Gruppenrollen zwischen benachbarten Gruppen zu tätlichen Auseinandersetzungen, die sich in der Regel auf aggressive Vorstöße mit Beißintentionen beschränken. Weiter sagt Helga Mamblona-Fischer, daß man zu der Zeit, in der das Gruppenrollen auftritt, fast nie eine andere Form des Triumphgeschreis beobachtet. Wenn sich Gänse im Verlauf dieser Zeremonie der eigenen Gruppe zuwenden, so dringt durch ihre Lautäußerung das gepreßte Schnattern hervor, doch senkt sich der Hals nicht, wie sonst bei dieser Lautäußerung, bis ganz zur Horizontalen herab. Auch verschwinden die Rolltöne keineswegs, vielmehr überlagern sich die Laute des Rollens und des Schnatterns. Dies gibt dem gesamten Geschrei sein charakteristisches Gepräge. Nach einer vorübergehenden Zuwendung zwischen den Partnern wenden sich die Tiere sofort wieder gegen die feindliche Gruppe, so daß die Hälse zwischen dem Partner und dem Gegner hin- und herpendeln. Häufig führen diese beiden Richtungstendenzen dazu, daß die Mitglieder einer Familie oder einer Gruppe in geschlossener Phalanx nebeneinander stehen und ihre Köpfe dicht nebeneinander auf den Gegner zeigen.

Als einmal mehrere Gruppen gleichzeitig nach längerer Abwesenheit zurückkamen, geschah es wiederholt, daß sich von den einheimischen Gänsen etliche Familien beim Rollschnattern zu einer gemeinsamen Phalanx vereinigten. Nachdem aber die Fremden geflohen waren, trennte sich die einheitliche Gruppe in zwei Gruppen, die gegeneinander Front machten.

Das Rollschnattern stellt eine Art Nervenkrieg dar, Sieg oder Niederlage, Vordringen oder Flucht hängen oft von scheinbar geringfügigen Einflüssen ab. Vor vielen Jahren registrierte ich, daß von zwei vielköpfigen, hoch im Range stehenden Familien stets die von Kamillo über die von Schwestermann siegte. Die Verhaltensprotokolle meiner Mitarbeiterin Heidi Buhrow besagten regelmäßig das Gegenteil. Wir begannen einander beinahe zu mißtrauen, bis wir dahinterkamen, daß die Anwesenheit des einen oder anderen Beobachters für Sieg oder Niederlage einer Familie entscheidend war. Kamillo war nämlich eine Zeitlang in seiner Jugend mit drei Schneegantern in meiner Schar gelaufen, und meine Anwesenheit erhöhte seine Selbstsicherheit wesentlich.

Unter bestimmten Umständen spielt das Rollschnattern eine entscheidende Rolle für die Rangordnung zwischen den Familien, dann nämlich, wenn die Gänse nicht in ihrem Brutgebiet, sondern auf dem Herbstzuge sind. Solange unser Institut am Ess-See in Oberbayern stationiert war, pflegten wir die Gänse mit Futter auf Tümpel des nahegelegenen Hochmoores zu locken. Dort fühlten sich die Gänse stets weniger sicher als »zu Hause«, blieben auch nie längere Zeit, wenn nicht ein ihre Selbstsicherheit unterstützender befreundeter Mensch und die lockende Wirkung von Futter dabei waren. Die Familien hielten sehr fest zusammen und äußerten noch vor der Landung in der Luft neben Distanzlauten viel Rollen. Wenn eine frisch angekommene Schar gelandet war, drängte sie gewöhnlich schon in der Anordnung der »konvergierenden Hälse« vom Wasser aufs Trockene und zeigte deutlich aggressives Verhalten. Unter diesen Umständen war die Korrelation zwischen Kopfzahl der Familie und Rangordnung offensichtlich. Weder ich noch einer meiner Mitarbeiter erinnern sich, einen Flügelbugkampf gesehen zu haben. Leider gibt es in Grünau keine Gelegenheit, die Gänse in eine ihnen fremde Umgebung zu bringen, in der ein ähnliches Verhalten zu erwarten wäre.

Rollen ohne Schnattern

Obwohl der Beobachter das Rollen häufig in Zusammenhang mit dem Schnattern beim klassischen Triumphgeschrei und dem Gruppenrollen zu hören bekommt, muß das Rollen als eine unabhängige Instinktbewegung betrachtet werden, da es oft genug auch ohne die durch Ritualisation entstandenen Verbindungen auftritt. Es gibt eine Reihe von Situationen, in denen ein Rollen ohne Schnattern zu beobachten ist, obwohl sich dabei nicht nachweisen läßt, ob die Lautäußerung im Einzelfall vom Vorhandensein eines möglichen Partners unabhängig sein kann.

Ein Rollen, das nicht von Schnattern gefolgt ist, hört man in den seltenen Fällen, in denen zwischen den Partnern eines Ganterpaares unvermittelt ein Kampf ausbricht. Ganterpaare, die dauernd eng zusammenhalten, also sehr wohl einen starken Bindungstrieb offenbaren, können lange Rollduette äußern, in denen kein Schnattern vorkommt (Abbildung 95). Bei einem alten, außerordentlich aggressiven Ganter, der keinen Partner besitzt, und bei dem möglicherweise der Bindungstrieb nicht voll entwickelt ist, hört man dauernd ausschließlich das Rollen. Das alleinige Rollen ist seltener als die klassische Sequenz des vom Schnattern gefolgten Rollens im Triumphgeschrei; ganz sicher hat es in dieser Zeremonie seine wichtigste Funktion.

Schließlich können auch in einem Triumphgeschrei das Rollen und Schnattern auseinanderfallen, wenn sich der Ganter

Abb. 95: *Rollduett eines Ganterpaares.*

sehr weit von seinem Triumphgeschrei-Partner entfernt hat, einen Sieg erficht, aber anschließend den fernen Partner nicht mehr rechtzeitig erreicht, weil seine spezifische Erregung schon vorher im Leeren verpufft ist. Die spezifische Triumphgeschrei-Erregung ist offenbar auf einen ganz bestimmten Abstand zwischen den Partnern abgestimmt.

Helga Mamblona-Fischer betrachtet das Rollen als ein Verhalten, das im wesentlichen vom Konflikt motiviert wird. Dies ist wohl teilweise richtig; Aggressivität und die ihr gegenüberstehende Bindungsmotivation spielen sicher eine Rolle, daneben aber auch die Eigenmotivation der nichtritualisierten Verhaltensweise. Funktionell ist diese ganz bestimmt als Imponiergehaben nach der Definition von Heinroth aufzufassen, die dahin lautet, daß die betreffende Bewegungsweise eine abschreckende Wirkung auf das Männchen und eine anziehende auf das Weibchen entwickle, wie das ja bei vielen sogenannten Selbstdarstellungen der Fall ist. Der rollende Ganter (Abbildung 96) macht sich so groß und eindrucksvoll wie nur möglich.

Abb. 96: *Rollende Gans: Deutlich sichtbar ist die Verdickung des Halses durch Herabziehen des Zungenbeins.*

Ganter oder Gans?

Heinroth sagt, es sei verwunderlich, wieviel ein Vogel (ein Ganter), der weder über speziell zur Schau differenzierte Federn, wie der Pfau, noch über auffallend gefärbte aufblasbare Organe, wie der Fregattvogel, verfügt, »aus sich zu machen weiß«.

Wenn man das Verhalten eines Gänsepaares nur oberflächlich kennt, ist man über die Verschiedenheit des Verhaltens von Männchen und Weibchen erstaunt. Man kann es kaum glauben, wenn man aus dem Ethogramm erfährt, daß es bei der Graugans nicht eine einzige erbkoordinierte Bewegungsweise gibt, die geschlechtsspezifisch, d. h. nur einem Geschlecht zu eigen wäre.

Verschieden ist allerdings die Häufigkeit, mit der eine Bewegungsweise von dem einen oder anderen Geschlecht ausgeführt wird. Zwar haben wir den »Winkelhals« vereinzelt auch bei Weibchen gesehen, von Gantern aber Tausende Male. Wir haben die »intimsten weiblichen Verrichtungen«, wie z. B. das Zurücklegen beim Nestbau und den »Hauchlaut«, ausgelöst durch kleine Gössel, gelegentlich an Gantern beobachtet. Dem menschlichen Schüler vermögen wir keine Anleitung zu geben, wie man ein Weibchen oder ein Männchen mit Sicherheit an dieser oder jener Bewegungsweise erkennen könnte. Es möchte scheinen, daß die neurologisch-anatomische Veranlagung, die »Verdrahtung« der Bewegungsweisen bei Männchen und Weibchen gleich sind, die Bedingungen hormonaler und reizphysiologischer Natur aber, die bei beiden Geschlechtern die verschiedenen Bewegungsweisen aktivieren, außerordentlich verschieden.

Das Sich-Erkennen der Geschlechter

Wir kennen viele Wirbeltiere, Säuger, Vögel, Fische und auch gliederfüßige Tiere, bei denen die Geschlechter äußerlich nicht verschieden sind und die einander dennoch auf Anhieb richtig erkennen, d. h., höchstwahrscheinlich nie den Versuch machen, gleichgeschlechtliche Paare zu bilden. Dies wird durch einen Mechanismus bewirkt, der zuerst von Beatrice Lorenz-Oehlert entdeckt und analysiert wurde. Allerdings müssen genügend potentielle Partner beiderlei Geschlechts zur Wahl stehen. Ist nur ein möglicher Partner vorhanden, können sich auch zwei Männchen oder zwei Weibchen miteinander verpaaren, wobei der jeweils dominantere die männliche Rolle übernimmt.

Bei allen diesen Tieren besteht eine merkwürdige Ambivalenz des sexuellen Verhaltens: Jedes Individuum verfügt über einen geschlossenen Satz der männlichen wie der weiblichen Verhaltensweisen. Teile dieser beiden Systeme mischen sich im allgemeinen nicht; welcher von ihnen zum Durchbruch kommt, hängt ausschließlich von dem Verhältnis zum Paarungspartner ab. Unbeeinflußte Partnerwahl vorausgesetzt, wählen die Weibchen dominierende, die Männchen aber dominierbare Partner und lassen dementsprechend den einen oder anderen Satz geschlechtsgebundener Verhaltensweisen in Erscheinung treten. Vögel mit dominantem Partner verhalten sich als Weibchen, und der dominierende Partner spielt die männliche Rolle, gleichgültig, welchen Geschlechtes die beiden sind. Bei Haustauben ist dies bekanntermaßen so, Dohlen und wahrscheinlich viele Rabenvögel verhalten sich nicht anders.

Eine Reihe von Versuchen mit Paaren verschieden starker Partner hat uns davon überzeugt, daß bei zwei einander unbekannten Individuen in voller Fortpflanzungsstimmung bei einer Begegnung mit einem Artgenossen stets drei autonome Erregungsarten gleichzeitig aktiviert werden: Sie sind erstens zum Kampf motiviert, zweitens zur Paarung und drittens zur Flucht.

Was nun bei den beiden Geschlechtern verschieden ist, ist die *Mischbarkeit* dieser drei Erregungsqualitäten. Kampf- und Fluchtmotivation sind in Männchen und Weibchen beliebig mischbar. Man kann jede Drohung als Auswirkung von Aggressivität, gehemmt durch eine Beimischung von Fluchtmotivation, definieren. Das Männchen kann auch mitten aus dem Balzverhalten heraus tätliche Angriffe auf das Weibchen ausführen; beim Weibchen hingegen erlischt jede sexuelle Erregung, sowie sie den Partner oder die Partnerin dominiert. Auch wenn der von ihr unterworfene Gegner ein Männchen ist, ist sie außerstande, sexuell auf ihn zu reagieren. Diese Verschiedenheit von Männchen und Weibchen scheint eine bei höheren Wirbeltieren weitverbreitete Erscheinung zu sein.

Wenn sich zwei einander unbekannte Individuen einer solchen Art erstmalig begegnen, so vollzieht sich, woferne beide in geschlechtsreifem Alter sind, eine bestimmte Folge von Verhaltensweisen. Beide Tiere gehen in Imponierstellung, und jedes versucht, in der nun folgenden sozialen Auseinandersetzung die Oberhand zu behalten. Sind beide gleich stark und von gleichem Geschlecht, so kommt es zum Kampf, nach dessen Entscheidung eines der beiden flieht und sich in den meisten Fällen nicht wieder mit dem betreffenden Gegner einläßt. Ist einer der beiden ein Weibchen, so geht es, oft sehr abrupt, vom Kampfverhalten zu geschlechtlichen Verhaltensweisen über.

Der Papageienzüchter Norbert Grasl hat versucht, die Geschlechter von äußerlich nicht unterscheidbaren Prachtfinken dadurch zu bestimmen, daß er zwei Individuen nach längerer Einzelhaft zusammensetzte. Da sich die Tiere sofort traten, glaubte er nun ihr Geschlecht zu kennen. Dies erwies sich als ein Irrtum. Er fand heraus, daß der jeweils zuletzt umgesetzte, noch etwas erschreckte Vogel regelmäßig die Rolle des Weibchens übernahm, der andere die des Männchens.

Besonders untersucht wurde die Ambivalenz des Verhaltens von A. A. Allen am Waldhuhn *(Bonasa umbellus)*. Die Determination des männlichen oder weiblichen Verhaltens hängt nicht von Hormonen, sondern ausschließlich von den vom Partner ausgehenden Reizen ab. Wir kennen Fälle, in denen derartige Tiere mit zwei Partnern, einem dominanten und einem dominierten, verpaart waren und innerhalb von Sekunden zwischen männlichem und weiblichem Partner wechselten. Männchen- oder Weibchenpaare lassen sich bei solchen Vögeln beliebig erzeugen und entstehen allzuoft ungewollt. Der Taubenzüchter weiß oft erst, wenn vier Eier (statt der von einem Weibchen zu erwartenden zwei) im Neste liegen, daß er zwei Weibchen für ein Paar gehalten hat.

Eine solche vom Partner abhängige Umstellung des geschlechtlichen Verhaltens kennen wir bisher von Anatiden nicht. Während also eine Henne, die des männlichen Partners beraubt ist, kräht und untergebene Artgenossen zu treten versucht, bleibt eine isolierte weibliche Graugans immer ein Weibchen. Begattungsverhältnisse zwischen reinblütigen Grauganisweibchen habe ich nie gesehen, wohl aber zwischen weiblichen Hausgänsen und Hausgansmischlingen. Der einzige Fall einer festen Paarbildung zwischen zwei Weibchen ist uns von der Südamerikanischen Pfeifente *(Anas sybillatrix)* bekannt. Diese Form ist aber auch insofern aberrant, als das Weibchen ein voll ausgebildetes Männchen-Prachtkleid trägt. Wenn bei Enten zwei Männchen ein Paar bilden, was im Prägungsexperiment leicht zu erreichen ist, behalten beide ein durchaus männliches Verhalten.

Trios, die dadurch entstehen, daß sich an ein Ganterpaar ein Weibchen anschließt, kommen immer wieder vor; dagegen sind solche, bei denen zwei Weibchen mit einem Ganter verbunden sind, sehr selten und kommen nur dann zustande, wenn zwei Weibchen an ein Männchen gebunden und darum zusammengehalten werden. In zwei von mir selbst beobachteten Fällen waren die beiden Weibchen jeweils Schwestern, die aus derselben Brut stammten, einander sehr ähnlich und zur Zeit der Verpaarung noch durch enge familiäre Beziehungen miteinander verbunden. In diesen Fällen vertrete ich die manchen vielleicht unglaubhafte Theorie, daß der Ganter seine beiden Frauen nicht unterscheiden konnte, wenn er sie nicht dicht nebeneinander sah. Einst nisteten die beiden Weibchen eines dieser »Trios« sehr nahe beieinander und konnten nicht verhindern, daß sich ihre Kükenscharen vermischten und nicht mehr zu trennen waren. Bei dieser Gelegenheit setzte es einen der wenigen Flügelbugkämpfe, die wir jemals zwischen zwei Graugansweibchen entbrennen sahen.

Eine andere Frage ist, ob nicht das Auftreten der Bindung zwischen zwei Gantern schon ein Versagen des Lorenz-Oehlertschen Mechanismus bedeutet. Ein Ganterpaar gleicht in so vielen Elementen einem heterosexuellen Gänsepaar, daß man vermuten könnte, eine einzige Fehlfunktion könne zu einer solchen Bindung führen. Daß dabei die Motivation der Begattung keine Rolle spielt, ist sicher.

Es ist fraglich, ob dieser relativ einfache Mechanismus der Geschlechtsdiagnose bei der Graugans überhaupt eine Rolle spielt. Möglicherweise laufen bei der noch zu besprechenden »Werbung in Duckmäuserhaltung« solche Vorgänge ab. Reste einer Dominanz des Ganters sind auch in langdauernden glücklichen Bindungen erkennbar. Es gibt Situationen, in denen die Gans Demutshaltung vor ihrem Ganter einnimmt und er manchmal sogar andeutungsweise und gehemmt nach ihrem Nacken beißt.

Die Paarbildung

Der Zusammenhalt eines Gänsepaares bildet den Grundstock, die »Infrastruktur«, auf der sich die Sozietät aufbaut. Eine unverpaarte Graugans ist gewissermaßen kein vollständiger Repräsentant ihrer Spezies. Die Paarbildung zweier Individuen, die, wie wir wissen, manchmal auch zwei Ganter, nie aber zwei weibliche Gänse betreffen kann, beginnt meist im Vorfrühling, wenn die Gänse eine sexuelle Reifung durchmachen. Da jedoch im gefährlichen Freileben Grauganspaare häufig auseinandergerissen werden, wäre es unzweckmäßig, wenn die Bereitschaft zur Paarbildung jahreszeitlich begrenzt wäre. Das plötzliche Auftreten des Sich-Verliebens kann eine Graugans in jeder Phase ihres jährlichen Fortpflanzungszyklus überfallen. Selbst brütende Gänse oder solche, die sich eben zur Brut anschicken, können sich plötzlich der Werbung eines »anziehenden Hergelaufenen« zugänglich zeigen. Eine andressierende Funktion belohnender Reize ist nicht erforderlich, worin eine gewisse Ähnlichkeit zur Prägung liegt.

Eine freundschaftliche Beziehung, die einer späteren Paarbildung den Weg bereiten kann, entsteht häufig dadurch, daß sich zwei Individuen durch das »Schicksal«, z. B. nach dem Tode des Partners, zusammenschließen, oder durch Verkauf in eine fremde Gänsesozietät versetzt werden und dort gewissermaßen aufeinander angewiesen sind. Tierhändler versuchen oft bei seltenen Gänsearten eine Verpaarung zweier Vögel, die nichts voneinander wissen wollen, mit dieser Methode zu erreichen.

Das Imponiergehaben

Bei der ersten Begegnung, d. h. bei dem rätselvollen blitzschnellen Vorgang des Sich-Verliebens, spielt das Imponiergehaben der beiden Partner eine wesentliche Rolle. Definitionsgemäß bezeichnen wir mit Heinroth alle Verhaltensweisen als Imponiergehaben, die geeignet sind, den Partner anzulocken und gleichzeitig den Rivalen zu vertreiben. Da beide Funktionen ziemlich vielen Verhaltensweisen zukommen, ist der Begriff wenig scharf bestimmt. Bei allen Lebewesen, bei denen das Männchen dem Weibchen rangmäßig übergeordnet ist, wie bei der Mehrzahl der Knochenfische und der Vögel, ist das Imponiergehaben daher in erster Linie Sache der Männchen.

Es schließt sehr häufig eine Zurschaustellung überschüssiger Kraft ein, was schon William MacDougall gesehen und als »conspicuous waste« bezeichnet hat. Immerhin dient dem Imponiergehaben eine Reihe speziell ritualisierter und nur in dieser Funktion gezeigter Verhaltensweisen, so daß ihre Beschreibung im Ethogramm der Graugans berechtigt erscheint.

Auch wenn das Imponiergehaben nicht mit einer erhöhten Kampfbereitschaft einhergeht, ist es so beschaffen, daß es Eigenschaften zur Schau stellt, die bei dem künftigen Familienvater arterhaltend günstig erscheinen. Schon der werbende Ganter zeigt eine merkwürdige Verschiebung der Schwellenwerte jener Reizkombinationen, die bei ihm Angriff auf den artgleichen Rivalen und Flucht vor außerartlicher Bedrohung auslösen. Alle Schwellenwerte von Warnlauten und Fluchtbewegungen sind ebenso erniedrigt, wie sein Mut gegenüber Artgenossen erhöht ist. In einer Gänsefamilie ist stets der führende Ganter der erste, der vor einem artfremden Feind warnt, und der letzte, der vor einem Rivalen flieht.

Die Kogge

Bei der Graugans sind manche Imponierbewegungen speziell dazu ritualisiert, den Vogel größer erscheinen zu lassen. Der imponierende Ganter liegt hoch auf dem Wasser, indem er die Tragfedern sträubt, und hebt außerdem die Flügel im Schultergelenk an, so daß die Ellenbogen emporragen und der ganze Flügel seitlich sichtbar wird. Durch das Emporragen der hinteren Körperpartien erinnert die Stellung an die Form mittelalterlicher Segelschiffe und heißt deshalb in unserem Institutsjargon »die Koggenhaltung« (S. 213: Abbildungen 66, 67, 68). Diese Stellung sieht für den Anatidenkenner täuschend so aus, als ob sie die Kampfbereitschaft des Ganters zur Schau stelle, ähnelt sie doch deutlich der Drohhaltung des Höckerschwans. Die Heinrothsche Definition besagt, daß Imponiergehaben gleichermaßen Kampf- wie Balzbereitschaft bekunde; die Kogge der Graugans aber müssen wir eindeutig unter die Balzbewegungen einreihen: Denn niemals kommt es vor, daß ein Ganter aus dieser Stellung zum Angriff übergeht.

Das Imponiersichern

Wenn eine größere Gänseschar in unbekanntem Gelände weidet, spielt das Sichern, insbesondere das Imponiersichern, eine große Rolle. Es sind ganz bestimmte Individuen, die dauernd sichern und für die sich der Ausdruck »Sicherganter« eingebürgert hat. Ein solcher sichert nicht wie gewöhnlich mit horizontal gehaltenem Schnabel, sondern er tut es in einer Stellung, die gleichzeitig vom Imponiergehaben beeinflußt ist und die wir deshalb als »Imponiersichern« bezeichnen. Der Vogel steht hoch aufgerichtet mit breiten Schultern und vorgewölbter Brust da, der Schnabel ist über die Horizontale erhoben, und die Augen treten durch die Sympathikuserregung ein wenig aus ihren Höhlen (Abbildungen 97, 98). Bei höchster Intensität dieser spezifischen Erregung führt der Ganter manchmal eigenartige, seitlich windende Bewegungen mit Kopf und Hals aus, die wohl sicher Drohbedeutung haben.

Jeder Sicherganter betrachtet das Imponiersichern gewissermaßen als sein Vorrecht, verhindert jeden anderen in seiner Nähe am Sichern und greift ihn sofort an, sollte er dies versu-

Abb. 97/98: *Imponiersichern: Der Sicherganter duldet diese Verhaltensweise bei keinem anderen Ganter in seiner Nähe.*

chen. Der einzige Vogel, dem ein Sicherganter das Imponiersichern dicht neben sich erlaubt, ist die eigene Gattin, die allerdings dieses Verhalten viel seltener zeigt. Da die sichernden Ganter einander geflissentlich aus dem Wege gehen, nehmen sie häufig Positionen an der Peripherie der Gänseschar ein, zumeist an Stellen, die einer Deckung am nächsten liegen, in einer Richtung also, aus der Gefahr zu erwarten ist.

Schon wegen dieser räumlichen Entfernung geraten die hochrangigen Sicherganter so gut wie nie aneinander. Wird die Gänseschar veranlaßt, besonders eng zusammenzurücken, z. B. wenn gutes Körnerfutter gestreut wird, kann es geschehen, daß zwei Sicherganter, ohne es zu merken, nahe aneinander geraten und bei Alarm gleichzeitig die Köpfe heben und einander Auge in Auge gegenüberstehen. Dann geschieht etwas sehr Merkwürdiges, das M. R. Chance als »cut-off-behavior« bezeichnet hat: Beide Ganter geben vor, einander nicht gesehen zu haben, sie blicken haarscharf aneinander vorbei anderswohin und bewegen sich wie zufällig in entgegengesetzte Richtung.

Die Häufigkeit des Imponiersicherns ist bei verschiedenen Individuen sehr unterschiedlich; es gibt Ganter, die nie in diesen Rang aufrücken, und andere, bei denen die persönliche

Geschichte des Vogels eine modifikatorische Verstärkung des Imponiersicherns hervorrufen kann. Der 1970 geschlüpfte Ganter Airotsohn übernahm in früher Jugend seiner verwitweten Mutter gegenüber die Rolle des Partners und neigte in seiner Beflissenheit besonders stark zum Imponiersichern. Mit seiner späteren Gattin brütete er auswärts und verbrachte nur Herbst und Winter in Grünau. Heute noch übertrifft er in seiner Neigung zum Imponiersichern alle anderen Ganter, und daran erkannte ich ihn nach längerer Abwesenheit bei seiner Rückkehr im Juli 1985.

Besonders oft und intensiv tritt das Imponiersichern des Ganters in den ersten Phasen der Werbung auf, zu jener Zeit, in der die Gans sich noch zurückhaltend zeigt und der Ganter in der schon von Heinroth beschriebenen Weise Schritt für Schritt neben ihr herstolziert.

Die Werbung in Duckmäuserhaltung

Es gibt eine Phase im Leben der Graugans, während der ihre »Selbstsicherheit« auf ein Minimum reduziert ist, dann nämlich, wenn die junge Gans eben aus dem Zusammenhalt der Familie gelöst ist und nun auch deren Rangordnungsstellung in der Hierarchie der Gänseschar verloren hat. Diese nunmehr rangniedersten Jungvögel pflegen die auf Seite 229 f. beschriebene *Demutshaltung* einzunehmen. Gerade in dieser scheinbar ungeeigneten Phase beginnen die ersten Annäherungen zwischen den Geschlechtern; den Zusammenhang haben wir jedoch erst spät entdeckt.

Meist ist es der Ganter, der die Initiative ergreift und ein Weibchen umwirbt oder sich gelegentlich »irrtümlich« an andere Männchen wendet. Er beginnt dem Objekt seiner Werbung nachzufolgen und bewegt sich dabei um einiges schneller, als eine Gans in Duckmäuserhaltung sonst zu tun pflegt. Dadurch fällt er auf. Der Ganter trachtet die Wendungen des prospektiven Partners vorwegzunehmen, der Gans jeden

Schritt »am Gesicht abzusehen«, und so kommt es zu dem typischen »Parallelgehen« junger Paare.

Bei dieser Form des ganz langsamen Dahinschreitens geschieht es oft, daß einer der Vögel wie futtersuchend den Schnabel steil nach unten richtet. Wenn diese Bewegung aus der Duckmäuserhaltung heraus erfolgt, so zeigt sich ganz zufällig und nur für Augenblicke die typische Stellung des *Winkelhalses*. Allmählich aber scheint es, als ob die Bewegungsimpulse der Duckmäuserhaltung und des Abwärtssehens *einander gegenseitig festhielten,* und schon ist die ritualisierte Bewegungsweise des Winkelhalses gegeben. Eine von der Futtersuche unabhängige Abwärtstendenz drückt sich bei der beschriebenen Verhaltensweise darin aus, daß der werbende Vogel häufig nach den an seinem Lauf befindlichen Ringen beißt. Besonders auffällig ist dabei die offensichtliche Demut des Männchens, die nur ganz allmählich die Fluchtreaktionen des Weibchens ausschaltet, bis schließlich seine unmittelbare Nähe geduldet wird und auch das Schnattern des Ganters, bei dem er seinen Kopf ganz nah an den des Weibchens bringt, keine Fluchtreaktionen mehr auslöst. Diese scheinbar so schüchterne Werbung zeigt also den gleichen Enderfolg wie die aufdringliche Werbung des kämpfenden Ganters.

Bei der aktiveren Werbung etwas älterer Ganter um »schüchterne« Weibchen glaube ich zu sehen, daß die Umworbene »vorgeblich« nicht nach dem auf sie Bezug nehmenden Ganter hinblickt, gelegentlich aber doch einen raschen Blick auf ihn wirft, ohne den Kopf zu wenden. So kommen die typischen »verstohlenen« Blicke aus dem Augenwinkel zustande, die nicht mit der Richtung des Kopfes übereinstimmen. Bei allen Vögeln ist die Lidspalte fest mit dem Augapfel verbunden und dreht sich mit diesem, anders als bei Säugetieren und Menschen, wo sich der Augapfel unter der unbewegt bleibenden Lidspalte bewegt. Wo man bei Vögeln eine farbige Umrandung der Lidspalte vorfindet, signalisiert diese die Blickrichtung des Vogels, was Heinroth an Tauben untersucht hat.

Bei der stillen und bewegungsarmen Balz in Duckmäuserhaltung mag diesem Augenspiel eine besondere Rolle zukommen, wenn auch bei dieser Form der Annäherung der Geschlechter schwer zu entscheiden ist, wer von den beiden der aktivere ist. Der Beobachter nimmt unwillkürlich an, daß der aktiv sich nähernde Vogel ein Männchen sei, kann sich aber gerade in dieser Phase der Beobachtung sehr irren. Es fehlen auch Beobachtungen darüber, ob ein Weibchen, das auf dem Wege der Duckmäuserwerbung die Nähe des Männchens zu ertragen gelernt hat, später seinem stürmischen Herankommen beim Triumphgeschrei standhält.

Jedenfalls entsteht bei dem beschriebenen Parallelgehen jene Bindung, die ähnlich wie ein Gummiband wirkt, nämlich um so stärker, je weiter die beiden voneinander entfernt sind. Dieses »Miteinander-Gehen«, wie der österreichische Ausdruck für die beginnende Paarbildung der Menschen lautet, ist durchaus nicht bei allen Vögeln zu beobachten. Viele, z. B. Spechte oder Nachtreiher, werden fast nur durch die Bindung an den gemeinsamen Nistort zusammengehalten.

Die Werbung in Duckmäuserhaltung findet sich nicht, wie ich früher glaubte, ausschließlich bei reifenden jungen Gänsen. Ich sah auch schon einen alten, seit zwölf Jahren verwitweten Ganter in Duckmäuserhaltung und zwischendurch mit Winkelhals um eine siebenjährige Gans werben, und zwar im Juli, nach der Mauser.

Der Winkelhals

Diese fest ritualisierte Bewegungsweise, die schon im Abschnitt über die Werbung in Duckmäuserhaltung erwähnt wurde, muß eingehender besprochen werden.

Den Winkelhals als autonome Instinktbewegung entdeckten wir, als uns Rolf Ismer vor Jahren zwei erwachsene einzelngehende Grauganter zuschickte. Diese von allen Seiten verprügelten, sexuell aber sehr aktiven Vögel gingen fast dauernd mit

Winkelhals umher und machten uns auf die Existenz dieser Bewegungsweise aufmerksam, deren Herkunft ich zunächst mißdeutete, nämlich als eine Kompromißhaltung zwischen dem Bogenhals und einem gehemmten Drohen. A. Tipler-Schlager hat meine Deutung früh bezweifelt und einen Zusammenhang zwischen Winkelhals und Duckmäuserhaltung vermutet. M. Martys war der Ansicht, der fast senkrecht abwärts gerichtete Schnabel sei aus Freßintentionen zu erklären.

Eine genaue Analyse langer Videofilme ergab, daß Gänse, die in Duckmäuserhaltung neben anderen herschreiten, manchmal scheinbar am Boden etwas zu picken finden. Für Bruchteile von Sekunden ist dann beim Übergang von Duckmäuserhaltung zum Picken genau die Stellung des Winkelhalses gegeben. Beim Betrachten der Filme sieht man aber immer wieder, wie diese ursprünglich ganz rasch vorübergehende Stellung plötzlich »einfriert« und für Augenblicke, später für längere Zeit, beibehalten wird. Auf Menschen wirkt sie ausgesprochen angespannt, »unnatürlich«, und es leuchtet ohne weiteres ein, daß sie Signalwirkung besitzt (Abbildung 99). In diesem Sinne ist der Winkelhals funktionell ein Antrag zu einer festen Dauerbindung. Jahrelang haben wir den Winkelhals als eine geschlechtsgebundene männliche Verhaltensweise angesehen. Wie viele andere ist sie aber beim Weibchen vorhanden, wenn auch von sehr viel höherer Erregungsintensität abhängig und daher viel seltener zu beobachten.

Abb. 99: *Der Winkelhals entsteht aus einer Ritualisierung des »Nach-unten-Blickens« einer in Duckmäuserhaltung stehenden Gans.*

Die häufigste Form der Paarbildung

Dem plötzlichen Sich-Verlieben entspringt eine sehr wahrscheinlich obligate Reihe von Handlungsweisen, die zur endgültigen Paarbildung führen. Das Imponiergehaben des Männchens, das Zurschaustellen von Mut und Kraft, ist ja erst dann erfolgreich, wenn die angebalzte Gans seinen Triumphgeschrei-Antrag annimmt und nicht mehr vor ihm flieht.

Die »Werbung in Duckmäuserhaltung« ist wenig auffallend und kann anscheinend übersprungen werden, so daß der Ganter sofort mit Kraftdemonstrationen zu werben beginnt. Von einem Tag zum andern scheint er plötzlich wie verwandelt. Alle Leistungen willkürlicher Muskulatur werden mit übertriebener Kraftanwendung vollzogen. Der Ganter geht auf dem Trockenen mit extrem weiten, den Körper abnorm stark von rechts nach links drehenden Schritten. Die englische Sprache hat dafür das Wort »swaggering«. Der Vogel hält sich hoch aufgerichtet, drückt die Brust heraus und bläst den vorderen Luftsack etwas auf. In diesem Stadium greift er blindlings andere Lebewesen an, nicht nur Artgenossen, sondern auch solche, vor denen er nachweislich vorher Angst gehabt hat (wie schon bei Martin auf Seite 41 beschrieben). Durch Überraschungs- und Zufallssiege kann er seine ursprüngliche Rangordnungsstellung wesentlich verbessern. Alle Verhaltensweisen des Imponiergehabens tragen dazu bei.

Zu Beginn der Werbung mit echtem oder scheinbarem Angriff und nachfolgendem Antragen des Schnatterns hört man von mindestens einjährigen Gantern erstmalig eine Lautäußerung, die wir als »Rollen« bezeichnen. Die Aufeinanderfolge von »Rollen« und »gepreßtem Schnattern« in ihrer ritualisierten Form des »klassischen Triumphgeschreis« tritt in der eben beschriebenen Phase der Paarbildung ontogenetisch zum ersten Male auf.

Auch wenn die umworbene Gans zunächst nicht zeigt, daß sie den Demonstrationen des Ganters irgendwelche Beachtung schenkt, weiß sie doch ganz genau, daß die Darbietung ihr gilt.

Dies ist zweifellos, wie Heinroth annimmt, ein Erfolg der Kommunikation mittels der »Sprache der Augen«. Die Verstärkung der Blicksignale durch die während der Paarungszeit auffallenden Augenränder wurde schon erwähnt. Zugleich mit seinen enormen Kraftanstrengungen demonstriert der Ganter bei dieser Form der Balz auch »Fürsorge«, eine weitere wünschenswerte Eigenschaft des zukünftigen Familienvaters: Er sichert und warnt mehr als jeder andere, das Imponiersichern ist für dieses Stadium der Werbung kennzeichnend.

Die Bindung zwischen Gantern

Eine Erscheinung, die wir bisher nur von Gänseartigen kennen, ist die dauerhafte Bindung zwischen zwei Männchen. Zwei Ganter können so fest, ja, fester zueinanderhalten als die Gatten eines heterosexuellen Paares. Über diese Form der Bindung gibt es recht verschiedene Meinungen. Manche Beobachter betrachten sie als eine epiphänomenale Fehlleistung der neuralen Veranlagung, andere sehen in ihr eine vor- oder übergeschlechtliche Beziehung allgemeinster Art, die unabhängig von allem Geschlechtlichen betrachtet werden sollte.

In den Verhaltensweisen, durch welche die Partner eines Paares aneinandergebunden werden, ist die Ganterbindung der Ehe eines heterosexuellen Paares ziemlich ähnlich. Ein Uneingeweihter könnte jedenfalls eine Gänseschar ziemlich lange beobachten, ehe er dahinterkäme, daß manche der fest zusammenhaltenden Paare aus zwei Gantern bestehen. Doch wäre es irreführend, eine solche Bindung als »homosexuell« zu bezeichnen. Begattungsbeziehungen bestehen zwischen den Partnern nämlich nicht notwendigerweise. Auch zwischen Männchen und Weibchen eines regulären Paares spielen sie nur eine untergeordnete Rolle, für die Bindung der beiden ist das gemeinsame Triumphgeschrei ungleich wesentlicher als die Begattung.

Zwar gibt es Ganterpaare, von denen ein Partner den anderen regelmäßig tritt – was ja anatomisch durchaus möglich ist –, doch ist dies keineswegs immer der Fall (Abbildung 100). Schon, daß zwischen Ganterpaaren, bei denen es keine Begattung gibt, und solchen, bei denen sie vorkommt, kein wesentlicher Unterschied besteht, spricht dafür, daß der Begattung keine besondere Bedeutung im Sinne eines paarbindenden Faktors beizumessen ist. Da bestimmte ritualisierte Verhaltensweisen, die nicht unmittelbar mit Begattung zu tun haben, außer zwischen Ehepartnern nur zwischen aneinander gebundenen Männchen ausgetauscht werden, kann man die Bindung der letzteren nicht einfach als Freundschaft bezeichnen.

Abb. 100: *Kopulationsversuch zweier Ganter.*

Eine »gewöhnliche« Freundschaft zwischen Gänsen besteht sehr oft, auch zwischen Gänsen und Menschen ist sie möglich. Wenn ein Lebewesen ein anderes, und gehörte es auch einer anderen Art an, aktiv aufsucht und wie unter dem Einfluß des erwähnten »Gummibandes« bei ihm bleibt, mit ihm geht und es nach längerer Trennung wieder begrüßt, fasse ich dies als eine Freundschaft im gewöhnlichen Sinne des Wortes auf. Ich kenne Gänse, die den menschlichen Freund nach monatelanger Abwesenheit weit aktiver begrüßen als nach kurzer Trennung und, was auf den menschlichen Beobachter emotional besonders wirkt, sich dicht neben ihm zur Ruhe setzen. Solche Fälle möchte ich als Analogon von Freundschaft werten. Der Ausdruck »homosexuell« ist auch deswegen irreführend, weil er die Meinung nahelegt, die betreffenden Ganter neigten zu einer gleichgeschlechtlichen Bindung mehr als zu einer heterosexuellen. Die Bindung an einen anderen Ganter läßt ebensowenig eine Voraussage für künftige Verpaarungen zu wie umgekehrt eine heterosexuelle. Witwer aus langen fruchtbaren Ehen binden sich ungefähr ebenso häufig an Ganter, vielleicht besonders an solche in gleicher Lage, wie sich umgekehrt Partner von Ganterpaaren nach dem Tode des anderen mit einem Weibchen verpaaren. Der Ganter Veit beispielsweise »ehelichte« nach dem Tode seines Partners sofort eine weibliche Gans. Man kann also die »Homosexualität« eines Ganters durchaus nicht als eine »abwegige« Veranlagung werten.

Unterschiede zwischen Ganterbindungen und heterosexuellen Bindungen

Ein wesentlicher Unterschied zwischen diesen beiden Bindungsformen liegt darin, daß Ganterbindungen ohne weiteres zwischen Brüdern entstehen können, während wir nur ganz wenige Fälle von heterosexuellen Geschwisterehen kennen. Eine davon kam dadurch zustande, daß die beiden Geschwister in ihren ersten Lebensjahren vom »Schicksal« lange genug getrennt wurden, um ihre Verwandtschaft vergessen zu können. In einem anderen Fall handelte es sich um zwei Mitglieder aus einer Gruppe handaufgezogener Gänse. Die engen Bindungen an die menschliche »Ziehmutter« lockern sich naturgemäß mit dem Flüggewerden, dafür halten handaufgezogene Junggänse dann im sogenannten »Geschwisterverband« besonders fest zusammen. Da die weiblichen Geschwister, abgesehen von wenigen uns bekannten Ausnahmen, nicht auf das Werbeverhalten ihrer Brüder ansprechen, scheiden sie in der Regel durch die Verpaarung mit fremden Gantern aus dem Geschwisterverband aus. Die übriggebliebenen Brüder halten weiterhin eng zusammen und besitzen dadurch ein ungleich stärkeres Durchsetzungsvermögen gegenüber anderen Scharmitgliedern, als sie es ohne diese soziale Bindung hätten.

Die meisten Brüderpaare stammen aus handaufgezogenen Scharen. Darüberhinaus zeigen junge Ganter, die sich mit anderen Männchen verpaaren, eine deutliche Bevorzugung jahrgangsgleicher Partner. Nahezu zwei Drittel der bisher in unserer Kolonie bekannt gewordenen 18 Ganterpaare waren aus gleichaltrigen Individuen zusammengesetzt. Eine derartige Bevorzugung aufzuchtbekannter Tiere konnte Fritz Schutz an Enten und Gänsen auch experimentell nachweisen.

Ein weiterer bedeutender Unterschied zwischen heterosexuellen Paaren und Verbindungen männlicher Gänse besteht darin, daß bei letzteren die Bindung nicht auf eine Zweiergruppe beschränkt sein muß. Außer dem klassischen »Quartett« kennen wir auch andere Fälle, in denen mehr als zwei Ganter durch bindende Verhaltensweisen, vor allem durch das Triumphgeschrei, zusammengehalten werden.

Die Bindung zwischen Gantern verhindert indessen nicht, daß sie auf Weibchen mit sexuellen Reaktionen antworten, ohne sich deswegen notwendigerweise durch ein Triumphgeschrei an diese Weibchen zu binden. Die Ganter Veit und Rufus waren in den Jahren 1979 bis 1981 mit einem Weibchen zusammen, mit dem sie zweimal eine Brut Junge aufzogen. Als das Weibchen vom Fuchs gerissen wurde, änderte sich nichts an der Beziehung der Ganter zueinander. Auch die Ganter Max und Kopfschlitz zogen mit einem Weibchen Junge auf, Max zeigte aber nach dem Tod von Kopfschlitz keinerlei Bindung an das überlebende Weibchen. (Peter Scott stellte an freilebenden Kurzschnabelgänsen eine relativ hohe Häufigkeit von Familien mit zwei Vätern fest. Solche Dreiergruppen waren in der Aufzucht von Jungen besonders erfolgreich, weil beide Ganter die angreifenden Islandfalken bekämpften.)

Ganterpaare sind im allgemeinen erregter und machen mehr »Lärm« als heterosexuelle Paare. Ein Gänsepaar, das schon hoch in der Luft laut rollend angeflogen kommt, stellt sich beim Landen oft als ein Ganterpaar heraus. Dadurch daß beide Partner betont männliches Verhalten zeigen, wirken Ganterpaare im Vergleich zu heterosexuellen Paaren besonders aggressiv und sind häufig in Auseinandersetzungen mit Scharmitgliedern verwickelt. Dennoch kennen wir keinen Fall, in dem ein Ganterpaar einem Junge führenden heterosexuellen Paar auf Dauer rangordnungsmäßig überlegen gewesen wäre.

Die bei Ganterpaaren etwas erhöhte Häufigkeit verschiedener »Liebesbezeigungen« bringt es mit sich, daß der Gesamteindruck eines Ganterpaares dem eines eben jungverliebten heterosexuellen Paares mehr gleicht als dem eines alten Ehepaares. Die Partner von Ganterpaaren halten sehr dicht zusammen, und die unter ihnen ausgetauschten Lautäußerungen zeigen gewöhnlich eine Bevorzugung des Rollens, obwohl sie auch oft, »Wange an Wange«, ein gepreßtes Schnattern äußern können. Bezüglich ihrer Dauerhaftigkeit scheinen sich Ganterpaare nach unseren Erfahrungen nicht von heterosexuellen Paaren zu unterscheiden. Unser ältestes heute noch lebendes Ganterpaar besteht immerhin seit 1976.

Verhaltensunterschiede, die zwischen heterosexuellen Paaren und Ganterpaaren bestehen, hat Robert Huber in einer quantitativen Analyse erfaßt. Es stellte sich heraus, daß miteinander verpaarte Männchen nur wenig öfter sichern, als die Ganter »normaler« Paare dies tun. Der »Verdoppelungseffekt« führt jedoch dazu, daß Ganterpaare diese Verhaltensweise im Durchschnitt 2,2mal so häufig äußern wie reguläre Paare. Das Imponiersichern zeigen Partner von Männchenverbindungen außerhalb der Balzperiode nicht wesentlich öfter als die Ganter heterosexueller Paare. Bezeichnenderweise nimmt aber zur Zeit der Balz die Häufigkeit des Imponiersicherns bei den Männchen regulärer Paare signifikant zu, während die Werte bei Ganterpaaren gleichbleiben.

Zusammenfassend stellt Robert Huber fest: »Die Eigenheiten im Verhalten der Ganterpaare beruhen darauf, daß die Partner die einzelnen Verhaltensweisen mit besonders hoher Intensität ausführen. Innerhalb der Schar machen sie sich durch häufige und übertriebene Lautäußerungen bemerkbar. Oftmals sind Angriffe gegen inadäquate Ziele oder im Extremfall Scheinangriffe gegen imaginäre Gegner zu beobachten. Dies scheint durch die Allgemeinerregung verursacht zu sein, die bei Ganterpaaren deutlich höher ist als bei heterosexuellen Paaren. Da die Partner in der Regel gegenseitig männliches Verhalten äußern, kann es in Situationen, in denen Ganter und Gans unterschiedliche Rollen einnehmen, z. B. bei der Kopulation oder beim Triumphgeschrei, momentan zum Bruch der homosexuellen Bindung kommen.« In solchen Situationen kann man die Partner eines Ganterpaares miteinander in einen heftigen Flügelbugkampf verstrickt sehen, auf den meist im nächsten Augenblick, nach Ende des Kampfes, besonders intensiv sozial bindendes Verhalten folgt.

Störungen der Paarbildung durch Bindungsschwäche

Ich möchte nun das Paarbildungsverhalten einer Reihe von Gänsen betrachten, die zwar intensive paarbildende Verhaltensweisen gezeigt haben, zu einer Paarbindung indessen nicht oder nur in unvollständigem Maße gelangt sind. Wenn man tagebuchmäßig die Verhaltensweisen aneinanderreiht, die zwischen diesen »beziehungsschwachen« Gänsen beobachtet wurden, erhält man den Eindruck völliger Verwirrung. Erzählt man in unmittelbarer Folge, welche Gans mit welcher anderen räumlich zusammenhielt, ihr ein Triumphgeschrei antrug, mit ihr schnatterte, zählt man die Kämpfe, vom bloßen Vertreiben bis zu gefährlichen Luftkämpfen, dann drängt sich einem der Gedanke auf, welch gewaltiger Energieaufwand hier ohne jeden nachweisbaren biologischen Erfolg vertan wird.

Die erwähnten Gänse wurden von uns als die »Bindungslosen« bezeichnet, besser gesagt die Bindungsarmen. Sie waren meist in losem Verband an der Peripherie der Schar verstreut. Aus ihren wechselnden lockeren Bindungen ist meines Wissens kein erfolgreiches Brutpaar hervorgegangen. Von den Nachkommen der »Beziehungsschwachen« sind nur zwei flügge gewordene Junggänse anzuführen; das Paar Sinda und Blasius hingegen hat im selben Zeitraum insgesamt nicht weniger als zehn gesunde Gänse in die Welt gesetzt.

Die Eifersucht

Wie schon gesagt, durchbricht der merkwürdige, in so vieler Hinsicht dem »Sich-Verlieben« des Menschen ähnliche Vorgang auch bei der Graugans alle etwa vorhandenen Bindungen. Die junge Braut, das fest verpaarte, ja sogar schon nistende Weibchen, kann sich plötzlich einem anderen Partner zuwenden, und umgekehrt kann das Männchen unvermittelt seine Werbung auf eine andere Gans richten. In solchen Fällen stehen dem jeweils verlassenen Partner, ob Männchen oder Weibchen, ganz bestimmte, instinktmäßig programmierte Verhaltensweisen zur Verfügung, die wegen ihres durchaus wiedererkennbaren Ablaufes hier aufgeführt werden müssen.

Die Eifersucht des Männchens

Die allerheftigsten Kämpfe, die zwischen zwei Gantern jemals ausgefochten werden, scheinen mir der Ausdruck einer ganz bestimmten Situation zu sein, die dann eintritt, wenn eine Gans auf alle beide anspricht und »nicht weiß, für welchen von ihnen sie sich entscheiden soll«. Diese meine Hypothese ist nicht beweisbar, doch gibt es besonders oft Fehden zwischen zwei einander ebenbürtigen Männchen, die um ein und dasselbe Weibchen werben.

Abb. 101: *Der hütende Ganter vertritt der fremdgehenden Gans den Weg zu seinem Rivalen.*

In anderen Fällen, in denen sich das Weibchen deutlich einem anderen Ganter zuwendet, zeigt das angepaarte Männchen sehr auffällig die Verhaltensweise des sogenannten Hütens (Abbildung 101). Das Weibchen, das sich in einen fremden Ganter verliebt hat, zeigt selten die Schüchternheit, die wir von unverpaarten Gänsen kennen, die sich immer nur »wie zufällig« in der Nähe des Geliebten aufhalten. Vielmehr rennt eine solche Gans unverhohlen auf den neuen Erwählten zu, während ihr »rechtmäßiger Gemahl« sie daran zu hindern sucht. Dann sieht man drei Gänse in eiligem Schritt durch das Gelände laufen: voran der vom Weibchen Erwählte, der nicht unbedingt der Werbung geneigt sein muß, hinter ihm die Gans und zwischen diesen beiden der mit ihr verpaarte Ganter, der dauernd bestrebt ist, ihr mit weit vorgestrecktem Halse gepreßt schnatternd den Weg abzuschneiden. Manchmal versucht er sogar, sie mit der Schulter wegzudrängen und sie gehemmt in den Hals zu beißen.

Nun kann es sein, daß der Ganter, dem die Gans nachläuft, gar nicht in sie verliebt ist und nichts von ihr wissen will. In diesem Falle läuft er passiv vor ihr davon und macht mit hochgehaltenem Kopf einen dicken Hals, indem er das gesamte Kleingefieder des Halses maximal sträubt (S. 229, Abbildung 81). Dies beobachtet man besonders dann, wenn der Ganter aus bestimmten Gründen, z. B. wegen der Bindung an seine eigene Partnerin, nicht wegkann. Der dicke Hals heißt also gewissermaßen: »Ich möchte gerne weg, muß aber leider am Platze bleiben.«

Wenn die von ihrem Partner gehütete Gans jedoch bei dem fremden Ganter Gegenliebe findet, entflammen oft erbitterte Kämpfe zwischen den beiden Gantern, deren Flügelbugschläge weithin zu hören sind. Wenn der ursprüngliche Partner dabei Prügel bezieht, heißt das nicht unbedingt, daß er nun alle Ansprüche auf sein Weibchen aufgibt. Wir haben erlebt, wie ein schwer angeschlagener Ganter nach einer totalen Niederlage seine Gans weiter zu hüten versuchte. Hüteverhalten zeigen auch Ganter, die ihre Partnerin von Situationen fernzuhalten suchen, die ihnen gefährlich erscheinen. Wenn eine sehr zahme Gans, die den Menschen grüßt und ihm entgegenkommt, mit einem sehr scheuen Ganter verpaart ist, kann man sein Hüteverhalten jederzeit auslösen, indem man die Gans zu sich lockt. Auch bei Partnern aus Ganterpaaren kann man Hüteverhalten sehen, wenn der Gespons die Neigung zeigt, zu einem anderen überzuwechseln.

Stößt die »fremdgehende« Gans bei ihrem Geliebten auf Gegenliebe und stellt sich dieser nun seinerseits dem Paar in den Weg, kommt es auch vor, daß der »rechtmäßige« Ganter seiner Partnerin gegenüber die Duckmäuserhaltung einnimmt. Dies tritt besonders dann ein, wenn beide Ganter nicht schneidig genug sind, um einen Entscheidungskampf herbeizuführen. Es kann auch sein, daß der Ehemann vor der Kampfeskraft des fremden Ganters Angst hat, dieser aber zur Werbung um das Weibchen nicht sonderlich motiviert ist.

Ein besonders merkwürdiges Eifersuchtsverhalten beobachtete ich an dem Ganter Veit im Spätherbst 1986. Veit hatte viele Jahre mit seinem Bruder Rufus in einer Ganterbindung gelebt, bis dieser im November 1985 bei Glatteis von einem Auto überfahren und getötet wurde. Der »Witwer« zeigte wenig Trauer, nach kurzer Zeit ging er eine Bindung mit einem jungen Weibchen ein. Einige Monate später schloß sich den beiden eine weitere Gans an. Der Ganter war nun auf jede seiner Frauen eifersüchtig: Wann immer diese in sein gepreßtes Schnattern einzustimmen suchten, trieb er sie auseinander, indem er sich zwischen sie drängte und nach beiden Seiten rollschnatterte.

Die Eifersucht des Weibchens

Auch dem Weibchen stehen verschiedene Verhaltensweisen zur Verfügung, mittels deren es ein Untreuwerden des Ganters verhindern kann. Wenn ein verpaarter Ganter sich in eine fremde Gans verliebt und dieser ein Triumphgeschrei anträgt, so hat das Weibchen eine geradezu raffinierte Methode, dies zu unterbinden. Im Augenblick, wo der Ganter einen Scheinangriff gemacht hat und sich anschickt, der Geliebten sein gepreßtes Schnattern anzutragen, fliegt die »legitime Gattin« schnell zu ihrer Rivalin, vertritt dem herannahenden Ganter den Weg und beginnt ihrerseits, intensiv zu schnattern. Die ritualisierte Koppelung von Rollen und Schnattern ist fest genug, um den Ganter zu zwingen, die Verhaltensfolge des klassischen Triumphgeschreis einzuhalten und nun seiner regulären Partnerin gegenüber zu Ende zu führen, wobei diese in sein gepreßtes Schnattern ungemein intensiv einstimmt. Auf den Beschauer wirkt dieser gesamte Vorgang des Abfangens eines Triumphgeschreis ungemein komisch, was immer eine Analogie zu menschlichem Verhalten vermuten läßt.

Rivalität um Nistplätze

Hochintensive Kampfreaktionen nicht nur zwischen Gantern, wenn auch hauptsächlich zwischen diesen, kommen vor, wenn zwei Paare denselben Nistplatz gewählt haben. Im Jahre 1985 entflammte zwischen den Gantern Muck und Siegfried, mit geringer Beteiligung ihrer beiden Partnerinnen, ein Streit um einen Nistkasten, der einsam auf einer Insel im sogenannten Forellenteich stand und vielleicht deshalb besonders attraktiv war. Die Ganter bekämpften einander wiederholt im Fluge, der eine erhob sich sogar bereits zum Angriff in der Luft, wenn er den anderen von weitem heranfliegen sah. Auch beim Streit um einen Nistplatz auf der Schwimmenden Insel im Almsee kam es zu Flugkämpfen.

Eifersucht zwischen Kükenscharen

Eine weitere, sehr intensive Form der Eifersucht ist sicher als ein Artefakt zu werten. Sie kommt nämlich nur vor, wenn ein Mensch versucht, zusätzlich zu einer bereits in ihrer Nachfolgereaktion auf ihn geprägten Schar von Graugänschen noch eine zweite zu übernehmen. Wir betrachteten dies des öfteren als wünschenswert, wenn weniger Pfleger als Gösselscharen zur Verfügung standen. Es entwickelt sich jedoch in einem solchen Fall eine so intensive Feindschaft der älteren Gänseküken gegen die jüngeren, daß ihr Zusammenhalten unmöglich gemacht wird.

Bei Enten ist das offenbar anders. Wenn man zwei Scharen von Entenküken »zusammenstößt«, wie das im bäuerlichen Jargon heißt, so setzt es zwar kurze erbitterte Kämpfe, die jedoch bald in Verwirrung enden, indem Küken derselben Brut gegeneinander zu kämpfen beginnen. Alsbald tritt Beruhigung ein.

Die Trauer

Graugänse, die ihren Partner verloren haben, zeigen alle Symptome, die John Bowlby in seiner berühmten Arbeit »Infant Grief« (kindliche Trauer) an kleinen Menschenkindern beobachtet und beschrieben hat. Der Sympathikustonus sinkt, und infolgedessen erschlafft die Muskulatur, die Augen sinken tief in die Augenhöhlen zurück, das ganze Individuum wirkt schlaff, es läßt im buchstäblichen Sinne »den Kopf hängen«. Wenn wir solches von einem Mitmenschen aussagen, so meinen wir damit eigentlich nicht seine Körperhaltung, sondern den Seelenzustand, dessen Ausdruck sie ist.

Ganz kleine Gössel, die ihre Eltern verloren haben, trauern nicht still, sondern weinen laut. Das heißt, sie äußern das Pfeifen des Verlassenseins. Sie sind völlig unfähig, irgendeine andere Tätigkeit auszuüben. Sie fressen nicht, sie trinken nicht, sie irren weinend umher. Wenn das Weinen kleiner Gänsekinder nicht bald gestillt wird, können sie schwere Schädigungen erleiden. Unter natürlichen Umständen haben solche »Perditos« ja auch keine Aussicht auf Überleben, sofern sie ihre Eltern nicht wiederfinden. Nur in den allerseltensten Fällen finden sie Anschluß an eine andere Familie oder ein stellvertretendes Elternpaar. Daher ist es für kleine Gössel durchaus sinnvoll, den letzten Funken der ihnen verbleibenden Energie zum Wiederfinden der Verlorenen aufzuwenden.

Dagegen zeigen erwachsene, flugfähige junge Gänse, die ihre Eltern verloren haben, tiefste Trauer mit allen von Bowlby beschriebenen Symptomen. Sie verhalten sich zwar sonst normal, suchen aber rastlos nach den verlorenen Eltern und rufen dauernd den Distanzlaut. Die Teilnahme der jungen Gänse an den Begrüßungszeremonien und besonders am Triumphgeschrei ihrer Eltern scheint für die psychische und physische Gesundheit der Jungen von allergrößter Bedeutung zu sein. Wenn sie eine Gans sehen, die schlafend ihren Kopf unter die Schulter gesteckt hat, glauben sie »optimistisch« in dem so Maskierten ein Elterntier zu erkennen, eilen grüßend auf ihn los und fliehen jammernd, sowie er den Kopf hebt und sich als unbekannt erweist. Die Physiognomie des Kopfes ist also für Gänse an Merkmalen erkennbar, die den Schnabel und die nächste Umgebung der Augen kennzeichnen. Wie der Gebrauch von Masken zeigt, reagieren Menschen ganz ähnlich.

Die intensivste Trauer zeigen Gänse, die ihren Triumphgeschreipartner verloren haben. Die Dauer dieses Zustandes ist indessen sehr verschieden. Heinroth berichtet von Witwen, die noch jahrelang nach dem Verlust, besonders zur Fortpflanzungszeit, nach dem Vermißten riefen. In anderen Fällen haben wir erlebt, daß der Witwer oder die Witwe schon nach Tagen eine Bindung mit einem neuen Partner einging. Bei Individuen, die lange getrauert haben, macht sich der Mangel des Sympathikustonus am Ausdruck der Augen bemerkbar. Mein Freund Erich Bäumer bemerkte einst beim ersten Anblick der damals schon sehr alten Gans Ada völlig richtig: »Die muß viel durchgemacht haben!«

Sogar ältere, schon lange verpaarte Gänse können nach Verlust des Triumphgeschrei-Partners erneut Anschluß an ihre ehemalige Familie suchen, auch wenn sie seit Jahren keine beobachtbaren Beziehungen zu dieser unterhielten. Handaufgezogene Gänse halten sich deutlich wieder in der Nähe ihres früheren Pflegers auf. Ein unvergeßliches Erlebnis dieser Art: Gudrun Lamprecht-Bracht und ich waren mit der Graugansschar im Hochmoor in Seewiesen und beobachteten den abendlichen Abflug der zum Ess-See zurückkehrenden Gänseschar. Als sie fort waren, bemerkten wir in dem gar nicht weiten Raum zwischen uns beiden eine Graugans, die teilnahmslos in extremer Duckmäuserhaltung verharrte. Da man aus der »Vogelperspektive« eine Gans nicht erkennt, bückten wir uns beide, um die Ringe des Vogels abzulesen. Es war der seit Jahren mit dem Ganter Kopfschlitz verpaarte Max; wir richteten uns betroffen auf und sagten wie aus einem Munde: »Kopfschlitz ist tot.« Dieser Rückschluß erwies sich als richtig.

Der Umstand, daß trauernde Gänse manchmal plötzlich verschwinden, beruht wahrscheinlich auf einer erhöhten Anfälligkeit für Unfälle. Es besteht aber auch die Möglichkeit, daß Gänse, vor allem wenn mehrere Schicksalsschläge sie in rascher Folge treffen, die Gegend verlassen. Allerdings haben wir keinen Fall zu Protokoll, daß ein solcher Vogel irgendwann wieder aufgetaucht wäre.

Der Verlust des Triumphgeschrei-Partners läßt in dem betroffenen Vogel jede Spur von Aggressivität versiegen. Auch wenn der Witwer vorher noch so hoch im Range stand, läßt er sich nunmehr von den schwächsten und rangtiefsten Artgenossen widerstandslos verjagen. Da Gänse, ebenso wie Dohlen, gegen vorher Übergeordnete besonders aggressiv sind, führt der Verwitwete ein recht trauriges Dasein an der Peripherie der Schar und kommt aus der Duckmäuserhaltung selten heraus. Die Situation ändert sich meist erst dann, wenn eine neue Triumphgeschrei-Beziehung ausgebildet wird. Verwitwete Ganter gehen eine solche neue Bindung häufig mit anderen Gantern ein.

Der Verlust des Triumphgeschrei-Partners hat also tiefgreifende Veränderungen im psycho-physiologischen Zustande einer Graugans zur Folge, dagegen geht sie über den Verlust kleiner Küken ohne weiteres zur Tagesordnung über. Auch das Fehlen mehrwöchiger Jungen löst meist kein intensives Suchen aus, höchstens dann, wenn ein größerer Teil der Kükenschar fehlt. Wenn sie schon älter sind, ist das Verhältnis zu den einzelnen Jungen offenbar persönlicher, doch kann ich nicht angeben, von welchem Alter an halbwüchsige Junge aktiv gesucht werden.

Hingegen beobachtete ich an einer Schneegans, von deren drei mehr als vier Wochen alten Jungen eines plötzlich gestorben war, intensives Suchen. Die Gans rannte pausenlos umher, so daß ihre übrigen beiden Küken Gefahr liefen, sie zu verlieren.

In Anbetracht der Intensität und manchmal auch der Dauer, mit der eine Graugans den verlorenen Partner betrauert, erscheint es mir bemerkenswert, daß ein Hund zwar seinen Herrn, nicht aber den Artgenossen merklich betrauert. Von

Schimpansen beschreibt Jane Goodall, wie ein junges Männchen, das beim Tod seiner Mutter körperlich und in seiner Ernährung bereits selbständig war und überdies von einer älteren Schwester bemuttert wurde, Erscheinungen der Trauer zeigte, die allmählich in eine Neurose übergingen und den Tod des Tieres zur Folge hatten.

Der Haß

In die Definition des Wortes »Haß« muß wohl der Umstand eingeschlossen werden, daß eine bestimmte Persönlichkeit das Objekt dieser Emotion ist. Haß äußert sich zwar in aggressivem Verhalten, ist aber keineswegs mit den vom gewöhnlichen Aggressionstrieb motivierten Angriffen zu verwechseln. Kennzeichnend für den Haß im Gegensatz zu gewöhnlichem aggressivem Verhalten ist seine Dauer. Die Gegnerschaft zweier Ganter kann sich über Monate und Jahre erhalten.

Ein persönlicher, auf ein ganz bestimmtes Individuum gerichteter Haß kommt manchmal dadurch zustande, daß zwei Ganter (von weiblichen Gänsen ist uns kein solcher Fall bekannt) durch eine dauernde Konfliktsituation aneinander »gebunden« werden, der sie durch wütende Aggressionen zu entkommen trachten. Eine typische Haßsituation bestand zwischen den Gantern Markus und Blasius, deren Kämpfe beinahe mit einem Todesfall geendet hätten. Es ist aber fraglich, ob diese seltsame Reaktionsweise nicht dadurch verursacht wurde, daß die drei von ihnen umworbenen Schwestern durch eine enge Beziehung zu ihrer Ziehmutter dauernd abnorm stark an diese gebunden waren.

Während diese Form des Hasses durch einen dauernden Wettbewerb um ein und dasselbe Objekt, sei es Weibchen oder Nistplatz, verursacht wird, gibt es auch andere Formen, die direkt aus einer Bindung entstehen. Die Psychoanalyse weiß, wie nahe Haß und Liebe zusammenhängen, und einige unserer Dokumente zeigen, daß Ganter, die früher in Liebe aneinander gebunden waren, einander hassen können. Der eindrucksvollste Fall dieser Art betrifft zwei Schneeganter, die sich im Prinzip nicht anders verhalten als Graugänse. Sie trennten sich nach einem langdauernden heftigen Duell und verfolgten einander zunächst nicht. Die Art aber, wie sie einander mieden, war hochinteressant. Wenn man sie zusammen in einen Flugkäfig sperrte, so blickten sie einander nicht an, sondern in typischem »cut off« peinlichst aneinander vorbei und vollführten Orgien von Übersprungbewegungen, namentlich von Putzen und Baden auf dem Trockenen. In größeren Abständen gab es auch wieder Duelle zwischen den beiden.

Oft sieht man ein Ganterpaar in höchster Ekstase des Triumphgeschreis; die Umorientierung der Hälse nimmt ab, bis die Vögel einander Aug in Aug gegenüberstehen, das Schnattern wird rauher, und im nächsten Moment haben die beiden einander an den Schultern gepackt und kämpfen mit heftigen Flügelbugschlägen. Der Mechanismus ihres Aneinandergeratens liegt wohl in einem Vorgang, den Jürgen Nicolai erkannt hat. Wenn ritualisierte Bewegungen einen bestimmten Grad der Intensität übersteigen, geht ihre Ritualisierung allmählich verloren, oder, besser gesagt, es tritt der nicht durch Ritualisation entschärfte Ursprung der Bewegung zutage. Beim Gimpel gibt es eine ritualisierte Form des Schnabelkampfes, der eine reine Liebeszeremonie bedeutet. Nicolai konnte zeigen, daß bei höchster Intensität, die er experimentell durch längere Trennung der Partner hervorrief, aus der Zeremonie ein ernster Kampf wurde, bei dem das Weibchen regelmäßig den kürzeren zog.

Miteinander verpaarte Ganter können manchmal heftig aneinandergeraten; ein solcher Ausbruch von Feindschaft ist nicht unbedingt unwiderruflich und klingt oft in erregtem, aber freundlichem Triumphgeschrei aus. In anderen Fällen dauerte sie auf Lebenszeit an, wie es von Max und Odysseus zu Protokoll steht, die sich nach einem Duell endgültig trennten.

Aus Haß kommt es zu ernsten Verfolgungen, häufig sieht man auch das interessante »verlegene« Vermeiden eines Zusammentreffens. Ein gutes Maß für die Intensität des Hasses ist die Entfernung, aus der ein Ganter auffliegt, um den gehaßten Gegner anzugreifen.

Die Bindung zwischen zwei Gantern fördert die allgemeine Fähigkeit zu hassen, auch wenn sie zunächst als ungetrübte »Liebe« zwischen den Vögeln erscheint. Ein aneinander gebundenes Brüderpaar, Veit und Rufus, begann eines Tages unvermittelt seinen Haß gegen meinen Assistenten Paul Winkler zu richten, von dem die beiden vielleicht in sensitiver Jugendzeit irgendwelche Feindschaft erweckenden Eindrücke erfahren hatten. Sie griffen diesen Mann nicht nur persönlich an (Abbildung 102), sondern übertrugen ihren Haß auch auf unser Institutsauto, an dessen Steuer sie ihn oft sahen. Paul war schließlich gezwungen, ihre Angriffe ziemlich energisch abzuweisen, und daraufhin griffen die Ganter an seiner Statt das Auto an – ein typischer Fall einer Radfahrerreaktion nach

Abb. 102: *Zwei sozial aneinander gebundene Ganter greifen gemeinsam die verhaßte Person an.*

B. Grzimek. Trotz größter Vorsicht des jeweiligen Fahrers kam Rufus eines Tages bei Glatteis zu Tode.

Veit verpaarte sich ohne sichtbare Trauer sofort mit einer Witwe. Im Spätherbst des nächsten Jahres trug er zusätzlich einer erst einjährigen Gans ein Triumphgeschrei an. Nach dieser Doppelverpaarung schien sein alter Haß gegen Paul Winkler noch zuzunehmen. Er flog schon zum Angriff auf, wenn auch nur das Dienstauto um eine Kurve bog, in der es auf eine Entfernung von 200 Meter sichtbar wurde, und suchte den Fahrer durch das Fenster zu erreichen. Pauls auf den Boden geworfene Jacke bekämpfte er bis zur völligen Erschöpfung.

Analogien

Das menschliche Ansprechen auf Analogien

Ich will nun auf den speziellen Erkenntniswert der unglaublich weitgehenden Analogien zu sprechen kommen, die zwischen dem Verhalten der Graugans und vielfältigen Einzelheiten des menschlichen sozialen Verhaltens bestehen. Oskar Heinroth schrieb vor mehr als 70 Jahren: »Ich habe in dieser Abhandlung besonders auf die Verkehrsform aufmerksam gemacht, und da zeigt sich, daß diese, soweit es sich um gesellige Vögel handelt, geradezu verblüffend menschlich sind, namentlich dann, wenn die Familie, also Vater, Mutter und Kind, einen so lang dauernden, engen Verband bildet, wie bei den Gänsen. Die Sauropsiden-Reihe hat hier ganz ähnliche Affekte, Gebräuche und Motive entwickelt, wie wir sie bei uns Menschen gewöhnlich für verdienstvoll, moralisch und dem Verstande entsprungen halten. Das Studium der Ethologie der höheren Tiere – leider ein noch sehr unbeackertes Feld – wird uns immer mehr zu der Erkenntnis bringen, daß unser eigenes Verhalten zur Familie und zu Fremden auf triebmäßigen Beweggründen beruht.« Es ist daher eine gute Strategie, Lebewesen zum Forschungsobjekt zu wählen, die reich an menschenähnlichen Verhaltensweisen sind, zumal wir uns von solchen emotional merkwürdig stark angezogen fühlen. Mein Vater, der in seinem hohen Alter viele Stunden in unserem Garten in Gesellschaft meiner Graugansschar verbrachte, betrachtete deren Verhalten völlig naiv und anthropomorph. Er mußte über Imponiergehaben, vor allem über mißglückte Darbietungen, herzlich lachen, er ärgerte sich über die Unterdrückung der Schwächsten und liebte die jungeführenden Ganter ob ihres mutigen Eintretens für die Familie. Er kannte die Rangordnung der Tiere genau und kam überhaupt ohne jede wissenschaftliche Betrachtungsweise erstaunlich gut mit den Vögeln aus. Mein Vater war ein großer Hundefreund und prägte den oft von uns zitierten Ausspruch: »Nächst dem Haushunde ist das zum Verkehr mit dem Menschen am meisten geeignete Tier die Graugans.«

Emotion und Naturwissenschaft

Ein solches emotionales Verständnis eines höheren Tieres wird vom Gefühl des Menschen – und wahrscheinlich ebenso von dem des Tieres – gesteuert und ist etwas sehr viel anderes als Naturwissenschaft. Beide, das emotionale Verständnis eines Vorganges und seine wissenschaftliche Erfassung, verleihen uns die Fähigkeit, Ereignisse vorauszusagen. Mein Freund Frank Fremont Smith definierte Wissenschaft dahin, daß sie »die Dinge voraussagbar macht«. Diese Definition trifft auf gefühlsmäßige wie auf wissenschaftliche Welterkenntnis gleichermaßen zu: Ich befinde mich zur Zeit in einem überheizten Zimmer, in dem sich der »Fühler« des Thermostaten unserer Zentralheizung befindet. Wenn man nun das Fenster öffnet, erfüllt sich mit Sicherheit meine Voraussage, daß nunmehr das ganze Haus überheizt werden wird. Wenn ich dagegen voraussage, daß sich mein Freund über ein bestimmtes Geschenk außerordentlich freuen wird, hat diese Voraussage ungefähr den gleichen Wahrscheinlichkeitswert, obwohl sie rein emotional begründet ist.

Das großartige kollektive Unternehmen der Menschheit, die Welt zu objektivieren und ein in sich widerspruchsloses Bild von ihr zu entwerfen, ist wenige hundert Jahre alt. Unvergleichlich älter, uralt, ist unsere gefühlsmäßige unreflektierte Wahrnehmung der Umwelt, einschließlich der sie bevölkernden Mitlebewesen. Eine Überlegenheit der Wissenschaft über unser rein emotionales urtümliches Verständnis der Welt liegt darin, daß sie aufgrund einer Zurückführung der Erscheinungen auf kleinere, basalere und schon verständliche Elemente Höheres, Komplexeres durchschaubar macht, und zwar in einer objektivierenden Weise, die jedem Mitmenschen einsichtig ist und der nicht widersprochen werden kann. Die Naturwissenschaft ist in diesem Sinne intersubjektiv.

Das in sich widerspruchsfreie und relativ einfache Bild der Welt hat der Menschheit eine ungeheure Macht über die umgebende Wirklichkeit verliehen, während viele Fragen, die den Menschen und die ganze organische Natur betreffen, vernachlässigt werden. Die Physik generalisiert allgemein verständliche und allgegenwärtige Gesetzlichkeiten und vernachlässigt die Strukturen, die ihr nur als Mittel zur Abstraktion dieser Gesetzlichkeiten dienen.

Die Erklärung der Welt setzt nicht nur die Einsicht in die allgegenwärtigen Naturgesetze voraus, sondern auch die Kenntnis der speziellen *Strukturen* der Materie, in denen diese Gesetzlichkeiten sich auswirken. Die Newtonschen Gesetze z. B. wirken sich als Pendelgesetze in der Struktur des Pendels völlig anders aus als im Kreislauf der Himmelskörper eines Sonnensystems. Die Reduktion, die Annahme, daß das komplizierte System »auch nichts anderes« sei als das einfachere, ist ein Irrtum, da die Struktur nicht vernachlässigt werden darf. Es ist ein weitverbreiteter Irrtum, daß die Regression auf immer Einfacheres, immer Kleineres ad infinitum weitergetrieben werden könne; mit anderen Worten, es ist ein Irrtum, zu glauben, daß die Wissenschaft nur aus Reduktion bestehe und der *Beschreibung der Struktur entbehren könne*.

Naturwissenschaft besteht also keineswegs nur aus ontologischer Reduktion. Ebensowenig kann die Naturwissenschaft, wie manche meinen, unter Ausschluß menschlicher Emotionen betrieben werden, wenn man glaubt, objektiv zu sein, indem man die Augen gegenüber den eigenen Gefühlen und Affekten schließt. Objektivierung besteht überall und immer darin, daß man die eigenen subjektiven Gefühle sehr wohl in Rechnung stellt und in das Bild der Gesamterkenntnis einbaut. Mein altes Vorlesungsbeispiel für Objektivierung: Ein Kind kommt aus dem Garten, und seine Wange, die meine Hand berührt, ist fieberheiß. Ich weiß jedoch, daß meine eigene Hand, die eben in kaltem Wasser gearbeitet hat, unterkühlt ist und daher Wärme verstärkt wahrnimmt. Daher glaube ich keinen Augenblick an eine Erkrankung des Kindes, ich habe meine subjektive Wahrnehmung aufgrund meiner Kenntnis ihrer Physiologie objektiviert.

Die beiden den Menschen offenstehenden Wege der Welterkenntnis sind so verschieden, daß manche Denker sie für unvereinbar halten. Herbert Pietschmann spricht von zwei Straßen: der des Gefühls, das zum subjektiv Wahren führt und es vom Falschen trennt, und vom Wege der intersubjektiven Wissenschaft, die Richtiges und Falsches unterscheidet. Lord C. P. Snow spricht sogar von zwei getrennten Kulturen des Menschen, von den unvereinbaren Welten von Kunst und Wissenschaft. Paul Weiss hat dazu kaustisch bemerkt (mündl. Mitteilung, etwa 1978), daß er den Menschen in seinem ganzen Wesen immer noch plastisch und »binokulär« sehe. Und schließlich hat kein Geringerer als Max Planck in einer kleinen, in den »Naturwissenschaften« veröffentlichten Schrift gezeigt, daß die Naturwissenschaft keine grundsätzlich anderen Methoden des Denkens und Erkennens verwendet, als es der Mensch auch sonst in seiner alltäglichen Naturerkenntnis tut.

Der Vertreter der evolutionären Erkenntnistheorie sollte sich darüber im klaren sein, wann er in seiner Tagesarbeit den einen und wann er den anderen Weg benutzt. Er kann gar nicht umhin, beides zu tun. Es käme einem Erkenntnisverzicht – der größten Sünde gegen den Geist der Forschung – gleich, im Sinne von Lord Snow, Pietschmann und anderen absichtlich ein Auge zuzumachen. Wir Biologen begegnen in unserem Alltagsleben täglich Systemen, deren wissenschaftliche Erforschung aussichtsreich erscheint, wie auch solchen, deren emotionales Verständnis uns näherliegt als das wissenschaftliche. Erstere sind vor allem niedere, letztere sind hochentwickelte Organismen. Dazwischen aber gibt es eine Unzahl von Lebewesen, die unsere gefühlsmäßige Anteilnahme wohl ansprechen, aber dennoch zumindest in einigen Teilen ihres Verhaltens eine objektivierende Analyse geradezu herausfordern. Es ist für den Forscher von überragender Wichtigkeit, zu wissen, wann er mit seinen eigenen emotionalen Reaktionen rechnen muß und wann objektivierende Analysen allein tragfähig erscheinen. Höhere Tiere sind Systeme, deren objektivierendes Verständnis zwar durchaus erstrebenswert erscheint, die aber gleichzeitig nach dem Prinzip der von Karl Bühler entdeckten Du-Evidenz eindeutig emotionale Reaktionen in uns hervorrufen.

Wenn wir uns vom Verhalten eines Tieres emotional angesprochen fühlen, ist das ein sicherer Indikator dafür, daß wir intuitiv eine Ähnlichkeit zwischen tierischem und menschlichem Verhalten entdeckt haben. Diese Tatsache dürfen wir in unserer Darstellung nicht verschweigen. Die Ähnlichkeit ist wissenschaftlich erfaßbar: bei n Merkmalen beträgt ihre Wahrscheinlichkeit
$$\frac{1}{2^{n-1}}.$$

Das Aufleuchten unseres emotionalen Ansprechens, unserer »Rührung«, ist also ein sicheres Anzeichen für eine hochgradige Ähnlichkeit zwischen tierischem und menschlichem Verhalten. Eine solche Ähnlichkeit gibt es aber, außer durch einen meßbaren Zufall, nur aufgrund von Homologie, d. i. die Abstammung von einem gemeinsamen Ahnen, von dem die ähnlichen Merkmale beider Formen ererbt sind, oder aber aufgrund von Analogie, d. i. eine »konvergierende« Entwicklung, die infolge eines gleichartigen Selektionsdruckes in diesem Sinne verlaufen ist.

Wir bezeichnen das Auge eines Kraken wie das eines Wirbeltieres als Auge, und wenn wir davon sprechen, denken wir durchaus nicht daran, jedesmal entschuldigend hinzuzufügen, wir wüßten genau, daß dieses Auge nicht »dasselbe« sei wie unser Wirbeltierauge. Solch hochgradig analoge Organe gleichen einander häufig bis in kleinste Einzelheiten; man möchte sagen, die technischen Lösungen, die sich dem Organischen anbieten, sind nicht unbegrenzt viele, und die »Lösungen«, die gefunden werden, sind einander so ähnlich, daß es dem Betrachter kaum glaublich erscheint, daß den beiden Konstruktionen kein gemeinsamer Plan zugrunde liegt. Erst genauere Vergleiche der Anatomie und insbesondere der Embryonalentwicklung solcher ähnlicher Organe überzeugen uns davon, daß sie verschiedener Herkunft sind.

Analogien als Wissens- und als Fehlerquellen

Verhaltensweisen von Tieren, die den unseren analog sind, empfinden wir als »verwandt«, und wir werden von ihnen »angesprochen«. Es gab Zeiten, da Extrapolationen menschlichen Verhaltens auf tierisches gang und gäbe waren und als allgemeingültig anerkannt wurden. Ich erinnere an die Schriften Alfred E. Brehms, der zumindest Vögeln und Säugetieren menschliche Eigenschaften und Leistungen zugeschrieben hat. Der »Anthropomorphismus« ist seitdem wissenschaftlich in Verruf geraten, so daß mancher Ethologe sich scheut, selbst tatsächlich vorhandene Analogien zwischen menschlichem und tierischem Verhalten auch nur zu erwähnen. Man vergißt, daß die zu erklärenden Ähnlichkeiten zwischen menschlichen und tierischen Verhaltenssystemen – ich nenne Rangordnungsstreben, Eifersucht, Bindungsverhalten – tatsächlich vorhanden und bemerkenswert sind.

Es ist verständlich, aber doch wohl erkenntnistheoretisch ein Irrgang, wenn der forschende Mensch an der Unlösbarkeit des Leib-Seele-Problems verzweifelt und folgert, es sei am besten, auch beim Menschen von der Erforschung des subjektiven Erlebens völlig abzusehen, wie extreme Behavioristen das getan haben. Beim Tier, dessen Verhalten objektiv leichter erforschbar, subjektiv aber grundsätzlich unzugänglich ist, liegt dieser

Schluß näher. R. Descartes behauptete vom Tier schlicht: »Animal non agit, agitur.« Erst Karl Bühler hat die wissenschaftliche Anerkennung der Du-Evidenz ins Leben gerufen. Einem biologisch denkenden Menschen erscheint es fast unglaublich, daß so große Denker wie Kant und Schopenhauer, die keine naiven Realisten waren, nie die Existenz von »Mit-Menschen« bezweifelt haben, wiewohl sie doch von deren Existenz nur durch die – ach, so verachteten – Sinnesorgane Kenntnis hatten.

Dem Denker, dessen Erkenntnistheorie auf der Einsicht in die Tatsache der Evolution beruht, ist die Du-Evidenz des Mitmenschen wie des höheren Tieres *unabweisbar*. Schließlich hat sich diese Überzeugung auch in den Tierschutzgesetzen aller Welt ausgedrückt. Wir sind gezwungen, das Du im höheren Tier anzuerkennen und die moralischen Konsequenzen daraus zu ziehen.

Diese Anerkennung darf uns jedoch nicht zu dem Glauben verleiten, daß wir die subjektiven Gefühle der Tiere kennen oder nachvollziehen können. Unser warmes Gefühl ist lediglich ein verläßlicher *Indikator* für konvergente Anpassung; wir werden von Strukturähnlichkeiten berührt, die uns auf wichtige, wenn auch nur mittelbar zugängliche Forschungsziele hinweisen. Zunächst sind dies sowohl die Bedingungen des emotionalen Ansprechens bei uns selbst als auch die vorerst unbekannten Funktionen bei Tieren.

Die weitgehenden und exakt quantifizierbaren Analogien, die zwischen verschiedenen Verhaltenssystemen einerseits des Menschen und andererseits der Graugans bestehen, lassen uns mit Sicherheit behaupten, daß beide phylogenetisch in konvergenter Weise von einem ähnlichen Selektionsdruck herausgezüchtet worden sind, entweder von einem, der in der Vergangenheit wirksam war, oder einem, der heute noch am Werke ist. *Welcher* Selektionsdruck das ist, vermögen wir nicht zu sagen. Ob Eifersucht, Aggression oder Rangordnungsstreben bei uns Menschen überhaupt einen positiven Selektionswert besitzen, wissen wir nicht, wohl aber können wir – und das ist wichtig – an unseren Tieren Forschungen experimenteller wie auch quantitativer Art anstellen. Bei unseren Gänsen sind wir in der glücklichen Lage, gewisse Verhaltenssysteme und ihre Funktionen über Generationen studieren und ihre Bedeutung für die Erhaltung der Art auswerten zu können, indem wir die Zahl der erwachsen sich von ihren Eltern lösenden Nachkommen ermitteln. Auf lange Sicht läßt die longitudinale Untersuchung eines sozialen Verhaltenssystems wesentliche Ergebnisse in dieser Richtung erwarten, und deshalb steigt auch der Wert einer andauernd beobachteten und protokollierten Population exponentiell mit der Dauer der Beobachtung.

Die Funktion der Rivalenaggression oder des Eifersuchtsverhaltens scheint bei unserem Beobachtungsobjekt selbstverständlich klar, bei näherer Betrachtung aber wird es fraglich, in welchem Sinne die von Soziobiologen geforderte Berechnung der Vorteile gegenüber dem Aufwande zu entscheiden sei. Als Vorteil für die Art mag in Betracht kommen, daß ein schneidiger Ganter einen günstigen Brutplatz und ein ebensolches Aufzuchtgebiet für seine Nachkommen erkämpft und hie und da vielleicht ein Junges vor einem Kleinraubtier rettet. Dagegen aber stehen der gewaltige Energieverbrauch der dauernden Reibereien und nicht zuletzt die nachweisbaren Gefahren, die aus den Rivalenkämpfen entstehen. Ganter, die man ständig in Auseinandersetzungen verwickelt sieht, sind durch Freßfeinde besonders gefährdet.

Wir leugnen nicht – und dürfen als objektivierende Verhaltensforscher gar nicht leugnen –, daß wir uns von Herzen freuen, wenn etwa eine bekannte alte Graugans uns beim Zurückkommen nach längerer Abwesenheit »freudig« begrüßt. Die Realität, die wir zu erforschen trachten, ist immer die Wechselwirkung zwischen uns selbst und der Außenwelt, zwischen dem subjektiven Erkennen und der Objektivität des Erkannten: »The process of knowing and the object of knowledge cannot legitimately be separated« (P. W. Bridgman). Was wir dabei aber nicht vergessen dürfen, ist die Tatsache, daß es uns völlig und wahrscheinlich für immer verborgen bleibt, was die Gans dabei empfindet. Daß irgend etwas Verwandtes in

Mensch und Tier vor sich geht, dürfen wir mit Sicherheit annehmen. Weil diese analogen Strukturen uns selbst als erkenntnisstrebende Menschen angehen, sollen wir es als Pflicht ansehen, sie zu erforschen, soweit es uns eben von der einzigen uns zugänglichen Seite her, der wissenschaftlichen, möglich ist.

Ich glaube, daß die Graugans mit den vielen und verschiedenartigen Ähnlichkeiten ihres Verhaltens zu dem des Menschen ein besonders günstiges Objekt für die wissenschaftliche Forschung darstellt. Ich schmeichle mir auch, die Neigung, tierische Motivation zu vermenschlichen, in engen Grenzen zu halten. Dagegen bilde ich mir keineswegs ein, daß eine geniale Erkenntnis meine Aufmerksamkeit auf diesen wichtigen Forschungsgegenstand gelenkt hat. Dies ist vielmehr der dichterischen Einsicht einer schwedischen Schullehrerin zu danken, die den Sinn des Lockrufes von Wildgänsen rein emotional, aber wissenschaftlich durchaus richtig mit den Worten übersetzt hat: »Hier bin ich – wo bist du?«

Literaturverzeichnis

Allen, Arthur A.: (1934) Sex Rhythm in the Ruffed Grouse (Bonasa umbellus Linn.) and other Birds. The Auk 51/2
Bischof, Norbert: (1985) Das Rätsel Ödipus. Die biologischen Wurzeln des Urkonfliktes von Intimität und Autonomie. Piper, München
Böttger, Helge: (1971) Untersuchungen zur Familienauflösung bei Wildgänsen. Experimentelle Arbeit zur Diplom-Hauptprüfung. MPI f. Verhaltensphysiologie Seewiesen und Univ. München
Bowlby, John: (1960) Grief and mourning in infancy and early childhood. Psychoanal. Study of the Child 15, 9–52
Brehm, Alfred E.: (1918) Brehms Tierleben. Bibliographisches Institut, Leipzig und Wien
Bridgman, Percy W.: (1958) Remarks on Niels Bohr's Talk. Daedalus (American Academy of Arts and Sciences)
Bühler, Karl: (1922) Handbuch der Psychologie, I. Teil, Die Struktur der Wahrnehmung. Fischer, Jena
Busch, Wilhelm: (1865) Max und Moritz
Chance, M. R.: (1962) An interpretation of some agonistic postures: the role of »cut-off« acts and postures. Symposia of the Zoological Society of London 8, 71–89
Craig, Wallace: (1912) Observations on Doves Learning to Drink. The Journal of Animal Behavior 2/4, 273–279
– (1918) Appetites and Aversions as Constituents of Instincts. Biological Bulletin Woods Hole 34/2, 91–107
Descartes, René: (1644) Principia philosophiae
Dittami-Kirchmayer, Brigitte: s. Kirchmayer
Effertz, Josef: (1939) mündl. Mitteilung
Ehrenfels, Christian von: (1890) Über Gestaltqualitäten. Vierteljahrsschrift für wissenschaftliche Philosophie 14, 249–292
Fischer, Helga: (1965) Das Triumphgeschrei der Graugans (Anser anser). Zeitschr. f. Tierpsychol. 22/3, 247–304
– (1973) Soziales Verhalten der Graugans. Auseinandersetzungen in der Schar/Paarbildung/Fortpflanzung. Begleitveröffentlichungen, Inst. für den wissenschaftl. Film, Göttingen
Fossey, Diane: (1970) Making Friends with Mountain Gorillas. National Geographic Magazine 137, 48–67
Goethe, Johann Wolfgang von: (1832, erschienen postum 1933) Faust, II. Teil
– (1790) Metamorphose der Pflanze
Goodall, Jane: (1963) My life among wild chimpanzees. The Journal of Nat. Geogr. Soc. Washington 124/2, 274–308
– (1967) My Friends the Wild Chimpanzees. National Geographic Society, Washington D. C.
– (1986) The Chimpanzees of Gombe. Patterns of Behavior. The Belknap Press of Harvard Univ. Press, Cambridge, Mass. and London, England

Grzimek, Bernhard: (1959) Die »Radfahrer-Reaktion«. Zeitschr. f. Tierpsychol. 6, 41–44
Harlow, Harry F.: (1960) Primary Affectional Patterns in Primates. Amer. J. Orthopsychiat. 30
– *und Margaret K.:* (1962) Social deprivation in Monkeys. Scient. Americ. 207, 137–146
Hediger, Heini: (1934) Zur Biologie und Psychologie der Flucht bei Tieren. Biolog. Zentralblatt 44, 21–40
– (1959) Die Angst des Tieres. In: Die Angst, C. G. Jung Inst. Zürich 10, 7–33
Heinroth-Berger, Katharina: (1959) Beobachtungen an handaufgezogenen Mantelpavianen. Zeitschr. f. Tierpsychol. 16, 706–732
Heinroth, Oskar: (1910) Beiträge zur Biologie, namentlich Ethologie und Psychologie der Anatiden. Verh. 5. Int. Ornith. Kongr., Berlin 589–702
– (1930) Über bestimmte Bewegungsweisen der Wirbeltiere. Sitzungsber. der Gesellschaft naturforschender Freunde
– *und Magdalena:* (1925–33) Die Vögel Mitteleuropas. Behrmüller, Berlin-Lichterfelde
Hess, Eckhard: (1972) »Imprinting« in a natural laboratory. Scient. American 227 (8), 24–31
– (1973) Imprinting. Early Experience and the Developmental Psychobiology of Attachment. Van Nostrand Reinhold, New York
Hinde, Robert: (1966) Animal Behaviour. A Synthesis of Ethology and Comparative Psychology. McGraw-Hill, New York/London
Holst, Erich von: (1969) Zur Verhaltensphysiologie bei Tieren und Menschen. Gesammelte Abhandlungen I und II. Piper, München
Huber, Robert: (1985) Heterosexuelle Paare und Ganterpaare der Graugans (Anser anser L.). Ein Verhaltensvergleich. Dipl. Arb. Univ. Salzburg und Forschungsstelle f. Ethologie Grünau der ÖAW
Hume, David: (1748) Enquiry concerning human understanding
Huxley, Sir Julian: (1914) The courtship habits of the great crested grebe (Podiceps cristatus); with an addition to the theory of sexual selection. Proceedings of the Zoological Society of London 491–562
– (1966) A Discussion on Ritualisation of Behaviour in Animals and Man. Philos. Transact. Royal Society London, Series B, Nr. 772, Band 251
Jennings, Herbert S.: (1906) Behavior of Lower Organisms. Columbia Univ. Press, New York
Kalas, Sybille: (1977) Ontogenie und Funktion der Rangordnung innerhalb einer Geschwisterschar von Graugänsen (Anser anser L.). Zeitschr. f. Tierpsychol. 45, 174–198
– (1979) Zur Brutbiologie der Graugans (Anser anser L.) unter besonderer Berücksichtigung des Verhaltens. Zool. Anz. Jena 203, 3/4, 193–219
Kalas-Schäfer, Sybille: siehe Kalas und Schäfer
Kawai, Masao: (1958) On the Rank System in a Natural Group of Japanese Monkeys. Primates 1, 84–98
– (1964) The Ecology of Japanese Monkeys. Tokio

Kawamura, S.: (1959) The process of sub-culture propagation among Japanese macaques. Primates 2, 43–60
Kirchmayer, Brigitte: (1977) Die Entwicklung einer handaufgezogenen Graugans (Anser anser L.) in einer Geschwisterschar bei fehlendem anteilnehmenden(?) Verhalten des Betreuers. Dipl. Arb. Univ. München
Kirchshofer, Rosl: (1953) Aktionssystem des Maulbrüters Haplochromis desfontainesii. Zeitschr. f. Tierpsychol. 10, 297–318
Klopfer, Peter H.: (1971) Imprinting: determining its perceptual basis in ducklings. Journ. of Comp. and Physiol. Psychology 75, 378–385
Knoll, Fritz: (1926) Insekten und Blumen. Abhandl. d. Zool.-Bot. Ges. Wien, Band 12
Koehler, Otto: (1932/33) Biologie und Ganzheitsproblem. Der Biologe, Heft 15, 29–200
– (1950) Die Analyse der Taxisanteile instinktartigen Verhaltens. Symposia of the Society for Exp. Biol. IV (Physiological Mechanisms in Animal Behaviour) 269–302, Cambridge
Kummer, Hans: (1968) Social Organization in Hamadryas Baboons – a Field Study. Biblioth. Primat. Karger, Basel
Lagerlöf, Selma: (1906/07) Wunderbare Reise des kleinen Nils Holgersson mit den Wildgänsen. Nymphenburger, München
Lang, Ernst M.: (1973) mündl. Mitteilung
Leyhausen, Paul: (1965) Über die Funktion der Relativen Stimmungshierarchie (Dargestellt am Beispiel der phylogenetischen und ontogenetischen Entwicklung des Beutefangs von Raubtieren). Zeitschr. f. Tierpsychol. 22, 412–494. Wieder abgedruckt: (1968) Antriebe tierischen und menschlichen Verhaltens. Piper, München
Lorenz, Konrad: (1932) Betrachtungen über das Erkennen der arteigenen Triebhandlungen der Vögel. Journ. f. Ornith. LXXX/1, 50–98
– (1933a) Beobachtetes über das Fliegen der Vögel und über die Beziehungen der Flügel- und Steuerform zur Art des Fluges. Journ. f. Ornith. LXXXI/1, 107–236
– (1933b) Fliegen mit dem Wind und gegen den Wind. Journ. f. Ornith. LXXXI/4, 596–607
– (1939) Vergleichende Verhaltensforschung. Verhandl. der Deutschen Zool. Gesellsch., 69–102
– (1941) Vergleichende Bewegungsstudien an Anatinen. Journ. f. Ornith. LXXXIV, 194–294
– (1942) Die angeborenen Formen möglicher Erfahrung. Zeitschr. f. Tierpsychol. 5/2, 16–409
– (1961) Phylogenetische Anpassung und adaptive Modifikation des Verhaltens. Zeitschr. f. Tierpsychol. 18/2, 139–187
Lorenz, Konrad, und Tinbergen, Nikolaas: (1939) Taxis und Instinkthandlung in der Eirollbewegung der Graugans. Zeitschr. f. Tierpsychol. 1/2, 1–29
Lorenz-Oehlert, Beatrice: siehe Oehlert
MacDougall, William: (1923) An Outline of Psychology. Methuen, London
Mamblona-Fischer, Helga: siehe Fischer

Matthaei, Ruprecht: (1929) Das Gestaltproblem. Bergmann, München
Mergler, Myra A. L.: (1975) The Development of Preening Patterns in Greylag Geese (Anser anser anser). ÖAW Inst. Vergl. Verh. Forschung Grünau, Austria, und Case Western Res. Univ., Cleveland, Ohio
Nicolai, Jürgen: (1950) Zur Biologie und Ethologie des Gimpels. Zeitschr. f. Tierpsychol. 13, 93–132
Oehlert, Beatrice: (1958) Kampf und Paarbildung einiger Cichliden. Zeitschr. f. Tierpsychol. 15, 141–174
Packard, Jane M.: (1974) Goose Character. Senior Thesis, MPI f. Verhaltensphysiologie Seewiesen und Swarthmore Coll., Penna
Pawlow, Ivan P.: (1927) Conditioned Reflexes. Oxford
Pietschmann, Herbert: (1980) Das Ende des naturwissenschaftlichen Zeitalters. Zsolnay, Wien/Hamburg
Planck, Max: (1925) Vom Relativen zum Absoluten. Naturwiss. 13, 52–59. Hirzel, Leipzig
– (1933) Ursprung und Auswirkung wissenschaftlicher Ideen. Zeitschr. VDI 77, 185–190
Portielje, A.F.J.: (1927) Zur Ethologie, beziehungsweise Psychologie von Phalacrocorax carbo subcormoranus (Brehm). Ardea
– (1930) Versuch einer verhaltenspsychologischen Deutung des Balzgebarens der Kampfschnepfe, Philomachus pugnax (L.). Proceedings of the VIIth Int. Ornithol. Congress, Amsterdam
– (1938) Dieren zien en leeren kennen. Nederl. Keurboekerij, Amsterdam
Rasa, Anne E.: (1984) Die perfekte Familie. Leben und Sozialverhalten der afrikanischen Zwergmungos. Deutsche Verlags-Anstalt, Stuttgart
Schäfer, Sybille: (1974) Ontogenie und Funktion der Rangordnung in einer Geschwisterschar von Graugänsen (Anser anser L.) und Entwicklung der Fähigkeit zu individuellem Erkennen. Dipl.-Arb. MPI f. Verhaltensphysiologie Seewiesen und I. Zool. Institut d. Univ. Gießen
Schjelderup-Ebbe, Theodore: (1922) Beiträge zur Sozialpsychologie des Haushuhns. Zeitschr. Psychol. 88, 225–252
Schlager, Angelika: (1981) Rangordnung zwischen Graugansfamilien (Anser anser L.) vom Zeitpunkt des Schlüpfens bis zum Flüggewerden der Jungen. Laborprojekt Uni Salzburg und Inst. Vergl. Verh. Forschung Grünau der ÖAW
Schmitt, Alain: (1988) Die Abflugvorbereitungen der Graugans (pre-flight and pre-roosting behaviour): Koordinierung und Synchronisation durch Umweltfaktoren, aktionsspezifisches Potential und soziale Interaktionsdynamik. Inaugural-Dissertation ÖAW Forschungsstelle Grünau und Univ. Wien
Schneirla, Theodore C.: (1959) An evolutionary and developmental theory of biphasic processes underlying approach and withdrawal. In: Jones, M. R. (Hg.), Nebraska Symp. on Motivation, 1–43. Nebr. Univ. Press, Lincoln
Schutz, Friedrich: (1965) Sexuelle Prägung bei Anatiden. Zeitschr. f. Tierpsychol. 20, 50–103

- (1965) Homosexualität und Prägung bei Enten. Psychol. Forsch. 28, 439–463
Scott, Sir Peter: (1985) mündl. Mitteilung
Smith, Frank Fremont: mündl. Mitteilung
Snow, Lord Charles P.: (1959) Two Cultures and the Scientific Revolution. (Rede lecture) London
Tinbergen, Nikolaas: (1940) Die Übersprungbewegung. Zeitschr. f. Tierpsychol. 4/1, 1–40
- (1948) Social Releases und the Experimental Method Required for their Study. Wils. Bull. 60, 6–52
- (1950) The hierarchical organization of nervous mechanisms underlying instinctive behaviour. Symposia of the Society of Experimental Biology IV (Physiological Mechanisms in Animal Behaviour) 305–312, Cambridge
- (1952) »Derived« activities; their causation, biological significance, origin, and emanzipation during evolution. The Quarterly Review of Biology 27/1, 1–32
Tipler-Schlager, Angelika: siehe Schlager
Uexküll, Jakob von: (1938) Der unsterbliche Geist in der Natur. Gespräche. Wegner, Berlin
- (1909) Umwelt und Innenwelt der Tiere. Berlin
Volkelt, Hans: (1937) Tierpsychologie als genetische Ganzheitspsychologie. Zeitschr. f. Tierpsychol. 1/1, 49–65
Walter, Christa: (1979/80) Untersuchungen zum Futteraufnahmeverhalten der Graugans (Anser anser L.). Diplomarbeit ÖAW Inst. Vergl. Verh. Forschung und Univ. Hohenheim
Weiss, Paul: (1969) The Living System: Determinism Stratified. In: Koestler, A., und Smythies, J. R. (Hg.), Beyond Reductionism. Hutchinson, London
Wertheimer, Max: (1925) Über Gestalttheorie. Philos. Akademie, Erlangen
Whitman, Charles Otis: (1898) Animal behavior. Biological lectures of The Marine Biological Laboratory. Woods Hole, Mass., 285–338
- (1919) The behavior of pigeons. Carnegie Inst. of Washington Publications 257, 1–161
Wickler, Wolfgang: (1967) Vergleichende Verhaltensforschung und Phylogenetik. In: Heberer, G. (Hg.), Die Evolution der Organismen, Band 1, 3. Aufl., 420–508
Windelband, Wilhelm: (1894) Geschichte und Naturwissenschaft
Yerkes, Robert, und Elder, J.: (1936) Oestrus, receptibility and mating in Chimpanzees. Comp. Psychol. Monogr. 13/5, 1–39

Bildnachweis

Farbbilder

Hermann Kacher:
Tafel XVI/1, XVI/2
Konrad Lorenz:
Tafel I
Michael Martys:
Tafel II/1, II/3, III/2, IV/1, IV/3, VI/2, VI/3, VI/4, VII/2, VIII/1, VIII/2, X/1, XIV/2
Anna-Maria Schatzl:
Tafel XIII/1, XIII/2, XIII/3
Angelika Tipler:
Tafel II/2, III/1, IV/2, V/1, V/2, VI/1, VII/1, IX/1, IX/2, IX/3, IX/4, X/2, X/3, XI/1, XI/2, XII/1, XII/2, XIII/4, XIV/1, XV/1, XV/2

Schwarzweißabbildungen

Hermann Kacher:
Abb. 15, 16, 17, 30, 31, 33, 48, 79, 81, 83, 84, 89, 91, 92, 93
Abb. 1 Aquarell von Konrad Lorenz
Abb. 14 Skizzen von Konrad Lorenz
Abb. 19, 20, 21, 22 aus »Beobachtetes über das Fliegen der Vögel und über die Beziehungen der Flügel- und Steuerform zur Art des Fluges« von Konrad Lorenz
Michael Martys:
Abb. 5, 12, 26, 27, 29, 34, 37, 40, 41, 42, 43, 44, 46, 50, 56, 62, 64, 65, 66, 67, 68, 69, 70, 71, 72, 73, 74, 78, 80, 87, 97, 98, 100
Anna-Maria Schatzl:
Abb. 13, 57, 59
Angelika Tipler:
Abb. 9, 10, 11, 18, 23, 24, 25, 28, 32, 35, 36, 38, 39, 45, 47, 49, 51, 52, 53, 54, 55, 58, 60, 61, 63, 75, 76, 77, 82, 86, 88, 94, 95, 96, 99, 101, 102
Abb. 2, 4, 6 Privatbesitz von Konrad Lorenz
Abb. 3 Archivbild A. Festetics
Abb. 7, 90 aus »Das Triumphgeschrei der Graugans (Anser anser)« von Helga Fischer (Zeichnungen Hermann Kacher)
Abb. 8 aus »The courtship habits of the great crested grebe (Podiceps cristatus); with an addition to the theory of sexual selection« von Sir Julian Huxley
Abb. 85 aus »Rangordnung zwischen Graugansfamilien (Anser anser L.) vom Zeitpunkt des Schlüpfens bis zum Flüggewerden der Jungen« von Angelika Schlager

Personen- und Sachregister

Halbfett gedruckte Seitenangaben verweisen auf ausführlichere Begriffserklärungen, kursive Zahlen beziehen sich auf Schwarzweißabbildungen, römische auf Farbtafeln.

Personenregister

Allen, Arthur A. 257
Antonius, Otto H. 29

Bauer, Dr. 73
Bäumer, Erich 280
Beckwith, William 108
Bischof, Norbert 59
Böttger, Helge 59, 219
Bowlby, John 279
Brehm, Alfred F. 292
Bridgman, Percy W. 294
Bühler, Karl 20, 291, 293
Buhrow, Heidi 14, 251
Busch, Wilhelm 114

Chance, M. R. 262
Craig, Wallace 166
Cumberland, Herzog von (Cumberland-Stiftung) 13, 47

Darwin, Charles 11
Descartes, René 293
Dittami-Kirchmayer, Brigitte 14, 62, 67

Effertz, Josef 114
Ehrenfels, Christian von 104
Esterhazy, Fürst 29

Fossey, Diane 25

Goethe, Johann Wolfgang von 23, 43
Goodall, Jane 25 f., 282
Grasl, Norbert 257
Grzimek, Bernhard 285

Harlow, Harry F. 177
Heinroth, Katharina 25
Heinroth, Oskar 12, 14, 16, 19 f., 33, 44, 88, 102, 124, 132, 135, 150, 166, 168, 187, 196, 200 f., 206, 234 f., 241, 246 f., 253 f., 260 f., 263 f., 268, 280, 287; *3*

Hess, Eckhard 24, 118, 207
Hinde, Robert 197
Hochstetter, Ferdinand 18 f.; 2
Holst, Erich von 103, 110, 121
Huber, Robert 272
Hüthmayr, Karl 13, 47
Hume, David 104
Huxley, Julian 109, 113

Ismer, Rolf 73

Jennings, Herbert S. 102, 107

Kalas-Schäfer, Sybille 14, 48 f., 56, 66, 235 ff., 238, 241
Kant, Immanuel 293
Kawai, Masao 26
Kawamura, S. 26
Kirchshofer, Rosl 220, 232
Klopfer, Peter 118
Knoll, Fritz 24
Koehler, Otto 24
Kummer, Hans 25

Lagerlöf, Selma 15, 295
Lamprecht-Bracht, Gudrun 14, 280
Lang, Ernst M. 159
Leyhausen, Paul 180
Lorenz-Oehlert, Beatrice 255, 258

MacDougall, William 260
Mamblona-Fischer, Helga 14, 44, 119, 182, 217, 243 f., 248 ff., 253
Martys, Michael 12, 266
Matthaei, Ruprecht 24, 28
Mergler, Myra A. 156

Newton, Sir Isaac 289
Nicolai, Jürgen 91, 283

Packard, Jane 237 f.
Pawlow, Ivan P. 107

Pietschmann, Herbert 290
Planck, Max 290
Portielje, A. F. 103

Rasa, Anne 25
Riemann, Fritz 119

Schjelderup-Ebbe, Theodor 230
Schmitt, Alain 53
Schneirla, Theodore C. 220
Schopenhauer, Arthur 293
Schutz, Friedrich 116, 271
Scott, Peter Sir 271
Smith, Frank Fremont 288
Snow, C. P., Lord 290
Sokrates 12

Tinbergen, Nikolaas 105, 110ff., *111*, 154, 204

Tipler-Schlager, Angelika 12, 234, 266

Uexküll, Jakob von 104

Volkelt, Hans 183

Walter, Christa 176
Weiss, Paul 23, 290
Wertheimer, Max 104
Whitman, Charles I. 20
Whitman, Charles Otis 20, 102; *4*
Wickler, Wolfgang 114
Windelband, Wilhelm 28
Winkler, Paul 284f.

Yerkes, Robert 218

Sachregister

AAM s. Auslösemechanismus, angeborener
aberrant 258
Abflug, abendlicher **53,** 280
 -vorbereitungen **53, 189 f.**
abschneiden, schräg 57, **175**
Abstraktion(s) 43
 – der Prägungsart 117
 -fähigkeit 37 f.
abstreifen 109, **175**
–, Hornscheiden, Federhüllen 54, 125
Adaptation 154, 197 f.
Adler
–, See- (Haliaetus albicilla) 135
 -silhouette 198
–, Stein- (Aquila chrysaletos) 56, 154, 198
adoptieren 82
afferent 105, 121
Aggression 282, 293
–, Rivalen- **221,** 238, 293
–, stammesgeschichtlich urtümlicher Ausdruck der 221
Aggressivität 219, **220 ff.**, 234, 238 f.
–, (mögliche) Antwort auf 236
–, Entschärfung der **230**
–, dispergierende 220
–, Maß sehr hoher 71
–, Mechanismen der 220
–, Versiegen der 281

Aktion
– und Reaktion 100
Albatrosse (Diomedea irrorata) 140
Allgemeinerregung (general arousal) 32, 85, 273
Amateur 10 f.
Amöben 102
Amputation, amputiert, s. a. Flügelbeschneiden 128, 130, 153
Amsel (Turdus merula)
–, abendliches Warnen der 194
analog(e), Analogon 16 f., 91, 100, 152, 177, 190, 194, 218, 291 f., 295
– Organe verschiedener Lebewesen 291
– von Freundschaft 270
Analogie(n) **287 ff., 291 ff.**
 -schlüsse 15
– zu menschlichem (Sozial-)Verhalten 277, 287, 291 ff.
Analyse
–, Ansatzpunkte der 25
–, Bewegungs- 110
– in weiter Front 24
– mittels Videofilmen 266
–, Motivations- 107, 112
–, objektivierende 291
–, quantitative 272
–, Situations- 111
Anatiden, s. a. Entenvögel 18, 33, 116,

128, 131, 133 f., 162, 166, 168, 201,
   221, 235, 257, 261
–, Nestbaubewegungen der 150, **202**
Anatom(ie), anatomisch 106, 269
–, vergleichende(r) 18 f., *292*
angreifen, Angriff 113, 261, 284
 – auf Kopulierende 78
–, blindlings 267
 – eines Gössels auf fremdes Küken *84*
–, fliegend, Flug- s. d.
 – in gemeinsamer Aktion 232
–, Menschen 93, 95, 208 f.
 – mit Flügelbugschlägen 79, 87, 208
–, Schein- s. d.
Angst
 – vor einem Gegner 226, 276; *79*
Anschluß (suchen bzw. finden)
 – an die ehemalige, elterliche Familie 84,
   242, 280
 – an eine andere Familie 279
 – an Menschen 75, 97, 119, 280
anthropomorph, Anthropomorphismus
   35, 113, 287, 292
Appetenz 101, 218
–, aktionsspezifische 101
 -verhalten 101, 204
Argusfasan (Argusianus argus) 12
arterhaltend 195, 220, 230, 238, 260
Arterhaltungswert 11, 294
Atrioventrikularknoten 100
Attrappe(n) 118, 197
–, Flugfeind- 154
–, Fuchs- 154, 194
–, Mutter- 118
–, Steinkauz- 197
 -versuch 154, 197
Aufmerklaut, s. a. Warnlaut, kurzer 54
Aufzucht 70
 -gebiet 70; II/3
Augen
–, Hervorquellen, Hervortreten der 41,
   152, 187, 193, 226 f., 261; IV/2
 -ränder, auffallende während der
   Paarungszeit 264, 268
 -spiel, Sprache der – 264 f., 268
–, tief zurückgesunkene 279
Ausdrucksbewegung(en)
 – (der Artgenossen) (miß)verstehen 119
–, programmierte 109
 – und -laute 27, 119 **182 ff.**, 190
 – – der Hausente 16
Ausdruckslaut(e)

 – willkürlich verändern 242
Auseinandersetzung(en), s. a. Interaktionen
–, kämpferische mit Rivalen 72
–, soziale 52
 – zwischen Familien 232
Auslösemechanismen, -us, angeborene(r)
   (AAM) 101, 105 f., 153
 – der Eirollbewegung **203 ff.**
ausmulden, Ausmuldebewegung 70, 82,
   200 f., **202**, 205, 207; IX/3
ausrichten 53 f.
Autismus 119

Bachstelzen (Motacilla alba) 128, 194
Bade-
 -bewegung(en) 135, **162 ff.**, 214;
   45–48
 -erregung, Abklingen der 166
baden 52 f., 96, 134 f., **162 ff.**, 208, 237
Ballung 53
 – von Küken 55; III/2
Balz, balzen 75, 78, 80 f., 84, 86 ff., 97,
   268, 272
 -bereitschaft 261
 -bewegungen 40, 116, 261
 – von hoher Intensität **88**
 -stimmung 64
 -versuch 119
 -verhalten 256
Begattung(s) 199, **214 f.**, 268 f., *69–71*
–, Aufforderung zur **211**
–, Bedeutung als paarbindender Faktor
   269
 -beziehung, -verhältnis 91, 214, 268
 – – zwischen Weibchen **257**
 -einleitung 115, 201
 -nachspiel, s. a. Kopulation(s)-,
   Paarung(s)- 89, 91, **214**; *72, 73*
 -stimmung 212
Begrüßung(s), begrüßen, s. a. grüßen 16,
   35, 39, 56, 112, **239**, 269, 294
 -gebärde, Geste der 30, 222; *85, 87–89*
 -zeremonie 17, 85
Behavioristen 292
beißen 82, 90, 96, 237
 – in den Hals, Nacken 95, 259, 275
 – in den Schnabel 84
 – nach den am Lauf befestigten Ringen
   264
Beißintention 226, 250
beknabbern s. knabbern

Belohnung (reinforcement) 116
Beobachtung, voraussetzungslose 21
Berggorilla (Gorilla gorilla beringei) 24
Bewegung(en) (s)
–, Abstreif- s. abstreifen
 -analyse 110
–, Ausdrucks- s. d.
–, Bade- s. d.
–, Balancier- 130
–, Balz- s. d.
 – des Von-Stapel-Laufens 132
–, Eiroll- s. d.
 – erlernte, gekonnte 107 f.
–, Gemisch von Flucht- und Bade- 135
–, Hals-, unkoordinierte 108
–, Flucht- s. d.
–, Fort- s. Lokomotion
–, Gründel- s. gründeln
–, Leerlauf- s. d.
–, Lokomotions- s. d.
–, Mehrzweck- 101 f.
–, Nestbau- s. d.
–, Putz- s. d.
–, seitlich windende mit Kopf und Hals 261
–, Stopf- s. einstopfen
–, Übersprung- s. d.
–, Willkür- s. d.
–, Zurücklege- s. d.
Bewegungsweise(n)
–, Aktivierung der verschiedenen, bei Männchen und Weibchen 255
–, angeborene, erbkoordinierte, (erblich) programmierte 43, 109, 121, 153, 254
–, autochthone 115
–, beiden Geschlechtern potentiell verfügbare 199, **254 f.**
 – der Rivalen-Aggression 112, **221 ff.**
 – des raschen schußartigen Laufens 31
–, durch instrumentelles Lernen erworbene 99, 107 f.
–, ritualisierte s. Ritualisation
–, Verdrahtung der, bei Männchen und Weibchen 255
–, von aggressiven Formen abgeleitete s. Ritualisation
Beziehung(en) (s)
–, Begattungs-, s. d.
–, friedliche 83
–, Partner- 91
 -schwäche s. Bindungsschwäche
–, vor- oder übergeschlechtliche 268

Bindung(s)(verhältnis) 86, 97, **217 ff.**
 – an den gemeinsamen Nistort 265
 – an Menschen 48, 270
–, Antrag zu fester Dauer- 266
 -arm, -los s. -schwäche
–, Ausdruck der 218
–, besonders stark ausgeprägte 65
–, heterosexuelle zwischen Geschwistern 270
–, Lockerung der, zwischen Gatten 80
–, individuelle 220
–, neue nach Verlust des Partners 60, 281
–, Partner- 59
 -schwäche **273 f.**
–, Triumphgeschrei- 75, 281
–, Unterschiede zwischen heterosexuellen – und Ganter- **270 ff.**
 -verhalten 238, 292
–, Verhaltensweise stärkster 91
 – zwischen Gantern, s. a. Ganterbindung 62, 90, 258, **268 ff.**
 – zwischen Eltern und Jungen 281
 – zwischen Familiengenossen 221
Biolog-e(n), -ie 24, 290, 293
Biphasic processes underlying approach and withdrawal (einander entgegenwirkende Kräfte der Anziehung und Abstoßung) 220
Bogenhals, -stellung 40, 74 f., **211 ff.**, 214, 266; *66–68*
 – mit Halseintauchen **212 f.**; *66–68*
bremsen, Brems- 34, **147 f.**; *31, 32*
 -manöver 153
Brunnenbauer (Opistognathus sp.) 202
brüten 77, 79, 205, **207 ff.**, 259
Brut
 – aufgeben **208**
 -dauer **54, 122**
 -gebiet 56, 251; II/2
 -paar 274
 -pause, s. a. Nest- 79, 84, 205 f., **208 f.**
 -pflege 220, 271
 -platz, s. a. Nist- 294
 -stimmung 94
 -symptome 69
 -wache, s. a. Nest- 69
 -zeit 59, 94
Buchfink (Fringilla coelebs) 197
Bürzeldrüse 157 ff.

–, Verteilung des Fettes aus der **157 ff.**,
173; *39–41*
Bussarde (Buteo buteo) 154, 198

Chironomidenlarven (Zuckmückenlarven) 18
Cichliden (Buntbarsche)
– Etroplus maculatus 110
– Haplochromis desfontainesii 231 ff.
Columbidae (Taubenvögel) 20
comfort activities s. Komfortverhalten 167
conspicuous waste, s. a. Werbung, aktive 260
Crustaceen (Krebse) 230
cut-off-behavior (verlegenes Vermeiden des Zusammentreffens) 93, 262, 283 f.

Daphnien (Wasserflöhe) 76
defäkieren 169
Definition
– der Wissenschaft, Frank F. Smith's 288
– des Gegenstands, Jakob von Uexkülls 104
– des Imponiergehabens, Oskar Heinroths 253, 260 f.
Demut(s) 264
-hals 88
-haltung, -stellung 96, **229 f.**, 259, 263; *80–82*
-bei totaler Unterwerfung; *82*
-verhalten **228 ff.**
Denken, kausales 37 f.
Dilettant 20
Dimorphismus
–, sexueller des Verhaltens 200
Dispersion
–, Mechanismen der 220
Distanz-laut(s), -ruf(s) 39, 64, 68, 77, 80, 93, 187, **190 ff.**, 206, 244, 251, 279; *65*
–, dunkler, einsilbiger **192**
–, juveniler 187, 191
–, menschliche Nachahmung des 190
Dohle (Coloeus monedula) 34, 117, 256, 281
dominant, dominierend (übergeordnet, überlegen) 230, 233 f., 236 f., **255 f.**, 258, 272, 281
–, sub-, dominierbar (untergeordnet) 230, 233 f., 236 f., **255 ff.**
Dressur(en), dressieren 38
– auf Herankommen 184

–, Selbst- 37
–, Weg- 37, 108
Drohen(s), Droh-haltungen, -stellungen 73, 91, 96, 112, 169, **221 ff.**, 248 f., 256, 261, 266; *7, 74–79*
–, Breitseits- **224, 226**; *78*
–, fluchtmotiviert *7 b–d, 75, 77*
–, Gemisch von Rollen und 249
–, Häufigkeit des 222
–, Konfliktverhalten beim 169; 52
– mit Flachwerden 92
–, reine Form des 222; *7 a, 74*
–, seltene, wenig intensive Form des 226; *79*
Drüber-Wegstoßen **227 f.**
drücken, Sich- s. d.
Duckmäuserhaltung 97, 115, **229,** 263 ff., 266, 276, 280; *80*
– mit Nach-unten-Blicken 115, **264;** *99*
–, Übergang von – zum Picken 266
–, Werbung in s. d.
–, Zusammenhang zwischen Winkelhals und – 266
Du-Evidenz 291, **293**
– des Mitmenschen wie des höheren Tieres 293
durchstarten 34, 154

efferent 121
Ei-
-dotter 122, 124
-haut 122 ff., 182, 217
-schale 122, 127, 217; *10, 11*
-weiß 122
-zahn 122 ff., **173**; *13*
-rollbewegung 183, **203 ff.**; IX/1, 2
–, Taxien der 204
–, zentrale Koordination der 204
-wenden, -wendebewegung **205 f.**, 207; IX/4
Eidechsen (Lacerta) 167
Eifersucht(sreaktion) 11, 92, **274 ff.**, 292 ff.; *101*
Einschlaflaut, s. a. trillern 123, **185,** 210
einstopfen, Nestmaterial **206;** X/2
Eintagsfliegenartige (Ephemeriden) 140
Elektrizität
–, Reibungs-, elektrische Ladung 126, **158 f.**, 172
Embryo, embryonal 122, 173
Embryolog-e, -ie
–, vergleichende(r) 18 f., 292

307

Emotion, emotional(es) 287
– Verständnis **287 ff.**
Enten 29, 133, 168 f., 186, 194, 271, 278
–, Brand- (Tadorna tadorna) 116, 189, 221
–, Braut- (Aix sponsa) 118, 130 f.
–, Dampfschiff- (Tachyeres sp.) 135
–, Haus- 13, 15 ff., 30, 134
–, Krick- (Anas crecca) 130, 146
–, Mandarin- (Aix galericulata) 131
–, Oxyrua (Ruder-) 133
–, Südamerikanische Pfeif- (Anas sibilatrix) 257 f.
–, Stock- (Anas platyrhynchos) 16 f., 108, 116, 118, 159, 186, 188, 207
-küken, weinendes *1*
–, Tauch- (Aythyini) 133, 159
–, Türken- (Cairina moschata) 131
Entenvögel, s. a. Anatiden 13, 17 f., 20, 76, 116, 130, 162, 172, 176, 180
Entenkojen, holländische 195
Entomologe 105
Entwicklung
–, epigenetische 182
–, individuelle, s. a. Ontogenese 241
erkennen
– an der Physiognomie 55
– an der Stimme 55
–, Sich- s. d.
–, Wieder- eines Menschen 38
Erkenntnistheorie, evolutionäre 290, 293
Erkrankungen 60
Eskalation 196
Ethogramm **44, 99,** 105 ff., 120, 153, 234, 254, 260
Etholog-e, -ie 11, 102, 109
–, Pionier(e) der vergleichenden 20, 102
–, Studium der 13, 287
Eulen (Stringidae) 15, 194
Evolution, evolutionär 18, 290, 293
Experiment(e), experimentell 21, 105, 118 ff., 154, 158, 271, 283, 293
–, non-disruptive 24
–, Prägungs- 258
Experimentieren
–, quantitativ orientiertes 21

Fächern der Steuerfedern 67, 78
Familie(n)-
-auflösung **59,** 61, 242
-palaver 56, 241 f., 248
–, Rückkehr zur (elterlichen) 84, 242, 280

Fasanen (Phasianidae)
–, Jagd- (Phasianus cholchicus) 188
-küken 183
Feder(n)
– beknabbern 156
Feind
–, Boden- 154
–, Flug- 154, 197
–, Freß- **56,** 60, 294
-schaft älterer gegen jüngere Gössel 278
Fische 200, 202, 220, 228 f., 230, 255
–, Knochen- 195, 260
–, paarbildende 220, 255
fixieren
–, beidäugig 130, 193, 199, 212, 227, 236; IV/3, XIII/4
Fixierung
– eines angeborenen Triebes auf ein Objekt 17
Flachbrustvögel (Ratiten) 127
Flagellaten (Geißeltierchen) 102
fliegen **137 ff.**; *18–33*
–, abwärts- **146 f.**
– geschlossen weg- 78
Fließdiagramm 22 f.
Flucht
-auslösend 57, 152, **153 ff.**
-bereitschaft 52, 150, 196
-bewegungen 52, 134
-distanz 25
– einleiten durch Überspringen 226
-fähigkeit der Jungen 57
–, Massen- 54
-motivation 112, 152, 222, 226; *7 b–d, 75, 77*
-reaktion(en) 38, 155, 264
–, schnelle, zu Fuß 128
-verhalten **150 ff.**
–, gegen Bodenfeinde gerichtetes 154
– vor fliegenden Feinden 154
Flügel, Flugfedern
– beschneiden, stutzen, s. a. Amputation 76, 86
– hochstrecken, beidseitig 171; *54*
–, Nervengeflecht des (Plexus bracchialis) 224
-richten **166**
-rasseln **169;** *52*
-spannweite 108
-trocknen **166**
-(über)strecken 170; *53*

308

Flügelbug 67, 75, 224
-duell, -kampf 64, 67, 70, 74, 83, 91 ff.,
 95 f., **223 ff.**, 235 f., 252, 273, 283; *86;*
 XI, XII
-- zwischen zwei Weibchen 258
Flügelbugschlag 64, 79, 208, **223 ff.**, 276,
 283
–, nervliche Koordination des 224
flügeln, Sich- s. d.
flüggewerden 56 f., **58**, 185, 219, 237,
 270, 274
Flug-
 -angriff 93 f., 278, 285
 -fähigkeit 35, 51, 58
 -kampf, s. a. Luft- 67, **224**, 278
 -manöver, schwierige 58, 76
–, Rücken- (whiffling) 51, **146 f.**, 152,
 197; *30*
 -rufe 34
 -signale 34
 -übungen 34, **57**
 -unfähigkeit durch Amputation s. d.
 -unfähigkeit während der Mauser 48,
 50
–, Zickzack- 197
Fortbewegung s. Lokomotion
Fortgehlaut(e) 53, 55, 83, **187 ff.**, 206, 245
–, leise 81
–, intensive 54
Fortpflanzungs-
 -partner 59
 -stimmung 80, 201, 256
 -zyklus 84
Fregattvogel (Fregata minor) 254
Freundschaft **269 f.**
– zwischen Gänsen 269
– zwischen Gänsen und Menschen 269
frühreif, Frühreife 33, 74, 81
Fuchs (Vulpes) 97, 155, 194 f., 211, 271
–, Eis- (Alopex sp.) 207
–, Rot- (Vulpes sp.) 207
führen
– der Haushenne 114
–, die Familie (an-) 79, 85, 221, 235
–, ent- 87
–, Gössel, Junge 85, 87, 196, 209, 226,
 287
Funktion 22 f.
–, arterhaltende 11
– eines Systems 22
Futterbetteln 245

gähnen, s. a. Zungenbein-Richten 166; *49*
Gänse, Ganter
–, Bleß- (Anser albifrons) 75 ff., 80 ff.
–, Haus- 30 ff., 52, 73, 77 ff., 86, 257
 -mischling(e) 73, 79 ff., 91, 257
– –, Wachsamkeit der 206
–, Höcker-, domestizierte (Anser cygnoi-
 des dom.) 206
–, Hühner- (Cereopsis novae-hollandiae)
 128
–, Kanada- (Branta canadensis) 79 ff., 93
 -mischling 80 f.
–, Kurzschnabel- (Anser braychyrhyn-
 chus) 271
–, Nonnen- (Branta leucopsis) 120
–, Saat- (Anser fabalis) 120
–, Schnee-, Große (Anser caerulescens at-
 lanticus) 81, 85, 87 f., 184, 251, 283
–, Schwanen- (Anser cygnoides) Bleß-
 Mischling *51*
–, Spaltfuß- (Anseranas semipalmata)
 130, 133
–, Streifen- (Anser indicus) 80
Gänsemarsch **146**; III/1
Galopp 110
Ganter(n)
 -bindung(en), s. a. Bindung zwischen –
 90, **268 ff.**, 276
 – zwischen Brüdern **270 f.**, 284
–, Gegnerschaft zwischen 282 ff.
–, Liebesäußerungen, -bezeigungen zwischen 91, 272
Gefieder
–, eng anliegendes Kopf- und Hals- 187,
 227
–, gesträubtes 168
– am Hals(rücken) 88, 230, 276
– am Kopf 108
– pflege, s. a. putzen, Putzbewegungen
 156 f., 167
–, übermäßig glatt angelegtes 41
–, Wasserfestigkeit des 158 f.
gehen **127 ff.**; *14*
–, durch- (bolting) 152
–, Hemmung, schnell zu **209 f.**
–, miteinander 86, **219, 265**
Gelege **54**, 205 f.; VIII/1
– auspolstern **205**; VIII/1
– bedecken **205**; X/1
–, Nach- 68
general arousal s. Allgemeinerregung
genotypisch 115

Genotypus **43 ff.**, 115
Geschlechts-
-diagnose 258
-reife 59, 117, **214**
geschlechtsspezifisch 254
Geschwisterverband 59, 270 f.
Gestalt
-problem 24
– wahrnehmen, -wahrnehmung 23, 103 f., 110
Gewohnheite(n) 117
–, Weg- 86
Gimpel (Pyrrhula pyrrhula) 91, 283
gleiten 137, 146
–, dahin- mit offenen Flügeln 140
gleitrudern **137 ff.**; *18–21*
Glocke **147 f.**; *31*
Glucke 15
–, Kunst- 118
–, Wärme- 185
»Gig-gog« s. Warnlaute
Gobiiden (Grundeln) 202
»Gog«-Laut s. Warnlaute
grasen 52
gründeln 52, 116, **179 f.**, 201, 212; *60, 61*
grüßen 30, 38, 113, 125, 127, 237, **239 ff.**, 276; *85, 87–89*
–, ausweichend **236**
–, be- s. d.
–, intensiv *89*
–, unterschiedliche Intensität des Grüßens 237
Gruppenrollen s. Rollschnattern
Gut-Schmeck-Laut 18, **185 f.**

Habicht (Accipiter gentilis) 56
halluzinieren 199, 236
Hals(es), Hälse
–, Demuts- s. d.
–, Elefanten- 75, **223**; *76*
–, dicker **230, 276**; *81*
–, ganz dünn erscheinender 41
–, Höflichkeits-Warn- 88
–, Konvergenz der, konvergierende 245, 248 f., 252; *93*
–, krummer s. rückwärts gestauchter 67
–, langer, langgestreckter 39, 92, 96
–, nach oben gehaltener 249
–, rückwärts gestauchter, Zurückstauchen des **222**; *7b–d, 75*
–, Rückziehen des 226

–, Schlängelbewegungen mit dem 82
-zittern 41, 130, **226 f.**
Halseintauchen 74, 76, 78, 80 f., 84, 86, 88, 90 ff., 115, 201, **211 ff.**, 214; *66–68*
– mit anschließender Zurücklegebewegung 201, 212
Hals-vorstrecken, – vorgestreckt 226, 275
–, drohend 112 f., **221**, 228; *7, 74, 75, 77, 78*
–, gerade, s. a. Motivationsanalyse, Schwierigkeiten der **221 f.**, 236; *7a, 74*
–, grüßend 30, 39, 56, 89, 92, 112 f., 239, **248**; *85, 87–89*
–, maximal, konvergierend 245
– mit Beißintention 226
– mit Abweichung, Umorientierung, s. a. grüßen 222, 236; *85, 87–89*
– mit maximal durchgedrücktem Nakken **224**, 226; *77*
–, Richtung des **236**, 240
Haß (Hasses) 67, 194, **282 ff.**; *102*
–, Eskalation des 197
– übertragen 284
hassen, s. a. mobben **194 ff.**; V/1,2
Hauchlaut 54, **192 f.**, 255
Herdentieb, anonymer 58
himmeln **197**
histologisch 173
Höchstwertdurchlaß 109 f.
Höflichkeits-Warnhals 88
homolog, Homologie 16 f., 40, 162, 167, 186, **291**
homosexuell (gleichgeschlechtlich), Homosexualität 268, 270, 273
Hormon, hormonal 152, 255, 257
Hornscheide(n) 125, 157, 173
– abstreifen 54, 125
Hühner-, Huhn 202, 257
-artige, -vögel (Galliformes) 18, 31
–, Bleß- (Fulica atra) 202
–, Haus- 114, 174, 185 f., 188, 230
–, Reb- (Perdix perdix), huderndes 210
–, Wald- (Bonasa umbellus) 257
hüten, Hüteverhalten 63, 69, 92 f., **275 f.**; *101*
hudern 51, **210 f.**; X/3
Hund(e) 56, 110, 154 f., 195, 288
–, Trauer beim 281

Imponier-
-gehaben, -verhalten 150, 211 f., 243, 253, **260 ff.**, 267, 287

-haltung, -stellung **244, 249**, 256
-stimmung 226
Imponiersichern(s) 73, 88, **261 ff.**, 268, 272; *97, 98*
–, Häufigkeit des 262, 272
–, intensives 261, 263
imponieren(d) 40, 261
Impulsmelodie(n) 103, 110
–, Kampf zwischen zwei 110
Indikator für konvergente Anpassung 293
Induktion als Erkenntnisquelle 104
Infektionen 60
Infrastruktur
– der Sozietät, der Schar 259
Insekten 230
Instinktbewegung(en) 27, 43, 103 ff., 218
–, arteigene 99
– aus dem Funktionskreis der Kopula 76
–, autonome 112, 179, 265
–, durch Ritualisierung entstandene 101
–, einfachste 199
–, Funktionswechsel der 113
–, genetisch programmierte 107
–, Impulsfolge einer 104
–, nichtererbte Wechselwirkungen zwischen 43
–, physiologische Natur der 103
–, Spontaneität der 101, 103, 107
Intensität 273
– der Trauer 281
–, extreme ritualisierter bindender Verhaltensweisen 91, 283
–, geringste des Fluchtverhaltens 150
–, höchste einer Balz 88
–, höchste beim Imponiersichern 261
–, hohe von Lokomotionsbewegungen 152
–, individuelle aggressiven Vehaltens 237
–, unterschiedliche des Grüßens 237
–, Zeichen höchster beim Triumphgeschrei 95
Intention
–, die Umgebung zu verlassen 187
–, Freß- 266
Interaktionen 53
–, soziale 51 f., **237 f.**, 256
Inzest-Tabu 45, 90
Islandfalken (Falco rusticola) 271

Jammerlaut(e)(s) 57, 184, **186 f.**, 191
–, Melodie des 188

Kampf, Kämpfe
– auslösende Mechanismen 228
–, Entscheidungs- 83, 230, 256, 276
–, Flügelbug-, s. d.
–, heftigst, hochintensiv 274, 277
–, Luft- s. d. und Flug-
 -potential, Verlust von 80
–, Rivalen- 69
–, Rivalen- der Gössel **235 ff.**; XIII
–, Schnabel- 91
Kanarienvogel (Cerinus canarius) 202
Kaspar Hauser 119
– Versuch 118
Keil, -formation **145 f.**; *29;* XVI/1
Kenntnis
– des Überwinterungsortes 58
– räumlicher Strukturen, Transponieren von 33
Kette von Gösseln 55; III/1
Kielbrustvögel (Carinaten) 156, 171
–, flugfähige 147
Kleinvögel 194
knabbern **177 f.**; *58, 59*
– an den Füßen 53
–, be- 109, 156, **177**
Kogge, -nhaltung 40, 75, 78, 81, 83, 87 f., 105, **212 f.**, **260 f.**; *66–68*
Komfort-bewegung(en), -verhalten (comfort activities) **167 ff.**, 173; *51, 53–55*
Konflikt
–, doppelte Rückkoppelung im 110
–, Motivations- s. d.
-situation 70
–, Gebundensein durch dauernden 282
– zwischen Angriffs- und Fluchtbereitschaft 110, 222, 224
– zwischen Anziehung und Abstoßung (biphasic processes underlying approach and withdrawal) 220
– zwischen Anziehung und lokalem Schrecken 193
Kontaktlaut 16 f.
konvergent(e), konvergierend(e)
– Anpassung, Indikator für **293**
– Entwicklung 291
– –, phylogenetisch 293
Koordination
–, absolute 110
–, Bewegungs-, nervliche des Flügelbugschlags 224, 236
–, relative 110
–, zentrale der Eirollbewegung 204

311

Kopfbewegungen 53
–, schaufelnde 162
–, seitlich windende 261
Kopf(es)
–, Abrollen des **158**; *41*
–, Einfetten des **157 f.**; *39, 40*
–, Kippen des 53
–, überraschtes Zurücknehmen des **226**; *79*
Kopula, -tion(s), s. a. Begattung, treten 89, 273
–, Aufforderung zur 74
 -nachspiel, s. a. Begattungs- 81
 -versuch zweier Ganter *100*
kopulieren, s. a. treten 91
Korrelation
 – der Abflugzeiten zum Sonnenuntergang 53
 – zwischen individueller Aggressivität und Ranghöhe 238
 – zwischen Kopfzahl der Familie und Ranghöhe 252
kratzen, Kratzbewegung 157
–, rhythmisch wiederholtes 172; *39*
–, Sich – 159, **172 f.**

Lamellirostres 180
landen, Landung(s)
 – auf bestimmten Punkten s. punktlanden
 -versuch 153
–, Widerwille, an unbekannter Stelle zu 39
Längsachse
–, Kippen des Kopfes in der 53
Langzeitbeobachtung s. longitudinal
Lauf, laufen **127 ff.**, 132; *14*
 – mit Höchstgeschwindigkeit 128
–, Oberflächen- 133, 135
–, rasch, schußartig 31
–, Von Stapel- 132
–, Wasserschi- 148; *33*
Lautäußerung(en)
–, Beginn der 123
–, häufige und übertriebene 273
–, kindliche 193
–, Wechselspiel der 55
Lebensalter
–, höchstes 60
Lege-
 -bauch 92
 -not 89
–, Singen der Henne 188

 -zeit 207
Leerlauf 152, 204
 -aktivität(en), -bewegung(en), -handlung(en) 52, 102 f., 135, 204, 208
Leistung, -en
–, arterhaltende 102
 – des orientierten Auffindens eines Zielpunktes 35
–, einsichtige 36
–, Fehl- 131, 132
– –, epiphänomenale der neuralen Veranlagung 268
–, Transpositions- 33, 35
Lerchen (Alaudidae) 127 f.
lernen, Lernvorgang 12, 55, 108 f., 117, 133, 150, 205, 209 ff.
–, instrumentelles (operant conditioning) 99, 108, 148, 150
–, Unterdrückung der Abfliegereaktion durch 130
Lidspalte 264
–, farbige Umrandung der 264
Liebesäußerungen, -bezeigungen 91, 272
locken 78, 251
 – der führenden Entenmutter 16
–, Futter- der Haushühner 114, 186
Lockruf von Wildgänsen s. Distanzlaut 295
Lokomotion(s)-
 -bewegungen 52, **127 ff.**, 152; *14–33*
 -drang, Stau des 152
–, gewöhnlichste Form der 127
–, maximal schnelle zu Fuß 152
–, Ontogenese der 127
–, verschiedenste Bewegungskoordinationen der 135
longitudinale (= Langzeit-) Beobachtung, Erforschung, Untersuchung 12 f., 235, 294
–, dynamisch- 47
Luft
 -kammer 122 f.
 -kampf, s. a. Flug- 66 f., 70, 72, 273, 278
 -verfolgung 63 f.
Lungenatmung
–, Einsetzen der 123

Macaca fuscata (Rotgesichtsmakake) 26
Maß
 – für Gebundenheit 219
 – für hohe Aggressivität, für intensiven Haß 71, 284

Mauser, mausern 48 ff., **57**, 61 f., 153, 265
-gebiet, -plätze 57; II/2
Mechanismus
–, (Lorenz-)Oehlertscher der Geschlechtsdiagnose 255
– –, Versagen des 258
Menotaxis 53
Merkmale
– der Physiognomie des Kopfes 280
– des Fortgehlautes, Monotonie als 189
–, die menschliche Emotionen auslösen I
–, morphologische 19
–, von der Erbmasse bestimmte 43
– von sytematischen Einheiten 102
Milieu 45
mobben, mobbing, s. a. hassen 96, 194, 198; V/1,2
Modifikation(en)
–, nichterbliche 43
Möwen (Laridae) 112
Monotonie 189
Morphologie 19
Motivation(en) (s) 102, 115, 222 f.
–, aggressive, Kampf- 112, 256
-analyse 107, 112
– –, Schwierigkeiten der 112, 212
–, der Begattung 258
– des gepreßten Schnatterns 248
– des Rollens 248 f.
– des Rollschnatterns (Gruppenrollens) 248 f.
– des Triumphgeschreis 14, 246, 248
–, Flucht- 112, 152, 222, 256
–, geschlechtliche, suxuelle 80, 112, 256
– instinktiven Verhaltens 109
-konflikt 89, 109, 222, 226
–, Mischbarkeit von Flucht-, Kampf- und Paarungs- **256**
–, widersprüchliche von Bindung und Aggressivität 243
– zu Angriff und Rückzug, Flucht gleichzeitig 111, 222

Nabel 124
-ring 124 f.
nachfolgen, nachlaufen 75
–, Prägung auf s. Prägung
–, Reaktion des s. Reaktion
Nacht-
-ruhe **51**, 126
Nach-unten-Blicken

– bei der Nahrungssuche 115
–, Duckmäuserhaltung mit 115, **264**; 99
Nahrungsaufnahme 110, **173**
–, wichtigste Form der 52
Nahrungssuche 114
Nervus accelerans cordis 100
Nest(er) VI, VII
– aufgeben, verlassen 207, 209
– ausmulden s. ausmulden
-baubewegungen 150, **200 ff.**
-bau(en) 76, 83, 94, 113, 199, 201 f.
-bauintentionen 53
-geschrei 77, 83 ff., 94, **206 ff.**; IV/3
-flüchter 13, 31, 207
-material 205
-pause s. Brut- 83, 95
-suche 50, 76, 79 f., 92 ff., 150, **200 f.**
-verteidigen 94, 208
-wache 55, 72, 77, 79, 83, 85, 87 f., 94 ff., 97
-zentrum 201, 203 ff.
neurologisch-anatomische Veranlagung
– bei Männchen und Weibchen 255
Newtonsche Gesetze 289
Nist-
-kasten, -kiste 200, 208, 278; VI/3
-körbe in Bäumen 150, 201
-ort, -platz, -stelle 41, 50, 200, 209, 277 f., 282; VI, VII
– –, Rivalität um **277 f.**
Niveau
–, physiologisches 121
–, adäquate Terminologie 122
non-disruptive experiment 24

objektiv-ierend, Objektivierung **289 ff.**, 292, 294
–, Beispiel für 290
Ökologie 102, **106 f.**
Ontogenese, ontogenetisch, s. a. Entwicklung, individuelle 19, 117, 187
– der Lokomotion bei Vögeln 127
– des Trinkens 162
operant conditioning (instrumentelles Lernen) 99, 108
orientiert(e)(s)
– Auffinden eines Zielpunktes 35
–, beidäugig picken 56
– Greifbewegung 52
Orientierungsreaktion 130

Paar(e)

313

– Ganter-, s. a. Ganterbindung 60, 243, 252, 258, **268 ff.**, 276, 283 f.
–, ältestes 272
–, heterosexuelles, »reguläres« 258, 268, 270 ff.
–, Männchen- 257 f.
– –, bei Enten 258
–, Weibchen- 257
Paarbildung 44 f., 212, 214, **259**, 264, **267 ff.**
–, Antrag zu dauerhafter 211, 266
–, Bereitschaft zur 259
–, Endergebnis der 246
–, häufigste Form der **267 f.**
–, gleichgeschlechtliche, homosexuelle 255, **268 ff.**
–, Störungen der durch Bindungsschwäche **273 f.**
–, Vorgänge bei 40
– zwischen Weibchen 257
Paarung(s)-
-bereitschaft 211
-nachspiel, s. a. Kopulations-, Begattungs- 88, 94, 96
-stimmung 81
–, Um-, s. a. Partnerwechsel 63
-verhalten der Möwen 112
-verhalten, intensives 89
-zeit 268
Paläontologie 18
Palaver
–, Räbräb- 16
–, Familien- 56, 214, 248
parallel-
-gehen, -schreiten 41, 88, 115, **263 ff.**
-schwimmen 75, 78
-stehen **255**
Parasiten 159
Parlament der Instinkte 44, 101, 112
Partner 83
–, Ersatz- 60
–, Stimmfühlungs- 243
–, Triumphgeschrei- 253, 280
–, Verlust des **280 f.**
-wechsel 60, 75
pathologische Erscheinungen 102
Pavian(e), Mantel- (Papio hymadryas) 25
–, menschenaufgezogene 25
-sozietät 25
peck-order (Hackordnung) **230**
Persönlichkeit 243, 282
–, Rolle der **218 f.**

–, Wesen der 219
Pfau (Pavo christatus) 254
-hahn 41
Pfeifen des Verlassenseins, s. a. weinen 18, 32, 97, 118, 121, 126, 186, 279
Pferd 152
Phänokopie 115
Phänotypus, phänotypisch 11, **43**, **45**, 115
Phylogenese, phylogenetisch, s. a. Stammesgeschichte 25, 102, 113 f., 134, 183, 199
Physik 289
Physiognomie 55, 108
–, Erkennen der 280
Physiolog-e, -ie 104
– der Bewegungsweisen der Gösselkämpfe 236
–, vergleichender 114
physiologisch(es)
– Niveau 121
–, reiz- 255
picken 114, **173 ff.**, 177, 180, 185, 266; 56
Pieper (Anthus) 128
Prachtfinken (Estrildidae) 257
Prägung(s)(vorgang), prägen 17 f., 29, **116 ff.**, 126, 218, 258 f., 278
-abnormität 119
-art, Abstraktion der 117
–, Nachlauf-, Nachfolge- 17, 116 ff., 189, 197
– auf ein Ersatzobjekt 118, 197
– eines Individuums 116
– geschlechtlicher Reaktionen der Dohle 117
– innerhalb bestimmter Entwicklungsphasen 17, 116 ff.
–, Unwiderruflichkeit der 17, 31, 116 ff.
Primaten 99, 107
Propatagium 134
Psychiater 119
Psychoanalyse 282
Psycholog-e(n), -ie 20
–, Lern- 108
–, Gestalt- 104
–, Schul- 20
–, vergleichende 114
punktlanden 142, **148 ff.**; *26, 32*
Pute (Gallopavo meleagris) 30, 32, 183
Putzbewegungen **156 ff.**; *38–44*
putzen 34, 39, 52 f., 89, 97, **156 ff.**, 208
– des Gefieders 157; *38*

quängeln **187 ff.**
Quantifikation 21

Raben 127
–, Kolk- (Corvus corax) 56, 134
   -vögel 256
Räbräb-Palaver 16
Rätsellaut s. Rollen
Rang-(ordnungs-)
   -höhe, -position, -stellung 66, 73, 82 ff.,
   109, 234 f., 239, 252, 263, 267, 281
– –, übergeordnete, untergeordnete s.
   dominant, sub-
Rangordnung(s) 79, **230 ff.**, 287
– der Geschwister 48, **236 ff.**
–, Entwicklung der bei Gösseln 235
–, feste, klare **234**, 238
– innerhalb der Familie 14, 56, **235 ff.**
   -kampf 199; *86*
–, intrafamiliärer der Gössel XIII
–, kennzeichnend für tiefstehend in der
   229
   -mäßig geschichtete Gesellschaft 231
   -streben 11, 292 f.,
   -verhältnis 233, 240
– zwischen Familien 65, 72, 89, 97, 112,
   232 ff., 251 f.; *83, 84, 86*
Reaktion(en)(s) 100
–, Abfliege- 130
– auf nachgeahmte Warnlaute 197
– der Eltern auf kämpfende Gössel **236**
– des Sich-Drückens 152
– des Unterkriechens 125
– der Verlegenheit 38
–, Eifersuchts- 92
–, feindliche 62
–, Flucht- 38, 197
–, Haß- s. hassen
–, Ketten- 249
–, Nachfolge-, Nachlauf- 117 f., 278
–, Orientierungs- 130
–, Radfahrer- 284
–, shiften 117
–, Warn- und Haß- des Buchfinken 197
–, Werkzeug- 101
   -zeit eines Vogels 146
reaktiv
– ausweichen 234
Reflex(e) 100
–, Ausbildung bedingter (conditioning)
   199
–, Ketten- 103

   -lehre 100
–, Lidschluß- 121
Regenpfeifer (Charadriidae) 146
Reiher (Ardeidae) 198
–, Nacht- (Nycticorax nycticorax) 34, 202,
   265
Reiz(e)
   -adaptation 197
–, (auslösender) Außen- 103
   -austausch zwischen Sinus- und
   Atrioventrikularknoten 100
–, bedingter 107
–, andressierende Funktion belohnender
   259
– -erzeugung, endogene 103
–, fluchtauslösende 57
–, prägende 116
–, sozialer 32
–, vom Partner ausgehende 257
–, unbedingter 107
Reizsituation(en)
–, andressierende und abdressierende
   183
–, auslösende 109
–, phylogenetisch programmierte 199
Reptilien 167
Rhesusaffen (Macaca mulatta)
   -kinder, frustrierte 17
Ritualisation, ritualisiert(e)(s) 107, **113 ff.**;
   8
– Aufeinanderfolge von Rollen und
   Schnattern 246 f., 277
– Bewegungsweise 115
– Bewegungsweise des Winkelhalses
   264 ff.
– Bewegungsweisen von Bogenhals und
   Halseintauchen 212
– bindende Verhaltensweisen 91
–, gleichzeitige Entladung von Rollen
   und Schnattern 248 f.
– einer Übersprungbewegung 189
–, Hypertrophie als Kennzeichen weitge-
   hender 206
–, klassisches Beispiel für 114
– mehrerer leicht erkennbarer Komponenten 206
– Signal 53
– Verhaltensweisen des Imponiergehabens **260 ff.**
–, Verlust der, bei höchster Intensität 283
– von aggressiven Formen abgeleitete
   Bewegungsweisen 91, 283

315

Rivale(n) 83
-aggression, Bewegungsweisen der 112
–, Auseinandersetzung mit 72
-kampf 69, 82
Rivalität 66
– um Nistplätze **277 f.**, 282
Roll-en 91, 192, 239, 242 ff., 248 ff., 267, 272; *94–96;* XIV
-duett 252 f.; *95*
–, (einsilbiges) in Form des Rätsellautes 192, 243
– in reiner Form, ontogenetisch erstmalig 243, 267
– mit gewölbter Brust *94*
– mit Schnattern, s. a. Triumphgeschrei **243 ff.**
– ohne Schnattern **252 ff.**
Rollschnattern, Gruppenrollen 105, 239, 241 f., 245, **248 ff.**, 252, 277; *93*
Rotgesichtsmakaken (Macaca fuscata) 26
Rückkehr
– zum flüssigen Schnattern 66
– zur Familie 84, 242, 280
Rückkoppelung
–, doppelte, im Konflikt 110
–, komplexe soziale mit Artgenossen 217
Rückstrom
– sozialer Reize (feedback), s. a. soziale Rückmeldung 32, 54
rütteln, 76, **139 ff.**, 148, 167; *22–28; 32*
– und gleitrudern, Übergangsphasen zwischen 142
– beim Punktlanden s. d.
– beim Start 27, *28*
Rüttel-
-abschlag *24*, 25
-aufwärtsschlag 22
-vortrieb *23*, 27, *28*
ruhen 52
rupfen 109, **175**

Säuger, Säugetiere 99, 107, 170, 230, 255
Sauropsiden 287
Schar(en)
– als soziales Gefüge 11
–, Peripherie der 77, 84, 262, 274, 281
–, Wander- 58; XVI
–, Wechselwirkungen im System der 11
schaufeln 174, 176 f.
Schein-
-angriff 75, 195, 267, 273, 277
-gegner 41, 243, 273

Schimpansen (Pan satyrus) 25, 218
–, Trauer bei 281
-untersuchungen 26
Schlaf, schlafen
-haufen 211
-platz 52 f.
-stellung **51**, 207, 279
Schlagwarze 223, 236; XI, XII
Schlüpf-
-lage 122; *9*
-schwierigkeit, Störung 124, 182
schlüpfen, Schlüpfvorgang 54 f., 79, 85, 89, 119, **122 ff.**, 173, 182 f., 185, 193, 207, 209, 211, 217 f., 235; *9–12*
–, Hindernisse beim 123
–, Lage des Kükens zu Beginn des; *9*
Schnabel 173
-kampf, ritualisierter (beim Gimpel) 91, 283
-struktur, Veränderungen der 180
Schnattern, s. a. Stimmfühlungslaut 112, 189, 196, **239**, 241 f., 244 f., 252, 264, 273, 277, 283
–, Antragen des, s. a. Triumphgeschrei-Antrag 267
–, gepreßtes 56, 75, 91, 93, **241 ff.**, 248, 250, 267, 272, 275, 277; *89;* XV
–, flüssiges 56, 66, 239 **241 f.**, 248
–, hohes s. flüssiges
–, kindliche Vorstufe des 218
–, Roll- s. d.
Schreckhaftigkeit
–, Tagesperiodik der 52
Schreck-
-reiz 197
-ruf s. Warnlaut, leiser
schreiten, Schritt 110, **127 ff.**; *14*
Schüttel-
-bewegung(en) **167 ff.**
-intention 108
-strecken **168 f.**; *51*
schütteln
–, Flügel-, seitliches 169
–, Kopf- 167
–, Kopf-, seitliches 53, 169, 189
–, Kopf-, willkürliches 108
–, lautes, geräuschvolles 169; 52
–, Schnabel- 97, 162, 188
–, Schwanz-, seitliches **168 f.**
–, Sich- 38, 108, **167 ff.**
Schwalben (Hirundinidae) 140
–, See- (Sterna hirundo) 135

Schwan(en-), Schwäne (Cygninae) 130, 171
-, Höcker- (Cygnus olor) 132 f., 224
– –, Imponierhaltung, Drohhaltung des 40, 261
-nest 202
Schwelle(nwert der Auslösung)
– von Aggressivität 231, 260
– von Fluchtverhalten, hoher 238
– von Fluchtverhalten, niedriger 152, 260
– von Warnlauten, niedriger 260
–, Reiz- 190
– –, Absinken der 101
schwimmen 128, **132**
– auf dem Rücken 166; *48*
Segler 140
Seih-
-apparat 180
-schnabel 180
seihen, Seihbewegung 176, 179, **180 ff.**; *62, 63*
Selektion(s), seligiert
-druck 114, 152, 220, 291, 293
– in negativem Sinne 228
–, intraspezifische 12
-wert, positiver 293
Semantisierung **114**
Senilwerden von Gänsen 60
sexuell(e)(r)(s)
– Annäherung 76
– Dimorphismus des Verhaltens 200
– Reaktionen 90, 117, 256, 271
– Reifung 259
– Verhalten(sweisen) 59, 92, 257
– Verhalten, ambivalentes **255 ff.**
Sich-Drücken **152**; *36*
Sich-Erkennen der Geschlechter **255 ff.**
Sich-Erkennen, gegenseitiges, individuelles, persönliches 39, 55, 58, 220
Sich-Flügeln 96, **166 f.**; *50*
Sich-Kratzen 159, **172 f.**
Sich-Putzen s. putzen, Putzbewegungen
Sich-Schütteln 38, 108, **167 ff.**
Sich-Strecken **170 ff.**
Sich-Verlieben 259 f., 267, 274, 277
Sicherganter **150**, 194, 262 f.; *97, 98*
sichern, Sicherhaltung 38, 110, 150 ff., 154, 239, 261, 268; *34, 35*
–, einäugig 154; *37*
–, extrem 37, **193**
–, Imponier- s. d.

–, intensiv 196
Signal(e) 113, 182
–, akustische, schlüpfender Küken 207
-wirkung 266
Singvögel 162
Sinusknoten 100
Situation(s)-
-analyse 111
–, Streß- s. d.
social induction 114
sozial(e)
– Auseinandersetzungen, Interaktionen 51 f., **237 f.**, 256
– Reize 32
– Rückmeldung (feedback), s. a. Rückstrom sozialer Reize 54
– Spannung 238
– Verhaltensweisen 21
– Wechselbeziehungen, kennzeichnend für 238
Soziobiologen 11, 294
Specht (Picidae) 265
Spektrogramm 243
Sperlingsvögel (Passeriformes) 127, 166, 171
Spezies 116
Spiel 52, 135, 152, 177
-tauchen 52, 134, **135**, 152; *15–17*
spontan
– aktive Verhaltensweise 100
– ausweichen 234
Spontaneität 101, 103
– der Mehrzweckbewegungen 102
– des programmierten Verhaltens 44
– jeder Instinktbewegung, -handlung 103, 107
springen 128
–, beidbeinig
–, fluchteinleitendes Über- 226
Stammesgeschichte, stammesgeschichtlich, s. a. Phylogenese 16, 19, 110, 180, 228
– urtümlicher Ausdruck der Aggression 221
Star (Sturnus vulgaris) 140, 174
Stimmäußerungen, Laut-, s. a. Ausdruckslaut 51
Stimm-
-bruch, -wechsel 56, 184, 188, 237, 242
– –, Weinlaut nach dem 183 f.; *64*
Stimmfühlungslaut(e)(s), s. a. Schnattern

30, 54f., 61, 185, 188f., 193, **217f.**,
236, **238f.**, 244, 247
– der führenden Mutter 118, 126
–, Gebundensein im Verhältnis des gemeinsamen 218f., 243
–, mehrsilbiger 123, 218
–, Parameter der Veränderung beim 239
–, Selektivität der Auslösbarkeit des 218
–, verschiedene Formen des **238ff.**
–, Wiederhervorbrechen des zeitweilig gehemmten 239
–, zweisilbiger 123, 218
Stimmungshierarchie, relative 180
Störche (Ciconiidae) 166
Streckbewegung(en) 51, 53, 54
– der Säugetiere 170ff.
– der Vögel **170ff.**
strecken **170ff.**
–, Sich- **170ff.**
Streß 29, 36, 41, 48
–, Flucht vor 41
– -situation 14
-situation des Brütens 60
Struktur(en) 23, 289
-ähnlichkeiten 293ff.
-Beschreibung der 289
–, Kenntnis der speziellen, der Materie 289
Sturmvögel (Procellariidae) 140
subjektiv(e)(s) 289f., 292
– Erleben, Gefühle
– beim Menschen 292
–– höherer Tiere 185, 293
–, inter-, (Natur-)Wissenschaft 289f.
suchen, Suchverhalten 49
–, verlorengegangene Junge 281
Sympathikus-erregung, -reizung, -tonus 152, 227, 261, 279
sympathisches Nervensystem
–, hoch erregtes s. Sympathikus-Symptom(e)
–, Brut- 69
– der Trauer 279
Synchronisation, synchronisiert
– des Schlüpfvorganges 207
– von Mauserzeit und Wachstum der Jungvögel 51
–, Mechanismen der, beim abendlichen Abflug 53
Synkope
–, charakteristische beim Triumphgeschrei 244

System(e) 22ff.
-analyse 23
-charakter 22, 102
– der arteigenen Instinktbewegungen 99
– der Instinktbewegungen und der angeborenen AAM 106
–, kommunikatives 114
–, Verhaltens- 11
taktlos, Taktlosigkeit 119
Tauben 20, 162, 257, 264
–, Haus- 256
–, Lach- (Streptopelia risoria) 162
Taubenarten, -vögel (Columbidae) 20, 147
tauchen **133ff.**
–, Spiel- s. d.
–, weg- 26, 237
Taucher, Fam. der Lappen- (Podicipediformes) 159
–, Hauben- (Podiceps cristatus) 113, 159; 8
–, Zwerg- (Podiceps ruficollis) 159
Terminologie
–, niveau-adäquate 122
territorial, Territorialität, Territorium 70, 93, 220, 231f.
Testosteron-Kristalle 78
Tetrapoden (Vierfüßer) 172
Trab, traben 110, **127ff.**; *14*
Tradition(en) 25, 58
–, Bedeutung der, beim Herbstzug 58
– im sozialen Verhalten 25
transponieren, Transposition 104
– von Kenntnissen räumlicher Strukturen 33ff.
Trauer 97, 277, **279ff.**, 285
–, kindliche (infant grief) **279**
-pause 90
–, Symptome der **279**
treten, Tret-akt, s. a. Begattung, Kopula 74ff., 78f., 81, 86, 88f., 94ff.
-versuch 93; *100*
Trieb
– nachzufolgen 189
-handlungen, arteigene 103
trillern, s. a. Einschlaflaut 18, 123, **185**
Trio(s), Dreiergruppe(n) **271**
– aus zwei Gantern und einem Weibchen 258, 271
– aus zwei Weibchen und einem Ganter 258, 285
Triumphgeschrei(s), –schreien 56, 64, 67,

74f., 78ff., 90ff., 209, 214, 237, 239, **243ff.**, 248, 250, 252f., 265, 271, 273, 279; *90–92;* XIV, XV
–, abfangen 93, **277**
-Antrag, antragen 76, 78, 85, 88, 92ff., 267, 277, 285
–, Auseinanderfallen von Rollen und Schnattern beim 252f.
–, bindende Wirkung des **245ff.**
–, charakteristische Synkope (Pause) beim 244ff., 248
–, einleitender Teil des 244
–, Endphase des 75; XV/2
– Erregung, spezifische 253
–, Familien- 86, 90, 279
-Gemeinschaft, -Gesellschaft 97, 221, 248
–, höchste Intensität des 95, 283
–, klassisches **245f.**, 248, 252, 267, 277; *90–92;* XIV, XV
Tukane (Ramphastidae) 174
typisch(e)(r)
– Eifersuchtsreaktion 92
– Haßsituation 282
– Körperhaltung bei starkem Regen oder Hagel 55
– Radfahrerreaktion 284
– Umorientierung 91
– verstohlene Blicke aus dem Augenwinkel 264
– Vorgang einer Ritualisation 114
Typus 43
–, von Heinroth aufgestellter, der Graugans 44

Übersprungbewegung(en) 53, 169, 173, 283
– des Menschen 173
–, Ritualisation einer 189
Übertreibung
–, mimische 114
Umorientierung 91, 93, 112, 283
Unterhaltungslaut 16
Urpflanze 43

vergewaltigen 87
Verhalten(s)
–, aggressives s. Aggression, Aggressivität
–, Ambivalenz des sexuellen **255ff.**
–, Demuts- s. d.
–, Determination männlichen oder weiblichen 257

–, Dimorphismus, sexueller 200
–, explorat-ives, -orisches 109, 135, 177; *58, 59*
–, Eigenschaften erblichen 44
–, Flucht- s. d.
–, Genotypus des 43
–, Komfort- s. d.
–, Motivationen instinktiven 109
–, Paarungs- 89
-strukturen, angeborene 45
–, vermännlichtes 74
–, Verschiedenheit des, bei Männchen und Weibchen 254
–, Wechselwirkungen des, der Sozietätsmitglieder 217
Verhaltenssystem(e)(s) 11
–, Arterhaltungswert einzelner 11
Verhaltensweise(n)
–, aus mehreren (erkennbaren) Motivationen gemischte 110
– der Fortpflanzung **199ff.**
– der schnellen Flucht zu Fuß 128
–, geschlechtsgebundene 255ff.
–, instinktmäßig programmierte 274
–, phylogenetisch vorprogrammierte 25
–, ritualisierte bindende 91
–, ritualisierte der Möwenartigen 112
–, soziale 21
–, spontan aktive 100
– stärkster Bindung 91
–, Systemcharakter der angeborenen 102
–, Überlagerung endogen motivierter 110
verlegen, Verlegenheit 38, 95, 284
verlieben, verliebt 274f.
–, Sich- 259f., 267, 274, 277
Vermeiden eines Zusammentreffens s. cut-off-behavior
verteidigen, Verteidigung
–, Nest, Nistplatz 84, 94, 208
–, Junge, Küken 95, 211, 294
Verteidigungsbereitschaft der Eltern 57

Warn-laut(e) 37, 39, 150, 191, **193ff.**, 243f., 249, 268
–, Adler- 152, 196, **198**
–, »Gog«- und »Gig-gog« 54, 192, **193ff.**, 196, 198; IV/1, V/1, 2
–, lauter s. Gog- und Gig-gog
–, kurzer s. Gog- und Gig-gog
–, leiser, ernster **196ff.**
Wasserfestigkeit

– des Gefieders **158 f.**
–, Verminderung der 159
Wasserflöhe (Daphnien) 76
Wechselwirkung(en)
– der Artgenossen, Individuen 11, 219
– des Verhaltens der Sozietätsmitglieder 217
–, nichtererbte zwischen Instinktbewegungen 43
– von subjektivem Erkennen und Objektivität des Erkannten 294
weiden 52, 83, 85, 150, 208, 226
– an breitblättrigen Pflanzen **175**
weinen, Weinlaut, s. a. Pfeifen des Verlassenseins 16, 30 f., 49, 118, 132, **182 ff.**, 188, 279; *1, 64;* I
– flügger Gänse 183 f.; *64*
– und Jammerlaut, Mischformen 187
Werbung, Werbeverhalten 263, 270, 274 ff.
–, aktive, mit Kraftdemonstrationen, s. a. conspicuous waste 264 f., **267 f.**
– in Duckmäuserhaltung 258, **263 ff.**, 267
»Wi«-Laut(e), »Wiwiwiwi« 30 f., 39, 55 f., 217 f., 241
Wildschweine (Sus scrofa) 230
Willkür-, willkürlich(es)
-bewegung 108
–, Kopfschütteln 108
–, verändern, Ausdruckslaute 242
Wimpertierchen (Ciliata) 102
Winkelhals 61 f., 68, 75, **88 f.**, 105, 114 f., 211, 264 f., **265 f.**; *99*
– beim Weibchen 88
–, extremer 88
Witwe(r), verwitwet 60, 73, 263, 265, 270, 277, 280 f., 285

Zentralnervensystem 103, 110, 121, 226
Zeremonie(n) 113, 219, 242, 245 f., 252
–, Begrüßungs- 279
– der konvergierenden Hälse **248 ff.**; *93*
– des Familienpalavers **241**
– des Triumphgeschreis 44; *90–92;* XIV, XV
–, Liebes-, beim Gimpel 283
zischen 41, **198 f.**, 208, 236; IV/2, XIII/4
Zitterhals s. Halszittern
Zuckmücken-
-larven (Chironomidenlarven) 18
-puppen, schlüpfende 186
Zug-
-richtung 58
-unruhe 59
–, Herbst- 58, 248, 251
Zungenbein-Richten 166; *49*
zurücklegen, Zurücklegebewegung 80, 94, 200, **201 f.**, 212; VIII/2
Zusammenhalt, zusammenhalten
–, anonymer (Herdentrieb) 58
–, (anonymer) der Kükenschar 55, 209, 235, 278; III/2
–, loser, schwacher 221, 273 f.
– (mit) der Familie 58, 65, 79 f., 248, 263
– mit anderen Jungeführenden 89
–, Paar- 44, 259, 268, 272
–, Schar-, mit anderen Familien 248
– von Geschwistern, s. a. Geschwisterverband 38, 55, 219, 238
– zwischen Brüdern 271
Zweiergruppe 90, 271
Zwergmungos (Helogale undulata rufula) 25 f.

Konrad Lorenz

Der Abbau des Menschlichen
294 Seiten. Serie Piper 498

Die acht Todsünden der zivilisierten Menschheit
112 Seiten. Serie Piper 50

Er redete mit dem Vieh, den Vögeln und den Fischen
Tiergeschichten
215 Seiten mit 104 Zeichnungen von Konrad Lorenz
und Annie Eisenmenger. Geb.

Das Jahr der Graugans
200 Seiten mit 147 Farbfotos von Sybille und Klaus Kalas. Geb.

Die Rückseite des Spiegels
Versuch einer Naturgeschichte menschlichen Erkennens
Der Abbau des Menschlichen
Zusammen 537 Seiten. Geb.

So kam der Mensch auf den Hund
187 Seiten mit 110 Zeichnungen des Verfassers. Geb.

Das sogenannte Böse
Zur Naturgeschichte der Aggression
317 Seiten. Geb.

Über tierisches und menschliches Verhalten
Aus dem Werdegang der Verhaltenslehre
Gesammelte Abhandlungen
Bd. I: 412 Seiten mit 5 Abb. Serie Piper 360
Bd. II: 398 Seiten mit 63 Abb. Serie Piper 361

Piper

Konrad Lorenz

Das Wirkungsgefüge der Natur und das Schicksal des Menschen
Gesammelte Arbeiten
Herausgegeben und eingeleitet von Irenäus Eibl-Eibesfeldt.
368 Seiten mit 23 Abb. Serie Piper 309

Die Evolution des Denkens
Herausgegeben von Konrad Lorenz und Franz M. Wuketits.
393 Seiten. Kt.

Oskar Heinroth / Konrad Lorenz
Wozu aber hat das Vieh den Schnabel?
Briefe aus der frühen Verhaltensforschung 1930–1940
Herausgegeben von Otto Koenig.
Ca. 240 Seiten. Serie Piper 975

Konrad Lorenz / Franz Kreuzer
Leben ist Lernen
Von Immanuel Kant zu Konrad Lorenz
Ein Gespräch über das Lebenswerk des Nobelpreisträgers.
103 Seiten mit 1 Abb. Serie Piper 223

Karl R. Popper / Konrad Lorenz
Die Zukunft ist offen
Das Altenberger Gespräch
Mit den Texten des Wiener Popper-Symposiums.
Hrsg. von Franz Kreuzer.
143 Seiten. Serie Piper 340

Nichts ist schon dagewesen
Konrad Lorenz, seine Lehre und ihre Folgen
Die Texte des Wiener Symposiums, herausgegeben von Franz Kreuzer.
Mit Beiträgen von I. Eibl-Eibesfeldt, A. Festetics, B. Hassenstein, B. Lötsch, K. Lorenz, E. Oeser. R. Riedl, W. Schleidt. S. Sjölander, W. Wickler, F. Wuketis. 251 Seiten. Kt.

Piper

Irenäus Eibl-Eibesfeldt

Die Biologie des menschlichen Verhaltens
Grundriß der Humanethologie
998 Seiten mit rund 1000 Abb.
Leinen in Schuber

Galápagos
Die Arche Noah im Pazifik
413 Seiten mit 240 farbigen und
schwarzweißen Abb. Geb.

**Grundriß der vergleichenden
Verhaltensforschung – Ethologie**
929 Seiten, 443 Abb., Bildfolgen und Grafiken und 12 farbige
Tafeln. Leinen in Schuber

Krieg und Frieden
aus der Sicht der Verhaltensforschung
329 Seiten mit Abb. Serie Piper 329

Liebe und Haß
Zur Naturgeschichte elementarer Verhaltensweisen
293 Seiten. Serie Piper 113

Die Malediven
Paradies im Indischen Ozean
324 Seiten mit 190 meist farbigen Abb. Geb.

Der Mensch – das riskierte Wesen
Zur Naturgeschichte menschlicher Vernunft
272 Seiten mit 29 Abb. Leinen

Piper

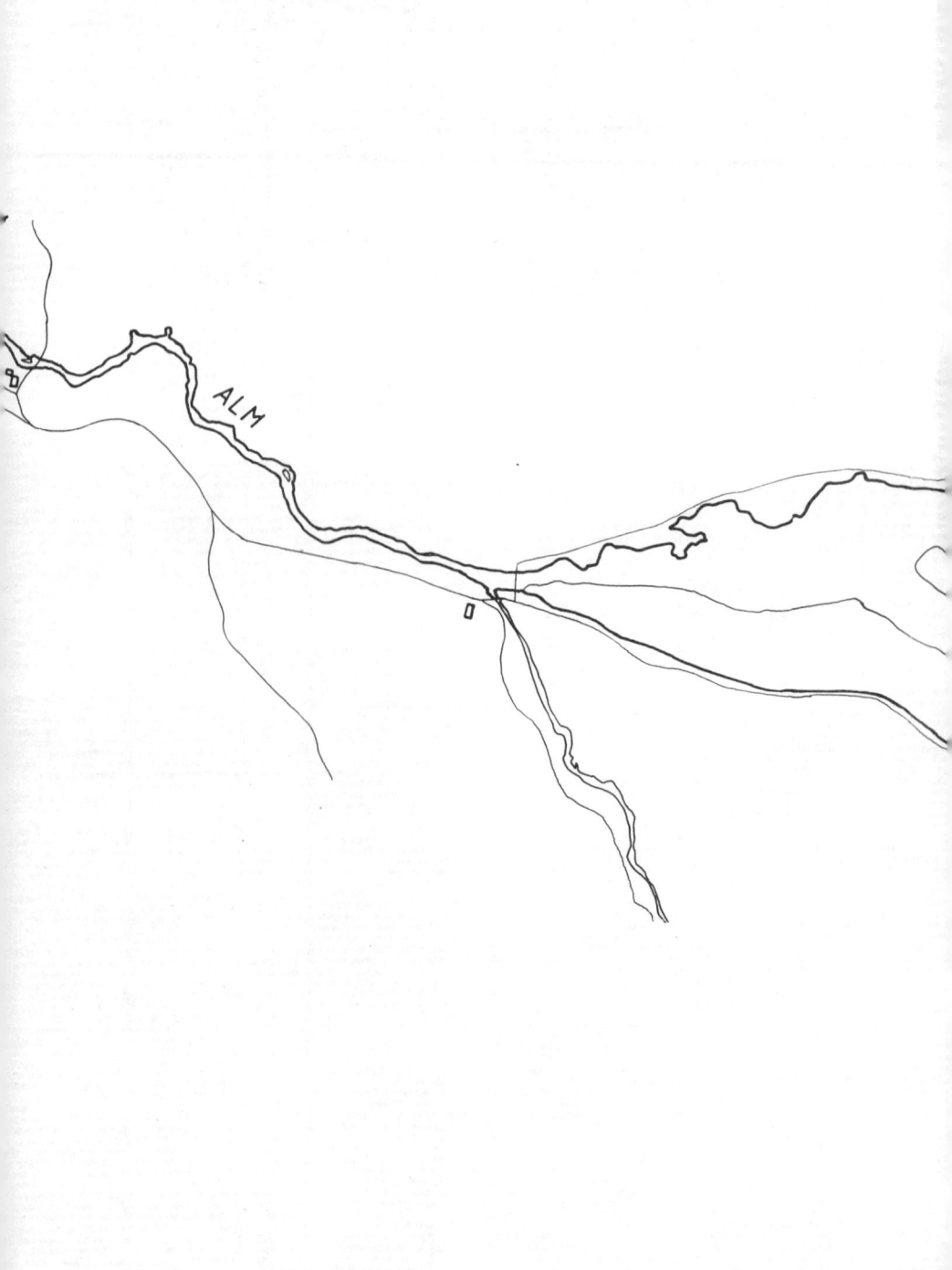